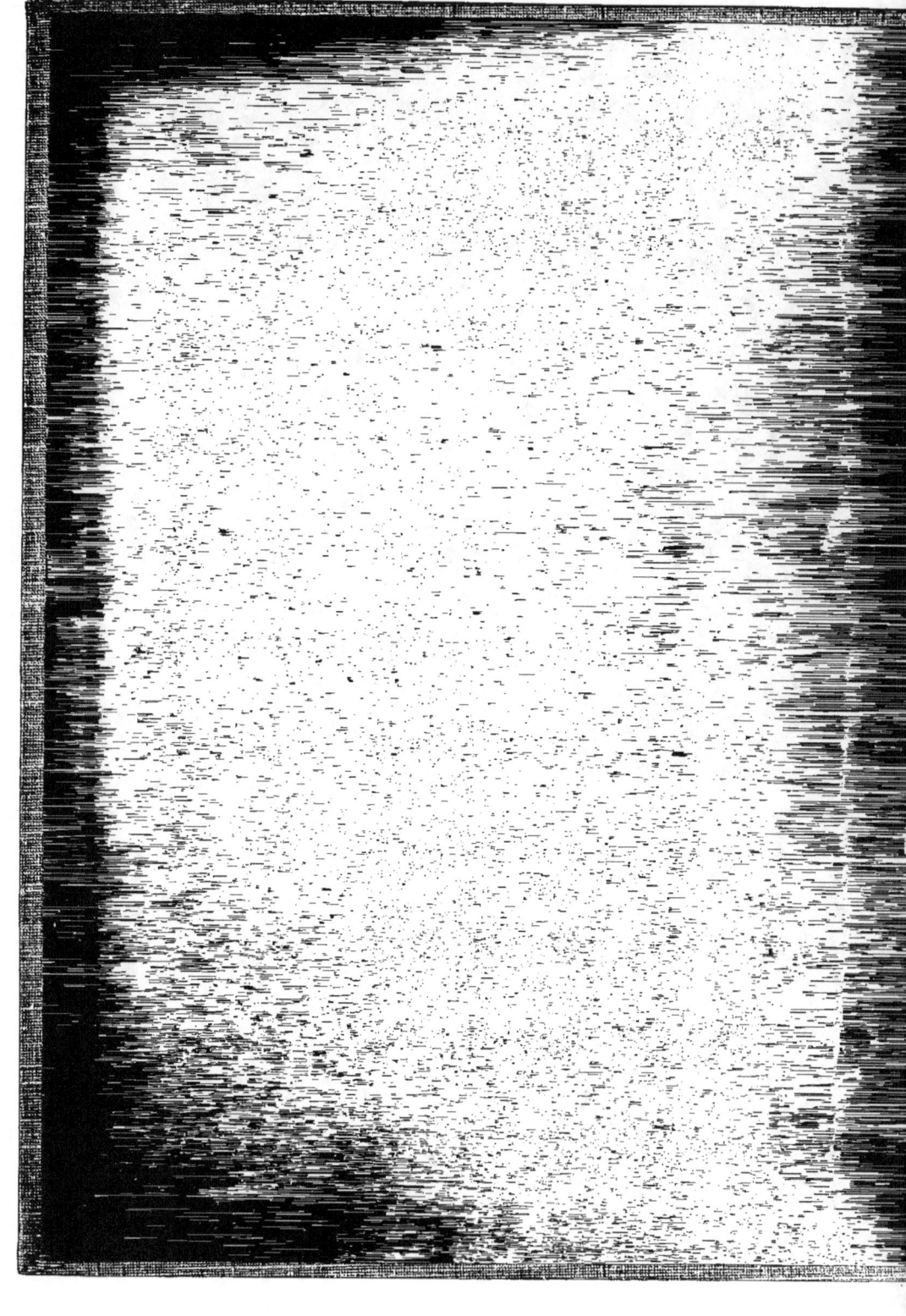

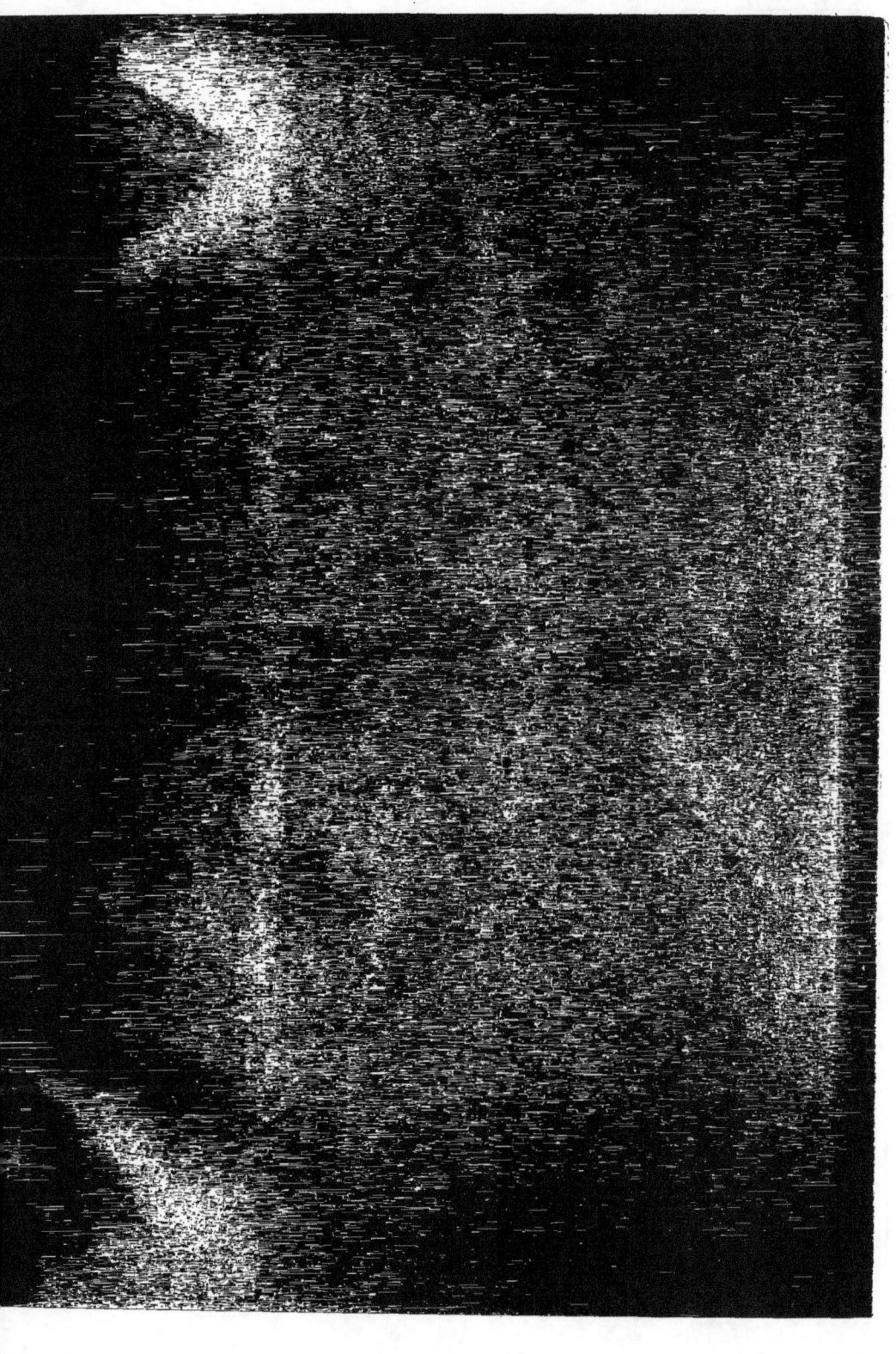

LES

MUSÉES MUNICIPAUX

LES RICHESSES D'ART DE LA VILLE DE PARIS

COLLECTION DE VOLUMES IN-8° ILLUSTRÉS

DÉJA PARUS :

L'HOTEL DE VILLE DE PARIS, par Lucien Lambeau.

LA VOIE PUBLIQUE ET SON DÉCOR (*Statues, fontaines, colonnes, arcs de triomphe, barrières*), par Fernand Bournon.

LES JARDINS ET LES SQUARES, par Robert Hénard.

LES ÉDIFICES RELIGIEUX (*Moyen Age, Renaissance*), par Amédée Boinet.

LES ÉDIFICES RELIGIEUX (*XVII°, XVIII° et XIX° siècles*), par Jean Bayet.

EN PRÉPARATION :

L'Assistance publique, par André Mesureur.

Les Mairies, par Lucien Lambeau.

La Vie Municipale (*Halles, marchés, théâtres, cimetières*), par Armand Grébauval.

L'Enseignement (*Bibliothèques, Ecoles, Collèges, etc.*).

LES RICHESSES D'ART DE LA VILLE DE PARIS

LES

MUSÉES MUNICIPAUX

PALAIS DES BEAUX-ARTS
MUSÉE CARNAVALET — MAISON VICTOR HUGO
MUSÉE GALLIERA — MUSÉE CERNUSCHI

PAR

MAURICE QUENTIN-BAUCHART

Conseiller Municipal.

Ouvrage illustré de 64 Planches hors texte.

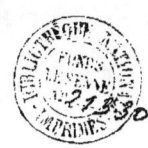

PARIS

LIBRAIRIE RENOUARD, H. LAURENS, ÉDITEUR

6, RUE DE TOURNON, 6

1912

Tous droits de traduction et de reproduction réservés pour tous pays.

Lorsqu'un mal aussi subit qu'inattendu le terrassa en plein labeur, M. Quentin-Bauchart mettait la dernière main aux pages qu'on va lire. Il laissait un manuscrit achevé, à l'exception de quelques pages, où se trouvait seulement esquissée la description des salles du Musée Carnavalet. Nous avons pensé que nous pouvions, pour présenter au public un ouvrage complet, achever, en nous conformant aux indications de l'auteur, cette partie qui devait être d'ailleurs purement descriptive. A cette exception près, nous avons considéré l'ouvrage manuscrit comme définitif et nous nous serions fait scrupule d'y apporter aucune modification d'aucune sorte.

Le lecteur qui croirait pouvoir relever quelque imperfection ou quelque lacune soit dans la forme, soit dans le fond, ne devra donc en accuser que la mort brutale qui a frappé l'auteur à l'heure où il s'occupait de polir et de parachever, avec sa conscience habituelle, une œuvre qui lui était chère entre toutes, puisque, à ces Musées de la Ville de Paris, dont il parle avec amour, il a consacré le meilleur d'une vie trop courte.

P. Q. B.

LES MUSÉES MUNICIPAUX

LES BEAUX-ARTS DE LA VILLE DE PARIS

I. — LE SERVICE DES BEAUX-ARTS

Le service des Beaux-Arts de la Ville de Paris, qui a été réorganisé en juin 1903, est actuellement placé sous l'autorité immédiate de l'Inspecteur en chef, chef du service des Beaux-Arts et des Musées, chargé de centraliser toutes les affaires concernant ceux-ci, d'assurer la liquidation des dépenses et de donner suite administrativement aux propositions d'acquisitions et de commandes faites par les conservateurs au sujet des collections confiées à leurs soins.

En outre de l'Inspecteur en chef, chef de service [1], le service comprend un inspecteur des Beaux-Arts [2], un sous-inspecteur, plus un certain nombre d'expéditionnaires.

Le service des Musées est assuré par des conservateurs, des conservateurs adjoints et des attachés.

Les conservateurs et attachés doivent être choisis de préférence parmi les anciens élèves de l'école du Louvre, des écoles françaises d'Athènes ou de Rome, de l'école des Hautes Etudes, de l'école des Chartes, et en général des grandes écoles artistiques, littéraires ou scientifiques de l'État.

---

[1]. Aujourd'hui M. Falcou.
[2]. M. Laurens.

II. — HISTORIQUE DU SERVICE DES BEAUX-ARTS

Le service des Beaux-Arts de la Ville de Paris ne date que de 1816.

Sous l'ancienne monarchie, il n'existait pas, en ce qui concerne les Beaux-Arts, de service proprement dit de la Ville de Paris. C'était l'État qui se chargeait lui-même des commandes faites aux artistes, soit pour décorer les monuments de la capitale, soit pour commémorer par la peinture ou par la sculpture de grands faits historiques qui s'étaient passés à Paris.

On sait ce que fit la Révolution en cette matière. La Convention, en même temps qu'elle ordonnait la destruction officielle des titres de noblesse et des archives anciennes, laissa compléter cette destruction par celle des richesses de la France. Ce mouvement de vandalisme, parti de Paris, gagna peu à peu toutes les provinces. Les iconoclastes mutilèrent ainsi quantité de chefs-d'œuvre, pertes qui furent, hélas ! irréparables.

En 1790, l'Assemblée constituante avait attaché au Comité d'aliénation des biens du clergé une « Commission des Arts » composée de membres de l'Académie des Inscriptions et d'amateurs ; elle était présidée par le duc de la Rochefoucauld.

Malheureusement cette Commission semble n'avoir eu aucune action pour arrêter le désordre.

Les projets de l'époque sont, en effet, pour la plupart chimériques ou violents. C'est ainsi que M. Kersaint, « administrateur et député suppléant au département de Paris », proposait à l'Assemblée départementale, dans un discours qui fut imprimé[1],

---

1. Discours sur les monumens publics, prononcé au Conseil du département de Paris, le 15 décembre 1791, par Armand-Guy Kersaint. Imprimerie de P. Didot l'aîné, 1792.

de rendre tout d'abord un hommage aux Loix autrement que par des écriteaux (Loix et actes de l'autorité publique) placés sur les « tristes et sales murs de la ville ». Il demandait en conséquence l'érection de prytanées, dont il donnait en annexe des planches excessivement curieuses. Ces prytanées, sur les faces desquels devaient être inscrites les *loix*, se divisaient en trois classes de dimension différente suivant leur importance.

En outre, un prytanée monumental devait être érigé sur les ruines de la Bastille.

Un autre projet avait pour objet la transformation en Palais national de l'église de la Madeleine, alors en construction, « dont le portique superbe fixe les regards et inspire de nobles pensées ». On eût fait payer la dépense (4 à 5 millions au plus) par les 83 départements, soit 50.000 à 60.000 francs par département. Ce Palais, pour la décoration duquel on eût fait appel au concours des meilleurs artistes, devait contenir la salle et les bureaux de l'Assemblée nationale.

Ce n'était rien encore :

Une partie du Louvre devait être transformée en *Muséum* français, c'est-à-dire en « réunion de tout ce que la nature et l'art ont produit de plus rare et de plus parfait » : le Louvre, « ce monument de gloire et de honte, ce monument qui, seul, rappellerait au Français libre, s'il pouvait l'oublier, les vices du Gouvernement qu'il a renversé ».

La Ville de Paris, « dont le Louvre achevé doit faire l'ornement », était invitée à concourir à la dépense. Là devaient être réunis tous les chefs-d'œuvre de peinture et de sculpture.

Enfin, n'oublions pas un projet de Cirque national, qui eût occupé tout le Champ-de-Mars depuis la Seine jusqu'à l'École militaire, et au centre duquel se serait dressé un gigantesque autel de la Liberté. Quatre piédestaux, couronnés de figures colossales et de trophées devaient former à l'entrée trois immenses passages, donnant sur une place ouverte en demi-cercle, « à la circonférence de laquelle seraient placés des canons pour les fêtes militaires ». Cette place elle-même conduirait à un pont jeté sur la Seine (à l'emplacement actuel du pont d'Iéna), dont l'entrée serait défendue par des lions colossaux [1].

Suivait, le 15 décembre 1791, un arrêté du département de Paris, approuvant le rapport de M. Kersaint et nommant une Commission, en lui donnant pour mission de classer les différents édifices de Paris suivant leurs destinations diverses et d'en estimer l'entretien annuel, afin de préparer la répartition des dépenses à la charge de la commune de Paris, du département et de la Nation.

On peut, par ces projets, sur lesquels je me suis un peu étendu, en raison de leur intérêt et de leurs côtés curieux, juger de l'état d'esprit des hommes de la Révolution, aussi bien au point de vue des Beaux-Arts qu'au point de vue des monuments publics... C'était, par le fait, l'État qui prenait l'initiative des réformes et des plans : la ville de Paris n'était appelée que pour contribuer aux dépenses.

Dès le 11 mars 1792, la Commission des Arts se vante des résultats obtenus :

« Cinq ou six cent mille volumes placés avec ordre dans différents dépôts, tels que l'église des ci-devant Capucins, rue Saint-Honoré, de la Culture-Sainte-Catherine, rue Saint-Antoine, et autres ; un très grand nombre de tableaux de tous les maîtres de l'école française et plusieurs de l'école d'Italie transportés au dépôt provisoire établi aux Petits-Augustins ; des statues, des bas-reliefs, des colonnes de marbres différents,

---

1. Ce projet fut soumis à Mirabeau qui l'approuva entièrement, ajoutant qu'il était lui-même *tourmenté* par la même idée.

des médailles de tous les métaux ; des figures antiques en basalte et en bronze ; des vitraux, des échantillons d'histoire naturelle, des tapisseries anciennes, des mosaïques, des émaux, des pièces d'orfèvrerie exceptées de la fonte, et une infinité d'objets précieux, recueillis dans les maisons ecclésiastiques et autres devenues nationales et rassemblés dans le même dépôt ; l'arrangement de tous ces monuments, la restauration de quelques autres, tel est le résultat effectif des travaux de la Commission. »

L'Assemblée Constituante, avant de se séparer, voulut renforcer cette Commission par l'addition de quelques membres ; elle lui donna aussi de nouvelles instructions :

« L'Assemblée, après avoir voté l'urgence, décrète qu'il sera procédé sans délai au triage des statues, vases et autres monuments placés dans les maisons ci-devant royales et édifices nationaux, qui méritent d'être conservés. »

La Convention confirma ce qui avait été décidé[1].

Malheureusement les ruines s'accumulaient par toute la France ; et ce n'était guère une compensation que cet emmagasinage d'objets précieux dans des conditions qui laissaient trop à désirer.

En tout ceci il ne faut retenir, à la décharge de la Révolution, que l'enrichissement du musée du Louvre. Comme le dit fort bien M. le marquis de Laborde dans son ouvrage sur les archives de la France, « la création du musée du Louvre fut la plus belle institution du règne de Louis XVI, parce qu'elle a été la plus favorable aux arts ; elle fut inspirée au roi par son surintendant, ami des Beaux-Arts, M. d'Angiviller, le digne

---

1. *Les Archives de la France, leurs vicissitudes pendant la Révolution, leur régénération sous l'Empire*, par le marquis de Laborde, directeur général des Archives de l'Empire, membre de l'Institut. Paris, librairie Renouard, 1867.

successeur du marquis de Marigny. Mais la difficulté de retirer les tableaux et statues des résidences royales et, plus encore, des appartements des grands officiers qui s'en regardaient pour ainsi dire comme les propriétaires, paralysait les efforts du surintendant qui, à l'époque de la Révolution, n'avait encore rendu publiques qu'un petit nombre de salles du Louvre. La Révolution ne connut pas ces obstacles ; elle fit main basse sur la propriété artistique de la France et compléta facilement le musée national ».

Que fait la Ville au milieu de ces bouleversements ? Rien pour ainsi dire. Et, si le *département de Paris* a parfois voix au chapitre, ce n'est que sous le contrôle et pour ainsi dire sous la férule de la Nation, seule maîtresse et dispensatrice.

Cet état de choses persista une fois la tourmente passée.

L'Empire eut de grands projets en ce qui concerne les Beaux-Arts ; mais, reprenant les traditions de la monarchie, il ne laissa à la Ville de Paris aucune initiative, soit qu'il projetât l'Arc de triomphe de l'Étoile ou le Palais du Trocadéro, soit qu'il édifiât la Colonne en souvenir des victoires de la Grande Armée. La Madeleine peut devenir le temple de la Gloire, la Ville de Paris n'est même point consultée. Tout se concentre dans le rayonnement du gouvernement du Premier Consul, et plus tard de l'Empereur.

C'est donc bien la Restauration qui crée à Paris un service des Beaux-Arts.

Dans une brochure intitulée : *Relevé général des objets d'art commandés depuis 1816 jusqu'en 1830 par l'administration de la Ville de Paris*[1], et signée du nom de Joseph-Amable Grégoire, auteur de l'*Itinéraire de l'artiste et de l'étranger dans les*

---

1. Cette brochure porte cette devise suggestive : « Les Beaux-Arts sont à l'égard de l'industrie des hommes ce qu'est la rose à l'égard des autres fleurs. »

églises de Paris et du *Guide des négociants dans le palais de la Bourse*, nous trouvons des documents intéressants sur le fonctionnement *du bureau des Cultes et des Beaux-Arts de la préfecture de la Seine*.

Ce bureau était chargé :

1° De la construction et de l'entretien de tous les édifices religieux de la Ville de Paris ;

2° De leur décoration intérieure ;

3° De l'administration des cimetières de Paris, y compris les pompes funèbres.

L'auteur du « Relevé général » s'exprime en ces termes pour expliquer le fonctionnement de ce service :

« Les objets d'art qui décoraient les églises de Paris ayant été détruits en partie pendant la Révolution de 1789, il était digne d'une administration vigilante et sage de faire disparaître ces traces de vandalisme.

« A cet effet, des projets présentés à M. Lainé, ministre de l'Intérieur, par M. le comte Chabrol de Volvic, préfet du département de la Seine, et approuvés en 1815 par Son Excellence, commencent à être mis en exécution l'année suivante.

« Sans doute l'embellissement des églises de la capitale devait fixer l'attention de l'Administration ; mais à ce motif, déjà si puissant, s'en joignait un autre non moins intéressant.

« De jeunes artistes, *l'espoir de l'école française*, après avoir remporté les premiers prix dans les concours publics et terminé leurs études à Rome, en qualité de pensionnaires du Roi, revenaient dans leur patrie avec le désir bien naturel de donner des preuves de leur talent ; mais ils n'en trouvaient pas toujours de suite l'occasion et la plupart d'entre eux, étant dépourvus de fortune, ne pouvaient dès lors subvenir aux frais d'études et aux dépenses d'un grand sacrifice. Il convenait donc de leur confier les travaux que la Ville se proposait de distribuer.

« L'Administration fit plus : elle appela près d'elle des artistes connus pour de nombreux succès et créa une Commission chargée de surveiller les travaux d'art et d'éclairer de ses conseils les jeunes peintres et statuaires désignés pour les exécuter. Cette Commission, présidée par M. le Préfet de la Seine, fut convoquée pour la première fois le 3o avril 1816 : 17 tableaux et 1 statue furent commandés pour cette même année. »

Depuis 1816 jusqu'en 1830, 219 tableaux et 125 statues ou bas-reliefs furent commandés, et, parmi ces objets d'art, 178 tableaux et 110 statues ou bas-reliefs furent terminés.

En parcourant la liste de ces œuvres d'art, nous voyons que la plupart furent attribuées à des églises, quelques-unes au palais de la Bourse, d'autres au château de Villeneuve-l'Étang, près Saint-Cloud. En outre, un monument, dont le projet fut conçu par Hippolyte Le Bas, architecte, membre de l'Institut, et dont l'exécution fut confiée au baron Bosio, à MM. Cortot et Dumont père, fut élevé dans la salle des Pas-Perdus, au Palais de Justice, à la mémoire de feu M. Lamoignon de Malesherbes, défenseur de Louis XVI. (Après la Révolution de 1830, le bas-relief de Cortot fut retiré du monument).

De nombreuses médailles furent également frappées pour le bureau des Cultes et des Beaux-Arts[1].

Nous ne pouvons laisser passer cette époque sans signaler les services rendus par M. Larribe, conservateur depuis 1817 des monuments et objets d'art de la Ville de Paris.

---

1 Le chiffre de la dépense pour les tableaux, statues et bas-reliefs s'éleva à la somme de . . 847.368 francs.
Pour le monument Lamoignon, à celle de . . 72.000 —
Pour les médailles, à celle de. . . . . 41.250 —
Soit un total, pour quinze années, de . . . . 960.618 francs.

M. Larribe, qui conserva ses fonctions jusqu'en 1830, était secrétaire de la Commission des Beaux-Arts ; son nom a été donné à une rue de Paris.

En 1830, le bureau des Beaux-Arts est purement et simplement supprimé par le gouvernement de Louis-Philippe. M. Grégoire, dans son livre, en accuse l'esprit anticlérical de l'époque, qui ne pouvait admettre les nombreuses commandes faites aux artistes pendant la Restauration pour décorer les églises de Paris.

Nous n'en trouvons pas moins au budget de la Ville une dépense pour les peintures, sculptures et objets d'art de 63.625 fr. 75 en 1831, de 45.186 fr. 37 en 1832, de 39.307 fr. 37 en 1833, de 22.214 fr. 65 en 1834, etc...[1].

C'est que, malgré la suppression du *bureau* des Beaux-Arts, les affaires concernant les Beaux-Arts mêmes avaient été rattachées directement au Secrétariat général de la Préfecture de la Seine (M. Varcollier, secrétaire).

Ceci résulte des renseignements que nous avons trouvés dans l'Almanach royal de 1831, à la rubrique « Préfecture de la Seine ».

Voici les autres renseignements que nous avons pu recueillir dans les almanachs royaux de 1830 à 1844, époque où les actes administratifs du département de la Seine furent imprimés pour la première fois, et date à partir de laquelle existent par conséquent, en raison de cette intéressante publication, des pièces absolument officielles.

Jusqu'en 1835, le Secrétariat général est seul chargé des affaires intéressant les Beaux-Arts de la Ville de Paris ; en

---

[1]. Martin Saint-Léon. *Résumé statistique des recettes et dépenses de la Ville de Paris*, de 1797 à 1840. Paris, 1843.

1835, on crée une deuxième section du service du Secrétariat général, et c'est dans cette deuxième section que se trouvent les Beaux-Arts. Nous rencontrons pour la première fois le nom de M. Buffet, attaché à cette section comme conservateur du matériel. C'est ce même M. Buffet qui, en 1838, est chargé spécialement des Beaux-Arts.

En 1839, un deuxième bureau est créé; M. Buffet devient chef de ce deuxième bureau.

En 1840, M. Buffet étant toujours chef de bureau, M. Baltard, architecte, est nommé *inspecteur des Beaux-Arts*.

Cette situation existe jusqu'en 1843, époque à laquelle M. Baltard passe avec ses attributions du deuxième au premier bureau, dont le chef est M. Baudot.

Il en sera ainsi jusqu'à la Révolution de 1848.

Cependant, de 1835 à 1839, fonctionna une Commission administrative des Beaux-Arts, sur le modèle de la Commission des Beaux-Arts de la Restauration. Elle avait pour rôle « de donner son avis sur tous les projets et travaux d'art à exécuter aux frais de la Ville de Paris ». Elle était convoquée par le Préfet de la Seine qui la présidait[1].

Nous verrons reparaître plus tard une Commission similaire en 1858, lors de la réorganisation du service sous le second Empire.

En 1848 un arrêté d'Armand Marrast, maire de Paris sous le gouvernement provisoire, arrêté daté du 29 mars, conserva au Secrétariat général le service des Beaux-Arts. Le deuxième

---

1. La Commission administrative des Beaux-Arts était composée du Préfet de la Seine, président; du Secrétaire général de la préfecture de la Seine; de MM. Castellan, Cortot, David, Fontaine, le baron Gérard, le baron Guérin, Ingres, Lebas, Leclerc Richomme, de l'Académie des Beaux-Arts; Casimir Delavigne, Lebrun, de l'Académie française; Decaisne, Paul Delaroche, Drolling, Picot, peintres; Gatteaux, graveur; Visconti, architecte, homme de lettres; Barrière, Miel, chefs de division à la préfecture de la Seine; Godde, architecte de la Ville; Varcollier, secrétaire.

bureau de la première division avait en effet pour attributions à cette époque les Beaux-Arts, le Commerce, l'Agriculture et la Statistique. M. Baudot en demeurait le chef.

En 1850, le 1er bureau de la 1re division du Secrétariat a le personnel et les Beaux-Arts, avec M. J.-B. Barbier comme chef de bureau.

En 1852, on rattache de nouveau au même bureau, en même temps que les Beaux-Arts, le Commerce et l'Agriculture avec M. Lefébure.

Enfin, en 1853, débute une organisation toute nouvelle.

Le service des Beaux-Arts quitte le Secrétariat général pour être rattaché au cabinet du Préfet (Beaux-Arts, Matériel et Fêtes), avec M. Buffet, chef de bureau.

En 1855, M. Buffet disparaît pour les Beaux-Arts, tout en restant chef du Matériel. C'est le cabinet même du Préfet, avec M. Ferrier des Tourettes comme chef de cabinet, qui s'occupe des Beaux-Arts et des Fêtes (arrêté du 26 décembre 1856).

En 1857, c'est M. Laurand qui remplace M. Ferrier des Tourettes.

En 1863, c'est le troisième bureau du cabinet du Préfet, sous M. Haussmann, qui reprend le service des Beaux-Arts (Beaux-Arts, Fêtes et Réception) avec M. Michaux comme chef de bureau. A ce propos, il est bon de rappeler que M. Michaux fut en quelque sorte le créateur des collections artistiques de la Ville de Paris, puisqu'il eut le premier l'idée d'imposer aux artistes chargés de commandes de peinture ou de sculpture, l'obligation de fournir une esquisse faisant retour à la Ville après l'exécution du travail. Les esquisses fournies postérieurement à 1871, les autres ayant été brûlées pendant la Commune, formèrent dans les combles de Carnavalet un embryon de musée, transporté ensuite au dépôt d'Auteuil.

En 1867, c'est encore M. Michaux qui occupe le bureau des Beaux-Arts ; mais le service des Beaux-Arts a quitté le cabinet du Préfet. Il est devenu une véritable direction sous le titre de « Travaux d'architecture, Beaux-Arts et Fêtes ». M. Baltard, architecte, en est le directeur, avec le titre d'Inspecteur supérieur des Beaux-Arts.

En résumé : sous la Restauration, de 1816 à 1830, bureau des Cultes et des Beaux-Arts ; de 1830 à 1853, rattachement avec des phases diverses au Secrétariat général ; de 1853 à 1867, au cabinet du Préfet ; de 1867 à 1870, direction spéciale sous le titre « Architecture, Beaux-Arts et Fêtes ».

Ces grandes lignes étaient nécessaires à tracer, car, à partir de 1872, les Beaux-Arts, perdant de nouveau leur autonomie propre, sont transportés avec les Travaux historiques dans le service de M. Alphand, directeur des Travaux de Paris, et y restent jusqu'en 1892, époque de sa mort, avec, comme chefs de bureau : MM. Michaux, en 1872 ; Armand Renaud, en 1881, nommé, en 1883, Inspecteur en chef des Beaux-Arts et Travaux historiques ; Ralph Brown, en 1885.

En 1892, après la mort de M. Alphand, M. Huet, sous-directeur des Travaux, conserve pendant un an seulement dans son service la direction des Beaux-Arts et des Travaux historiques telle qu'elle était administrée depuis 1885, avec M. Armand Renaud comme Inspecteur en chef, et M. Ralph Brown comme chef du bureau administratif.

En 1893, les Beaux-Arts sont placés sous la direction immédiate du Préfet de la Seine, tandis que les Travaux historiques, ainsi que le Musée Carnavalet, passent sous la direction du Secrétariat général.

Après la mort d'Armand Renaud, en 1895, l'inspection des Beaux-Arts échut à M. Ralph Brown, situation que celui-ci occupait récemment encore avec une compétence, une activité et un dévouement qui sont trop connus pour qu'il me soit permis d'insister davantage.

En 1903 eut lieu la réorganisation complète du service des Beaux-Arts.

Un nouveau règlement fut élaboré, inspiré surtout par l'organisation des établissements similaires de l'État. Les musées nationaux, disait M. le Préfet de la Seine dans son mémoire au conseil municipal, fonctionnant depuis nombre d'années d'une manière satisfaisante, paraissent naturellement désignés pour fournir d'utiles indications.

Ce fut en effet aux règlements nationaux que furent empruntées la plupart des prescriptions concernant l'accès du public, la police intérieure, les autorisations de dessiner, peindre, photographier, etc. De plus, des dispositions spéciales visèrent la reproduction des objets exposés, à l'effet de sauvegarder les droits de la Ville.

Ce fut également sur le modèle de ce qui existe dans l'administration de l'État que fut établi le cadre du personnel.

Avant la réorganisation de 1903, le service administratif des Beaux-Arts comprenait un inspecteur chef de service, un chef de bureau, un rédacteur principal, deux expéditionnaires.

Aujourd'hui l'inspecteur chef de service a pris le titre d'*inspecteur en chef des Beaux-Arts*, le chef de bureau, celui d'*inspecteur des Beaux-Arts*, le rédacteur principal devient *sous-inspecteur*.

On estima avec raison que le chef du service des Beaux-Arts devant, en dehors des affaires administratives, se rendre compte sur place du fonctionnement des Musées, et suivre chez les artistes les commandes de la Ville, ne saurait suffire à ces inspections multiples et devrait se faire suppléer fréquemment dans cette partie importante de son service, soit par le chef de bureau, soit par le rédacteur principal.

Il importait donc de donner à ces deux agents un titre correspondant mieux à la nature de leurs fonctions.

L'esprit du nouveau règlement s'appliquait surtout à coordonner, à centraliser toutes les affaires dans la main et sous l'autorité du chef de service, chargé de contrôler la gestion et de liquider les dépenses.

Ce fut dans cette intention que le Musée Carnavalet, qui dépendait du Secrétariat général, fut rattaché au service même des Beaux-Arts.

De la sorte, je le répète, *tous* les Musées de la Ville se trouvèrent sous la même direction.

Dans chaque Musée, les conservateurs sont aidés par des conservateurs-adjoints et des attachés, sans compter les agents de service.

Les attachés sont *attachés* aux *Beaux-Arts* et non attachés spécialement à un Musée particulier ; ils peuvent donc selon les nécessités du service, être affectés à telle section où leur présence devient utile.

Tels sont les points principaux du nouveau règlement.

Depuis 1910, par suite de la mise à la retraite de M. Ralph Brown, inspecteur en chef, de M. Veyrat, inspecteur, et de la mort prématurée de M. Bourgeois, sous-inspecteur, le service des Beaux-Arts est composé de M. Falcou, Inspecteur en chef des Beaux-Arts, chef du service, auquel sont rattachées les Fêtes, M. Laurens, inspecteur et M. Hourticq, sous-inspecteur.

III. — BUDGET ET FONCTIONNEMENT DU SERVICE DES BEAUX-ARTS

A l'origine, il n'y avait pas de budget distinct pour les travaux artistiques de la Ville de Paris et pour ceux du département : ce ne fut qu'en 1834 que la Ville de Paris disposa d'un budget spécial des Beaux-Arts.

Graduellement augmenté depuis cette époque, le crédit des Beaux-Arts, qui s'élevait avant 1871 à la somme de 250.000 francs, fut réduit à cette date à 150.000 francs. De 1877 à 1886, il monta à 300.000 francs ; en 1886, il n'est plus que de 200.000 francs, et depuis cette époque, sauf des variations peu sensibles, il a été maintenu à ce dernier chiffre.

L'emploi des fonds affectés au service des Beaux-Arts a lieu conformément aux arrêtés préfectoraux approuvant les délibérations du Conseil municipal.

En dehors des commandes faites aux artistes et des concours ayant un but déterminé (comme la décoration d'un édifice municipal), les encouragements de la municipalité parisienne se manifestent d'une façon très large à l'occasion des expositions artistiques où, depuis plus de vingt ans, la Ville de Paris, tout en réservant une partie importante de ses crédits à la sculpture pour la décoration des squares ou des places publiques, achète, en vue de ses collections, des œuvres nombreuses. Ces achats sont faits depuis quelques années par les soins de la 4ᵉ Commission.

Lorsque les acquisitions aux Salons annuels n'ont pas absorbé la totalité des crédits, le reliquat disponible est généralement affecté à quelques acquisitions complémentaires et à des commandes de gravures.

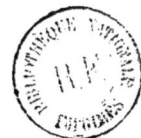

Des crédits spéciaux sont en outre affectés à la décoration des monuments parisiens.

Dans certains cas, assez fréquents, ces travaux ont fait l'objet d'un concours public. Mais le système de la commande directe est maintenant presque toujours adopté, et c'est le Conseil municipal qui désigne, sur le rapport de sa 4ᵉ Commission et d'après les propositions de l'Administration, les artistes à qui des commandes doivent être confiées. Ceux-ci reçoivent des acomptes au fur et à mesure de l'avancement de leur travail, et le solde du prix qui leur a été alloué ne leur est versé qu'après l'achèvement complet de leur œuvre.

C'est ainsi que, non seulement pour la peinture et la sculpture, mais aussi pour la gravure en médailles, la Ville de Paris a donné aux jeunes talents l'occasion de se produire de la façon la plus large et dans les conditions les plus variées.

IV. — COMMISSION ADMINISTRATIVE DES BEAUX-ARTS

La Commission administrative des Beaux-Arts fut créée ou plutôt reconstituée en 1858, puisqu'elle avait déjà existé sous la Restauration et sous le gouvernement de Louis-Philippe. Elle se composait en 1858 de 18 membres nommés par le Préfet de la Seine.

Ceux-ci étaient choisis non seulement parmi les notoriétés des arts, mais aussi parmi celles des lettres, ainsi que parmi les hautes personnalités parisiennes. Aussi rencontrons-nous à l'origine, à côté des noms de Robert Fleury, d'Hippolyte Flandrin, de Lesueur, de Léon Cogniet, et plus tard de Gérôme, de Bonnat, de Cabanel, d'Hébert, etc., ceux du comte de Nieuwerkerque, « directeur général des Musées impériaux », avant d'être Surintendant des Beaux-Arts; de Mérimée, l'écrivain connu;

d'Hittorff, l'architecte des Champs-Élysées ; de de Saulcy, sénateur, membre de l'Institut ; des abbés Coquard, curé de Saint-Eugène et Deguerry, curé de la Madeleine, dont le dernier devait périr si tragiquement pendant la Commune. Quelques conseillers municipaux, en très petit nombre (à l'origine ils étaient 3) en faisaient également partie. Il est vrai qu'à cette époque les conseillers municipaux s'appelaient Chaix d'Est d'Ange, sénateur, vice-président du Conseil municipal, Merruau, conseiller d'État, Eugène Lamy, conseiller à la Cour de Cassation, etc.

La Révolution de 1870 conserva la Commission administrative des Beaux-Arts. Réorganisée en 1872, elle fut composée de membres de l'Académie des Beaux-Arts, de l'Académie des Inscriptions et Belles-Lettres, de conseillers municipaux ; nous citerons Emile Perrin, Jobbé-Duval, Delzant, Viollet-le-Duc. Un arrêté du 10 février 1881 du préfet Herold y introduisit officiellement 6 conseillers municipaux désignés par le Conseil municipal : ce furent MM. Hattat, Collin, Cernesson, Vauthier, Boll et Delhomme.

Ces conseillers en firent partie jusqu'en 1888, époque où ils la quittèrent brusquement. Cependant le président du Conseil municipal, membre de droit, ne devait l'abandonner qu'en 1895.

Aujourd'hui la Commission administrative des Beaux-Arts existe toujours, mais ne fonctionne plus que très rarement. Ceci est si vrai que lors de l'organisation du Palais des Beaux-Arts de la Ville aux Champs-Élysés, au lieu de se l'adjoindre simplement pour établir la sélection des œuvres d'art déposées dans les réserves, la 4ᵉ Commission proposa au Conseil municipal la création d'une Commission spéciale, qui fut composée de la 4ᵉ Commission tout entière et de 8 membres nommés par le Préfet.

Le Préfet conserva officiellement la présidence de cette

Commission spéciale, mais n'y vint jamais. J'eus en effet l'honneur, comme vice-président désigné par lui, de présider constamment ses travaux.

Il serait peut-être souhaitable qu'une entente s'établît entre le Conseil municipal et l'Administration, afin que la Commission administrative des Beaux-Arts, qui n'existe plus que de nom, et qui est cependant composée de notoriétés au-dessus de tout éloge, ait au moins voix consultative pour certaines questions importantes.

CHAPITRE PREMIER
PALAIS DES BEAUX-ARTS

I. — HISTORIQUE

Le Palais des Beaux-Arts de la Ville de Paris (Petit Palais des Champs-Élysées) a été construit pour l'Exposition universelle de 1900, en remplacement du Pavillon de la Ville, élevé, après l'Exposition de 1878, derrière le Palais de l'Industrie, au Cours la Reine.

L'article 2 de la convention passée entre la Ville et l'État porte en effet :

« *La Ville recevra, en remplacement du pavillon qu'elle possède au Cours la Reine, la totalité du Petit Palais à construire sur la gauche de la nouvelle promenade des Champs-Élysées à l'esplanade des Invalides.* »

« Nous savions dès l'origine, a dit le président du Conseil municipal de Paris, M. Grébauval, le 8 mars 1901, à la cérémonie de la réception du Petit Palais par la Ville de Paris, que les hommes de haute valeur qui allaient apporter leur concours au Commissariat général, et qui ne cessaient de le donner à la Ville de Paris, sauraient nous assurer une œuvre digne de la capitale. Le jury choisit M. Charles Girault entre tous les concurrents ; les travaux commencèrent en octobre 1896, le Petit Palais apparut dans toute sa beauté au printemps de 1900.

« Ce qu'il est ? Tous les Parisiens, tous nos visiteurs, l'univers entier pourraient vous le dire ; on fut unanime à en proclamer la délicatesse et l'harmonie, l'élégance et l'intimité.

« Parmi tant d'autres, le Petit Palais attirait et retenait. Tout l'art du passé y reparut au soleil dans un cadre digne de lui. L'art d'aujourd'hui et celui de demain en seront également les hôtes. Ils y rentreront précédés par la bienfaisance : car le Conseil municipal a voulu y recevoir, après ses invités, les défenseurs de l'enfance, et le sourire des petits planera sur le monument [1].

« Je suis heureux de féliciter ici le grand organisateur de nos merveilles, M. Bouvard, directeur des services d'Architecture de la Ville de Paris (*applaudissements*) ; M. Girault, dont la conception heureuse fut si bien réalisée par l'exécution (*applaudissements*). Je félicite leurs collaborateurs MM. de Saint-Marceaux, Injalbert, Hugues, Fagel, Peynot, Desvergnes, Moncel, Ferrary, Convers, Lefeuvre, grands artistes qui ont mis chacun leur âme avec leur signature dans la pierre de cet édifice. Je félicite les entrepreneurs, les ouvriers, tous en un mot. La Ville de Paris a été bien servie par ses enfants (*vifs applaudissements*). »

Le Petit Palais des Champs-Élysées couvre une surface de 7 000 mètres carrés environ. Il affecte en plan la forme d'un trapèze. La grande base a 122 mètres de longueur et borde l'avenue Alexandre III. La petite base mesure 76 mètres et fait face à la place de la Concorde. Les deux autres côtés, longs de 86 mètres, sont, le premier parallèle à l'avenue des Champs-Élysées, et le second symétrique du premier, ce qui le place suivant une direction légèrement inclinée par rapport au Cours la Reine et à la Seine.

---

[1]. Allusion à l'exposition de l'Enfance, qui venait de fermer ses portes, et dont le succès avait été très vif.

PALAIS DES BEAUX-ARTS

Pl. 1.

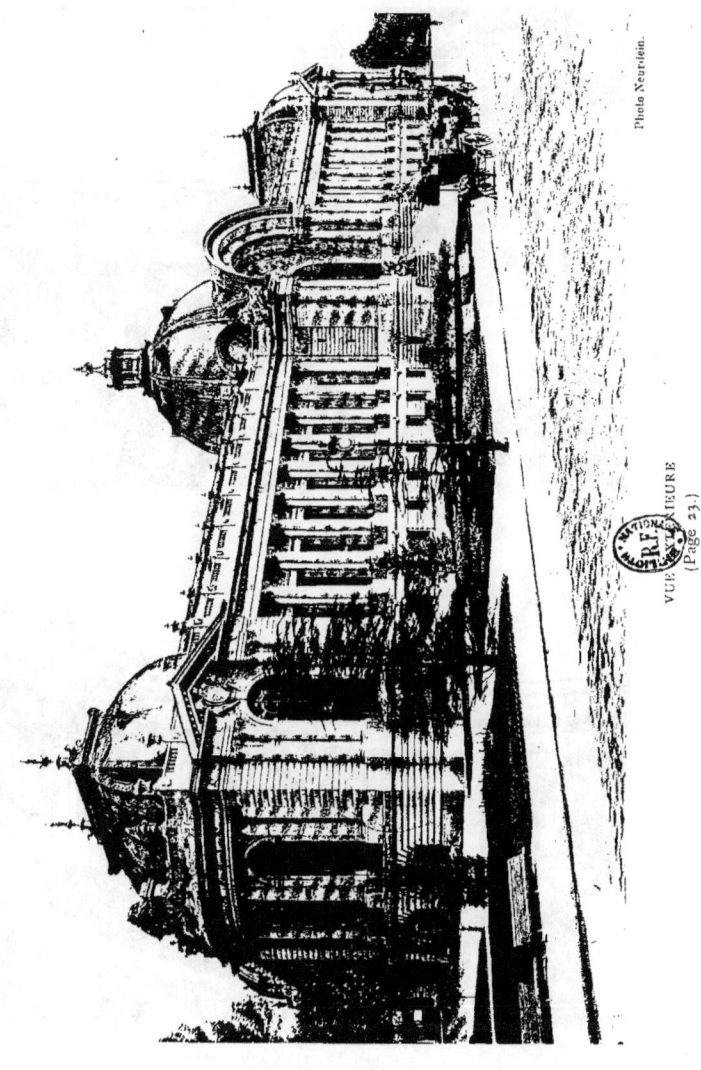

Photo Neurdein.

VUE EXTÉRIEURE
(Page 23.)

Pl. 2.

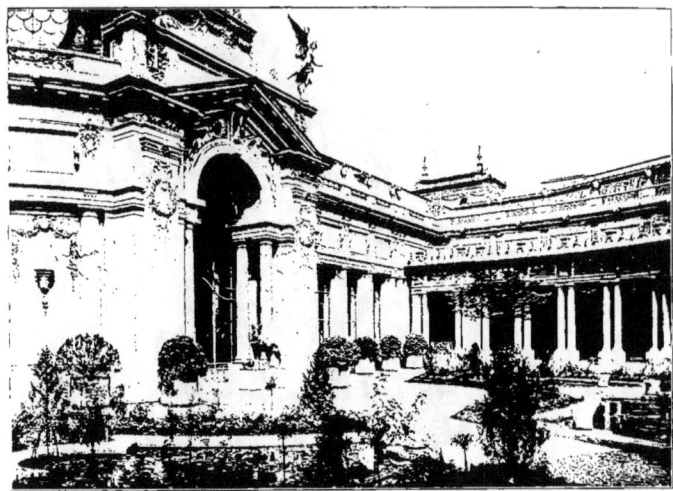

Photo Bulloz.

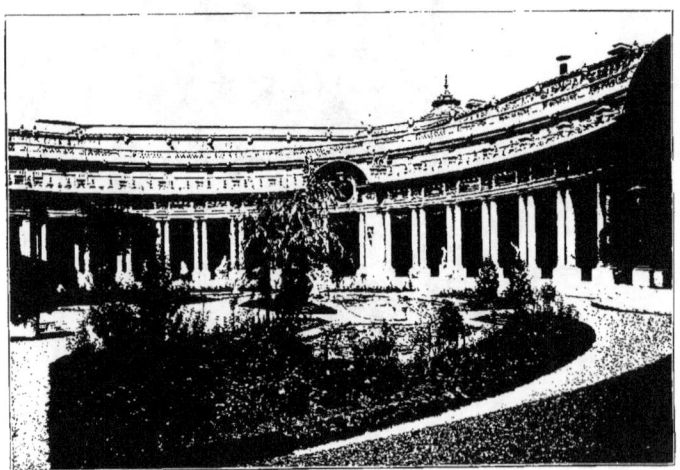

LE JARDIN ET LA COLONNADE
(Page 83.)

« Dans sa composition générale, l'édifice comporte : un étage de soubassement ; un étage principal divisé pour servir de Musée ; un étage de combles, où sont aménagés les locaux destinés à des dépendances. Au centre, un jardin semi-circulaire de 58 mètres de diamètre, de plain pied avec l'étage de soubassement[1]. » (pl. 1).

Commencés le 15 octobre 1897, les travaux furent conduits avec toute l'activité que nécessitait l'exécution, dans un délai aussi restreint, d'un monument définitif de pareille importance.

Du 15 octobre 1897 au printemps de 1898, l'Administration procéda aux terrassements, au battage des pieux et à l'établissement des maçonneries des basses fondations.

Le gros œuvre put être terminé au cours de l'année 1898.

Toute la saison de 1899 fut consacrée au ravalement, à la sculpture, à la plomberie d'art, etc.

Les plâtres intérieurs et la décoration en staff se poursuivirent pendant l'hiver 1899-1900 : ils étaient achevés en temps utile pour l'installation des objets exposés.

Ainsi la construction du palais avait duré moins de deux ans et demi[2].

Le total de la dépense fut de près de six millions (exactement 5.840.803 fr. 31).

Les sculpteurs qui prirent part à la décoration extérieure furent MM. Injalbert, de Saint-Marceaux, Ferrary, Convers, Hugues, Fagel, Peynot, Moncel, Hector Lemaire, Desvergnes, Lefeuvre, Carlus et Hercule.

Dès sa remise à la Ville de Paris, le Petit Palais semblait

---

1. *Exposition universelle internationale de* 1900. Rapport général administratif et technique par Alfred Picard, commissaire général, tome II, p. 116.
2. *Op. cit.*, tome II, p. 125.

destiné à abriter les collections artistiques de la Ville de Paris déposées à Auteuil.

Le 5 novembre 1900, la 4ᵉ Commission du Conseil municipal fut saisie d'un court mémoire de M. le Préfet de la Seine demandant au Conseil de se prononcer sur l'affectation et l'organisation du Palais et lui soumettant trois rapports de MM. Georges Cain, conservateur de Carnavalet, Brown, inspecteur des Beaux-Arts et Pierre Despatys, aujourd'hui conservateur-adjoint du Musée Cernuschi.

Ces rapports très documentés apportaient deux solutions diamétralement opposées.

L'une (celle de M. Georges Cain) consistait à donner toute l'importance dans le nouveau Musée à des expositions rétrospectives en y adjoignant comme complément les Beaux-Arts.

L'autre (celle de MM. Ralph Brown et Pierre Despatys) créait tout simplement un Musée des Beaux-Arts de la Ville de Paris.

A première vue le rapport de M. Georges Cain semblait extrêmement séduisant. On comprend parfaitement que le succès considérable des Expositions rétrospectives de 1900, et particulièrement celui de l'Exposition rétrospective de la Ville de Paris, habilement organisée par ses soins, qu'en outre le succès plus récent de l'Exposition de l'Enfance, dont il fut également un des adroits organisateurs, aient pu influer d'une façon prépondérante sur la manière de voir du conservateur de Carnavalet.

Mais en creusant quelque peu le projet, l'on arrivait vite à cette conviction qu'il était difficilement réalisable.

Il y avait de tout dans l'aménagement rêvé par M. Cain. S'il empruntait aux collections de la Ville quelques tableaux et quelques marbres, il faisait appel pour le compléter au concours *tempòraire* d'artistes vivants, système à notre avis des plus dangereux, d'où aurait pu découler pour la Ville une sorte d'engagement moral (celui d'acheter par la suite au moins quelques-unes des œuvres exposées), ou tout au moins une sorte de privilège inadmissible.

Puis c'étaient des expositions d'industrie d'art ; enfin toute la rétrospective qui lui était chère, des restitutions d'intérieurs aux différentes époques de notre histoire, des faïences, des bijoux, des costumes, des jouets, des voitures, des traîneaux, des harnachements...

En résumé, d'après les vues de M. Cain, le Petit Palais devenait en quelque sorte le *Musée universel* de la Ville de Paris.

Je le répète, ce projet était des plus séduisants ; mais si on l'avait accepté, quel eût été le sort réservé aux Musées déjà existants ?

Que serait devenu Galliéra, le refuge actuel de l'art industriel et décoratif ? et Carnavalet lui-même n'aurait-il point montré quelque mauvaise grâce à déverser ses réserves sur le Petit Palais ?

Enfin y avait-il véritablement nécessité de recommencer si tôt l'Exposition même de 1900 ?

Le rapport de M. Ralph Brown était moins complexe. Après avoir énuméré les richesses artistiques de Paris (tableaux anciens et modernes, esquisses, cartons de vitraux, tapisseries, gravures, sculptures, médailles, etc.), il concluait simplement au transfert dans le Petit Palais des collections réunies au dépôt d'Auteuil, après une sélection faite par la 4e Commission du Conseil municipal, d'accord avec une Commission administrative des Beaux-Arts instituée par M. le Préfet de la Seine.

L'aménagement devait comprendre, en outre des tableaux

et des statues, des salles réservées aux esquisses et aux estampes. M. Brown s'occupait également de l'utilisation du rez-de-chaussée, qui pouvait constituer un Musée de sculpture intéressant, en réunissant dans un même local les modèles des œuvres éparses dans Paris.

M. Brown insistait surtout sur la nécessité d'affecter le Petit Palais à un Musée de collections artistiques : sinon affirmait-il, il devenait inutile d'acheter chaque année, sous prétexte d'encouragement aux artistes, des tableaux et des sculptures condamnés à demeurer éternellement dans les réserves.

L'étude de M. Pierre Despatys, partant du même principe que le rapport de M. Brown, le complétait en quelque sorte.

Ecartant également le principe de l'aménagement du Petit Palais en vue d'expositions rétrospectives, M. Pierre Despatys examinait le monument salle par salle et apportait ses conclusions étudiées sur place.

Il prenait ensuite l'une après l'autre les œuvres qui lui paraissaient dignes de figurer dans le Musée des Beaux-Arts de la Ville et indiquait pour chacune un emplacement. Il n'oubliait point non plus les dessins, les gravures, ni les médailles. Enfin il concluait, comme M. Cain, à l'affectation de certaines salles à des expositions temporaires, et choisissait pour cet usage la façade des Champs-Élysées, qui possède une entrée spéciale. Au rez-de-chaussée, on devait placer des maquettes d'architecture et d'ornementation ayant un caractère artistique.

Telles étaient les solutions proposées.

La lutte fut vive, non point à l'Hôtel de Ville ni dans le sein de la Commission, mais surtout dans la presse.

Une véritable campagne fut entreprise pour faire triompher le programme de M. Georges Cain.

On discutait les richesses artistiques de la Ville : certains journaux se moquèrent, non sans esprit, des achats faits par le Conseil municipal, et arguèrent, sans les connaître, de la médiocrité des toiles déposées à Auteuil.

De leur côté les artistes se remuèrent, espérant voir le Petit Palais devenir une sorte de « Luxembourg municipal » : le mot a été prononcé à cette époque.

C'est ainsi que M. Jean-Paul Laurens, président de la Société des artistes français, écrivait au Président du Conseil municipal la lettre suivante :

« Le vœu des artistes que nous représentons est de voir créer d'une façon définitive, dans ce palais si merveilleusement situé, un Musée municipal dont les portes seront librement ouvertes au public.

« Les collections importantes de la Ville de Paris, qui sont destinées à s'augmenter chaque année, y prendront place.

« Car nombre d'œuvres importantes qui restent actuellement dans les réserves d'Auteuil sont perdues pour le public, et par ce fait un préjudice réel est porté aux artistes qui en sont les auteurs.

« C'est au nom de ceux auxquels le Conseil municipal prodigue si largement ses encouragements que nous venons vous demander de défendre cette cause, afin d'obtenir la création du Musée municipal. Nous sommes assurés de son succès, tout à la gloire de Paris. »

De son côté M. Carolus Duran disait également :

« J'espère que le Conseil tiendra compte de l'opinion des artistes et que nous aurons bientôt un beau Musée de plus. »

Enfin, dans un rapport des plus intéressants dû à la plume autorisée de M. Girault, qui avait construit le Petit Palais, l'éminent architecte concluait également à l'affectation en Palais des Beaux-Arts, faisant remarquer l'admirable situation du monument des Champs-Élysées, avec ses échappées sur la promenade « qui fait la gloire de Paris », sur le Cours la Reine, ainsi que sur la perspective de la Seine, vers le Louvre ou le Trocadéro. M. Girault demandait également avec juste raison que si la Ville de Paris, à l'instar des grandes villes de France, adoptait le Petit Palais pour y installer son Musée municipal, il fût tenu compte de l'aménagement des vastes galeries établies à l'intérieur, et que fût respectée le plus possible la large conception de cet intérieur.

Cependant, la 4ᵉ Commission présentait au Conseil municipal, sur mes conclusions, le projet de délibération qui fut voté *sans discussion* à la séance du 5 juillet 1902.

Cette délibération portait : 1° que le Petit Palais porterait le nom de Palais des Beaux-Arts de la Ville de Paris ; 2° qu'une Commission spéciale serait chargée d'établir une sélection entre les œuvres d'art déposées dans les réserves d'Auteuil ou placées dans les différentes salles de l'Hôtel de Ville ou de ses annexes.

Le Palais des Beaux-Arts était destiné à recevoir, en outre des galeries réservées aux tableaux et aux sculptures, des dessins et esquisses, propriété de la Ville de Paris, des gravures, eaux-fortes, médailles, etc., commandées par la Ville de Paris, des objets d'art et des souvenirs historiques, etc.

Très sagement, sans se laisser prendre aux mirages d'un projet qui ne pouvait apporter à la question aucune solution *définitive*, la Commission du Conseil municipal donnait raison aux artistes contemporains : elle leur offrait pour leurs œuvres un admirable cadre.

La Ville jugea avec raison qu'elle avait, vis-à-vis des artistes dont elle achetait les œuvres, l'obligation morale que je signalais

PALAIS DES BEAUX-ARTS

Pl. 3

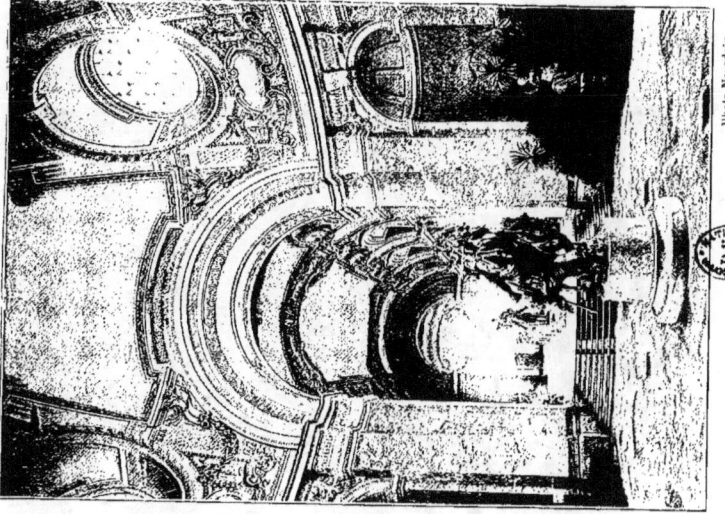

ROTONDE D'HONNEUR — GALERIE DE SCULPTURE
(Page 35.)

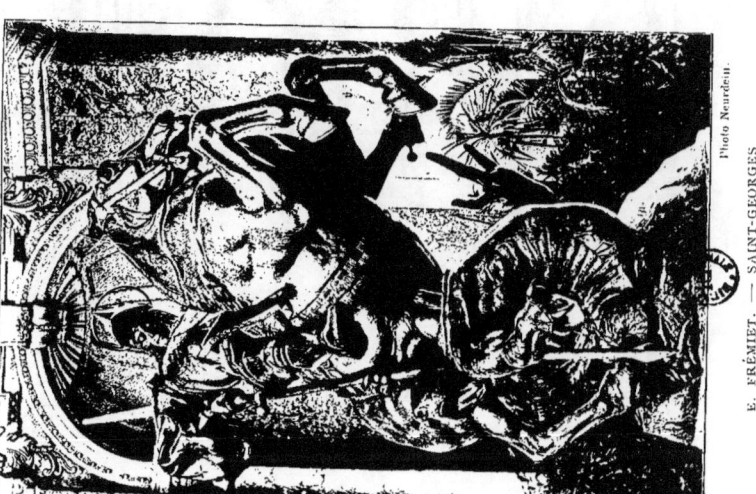

E. FRÉMIET. — SAINT-GEORGES
(Page 35.)

PALAIS DES BEAUX-ARTS

Pl. 4

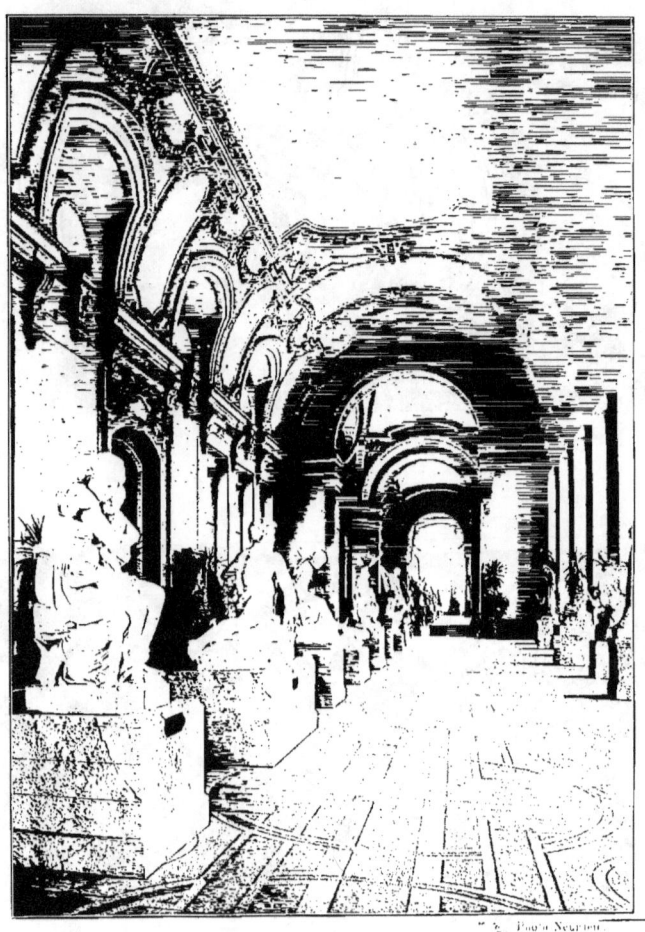

GALERIE DE SCULPTURE
(Page 36.)

tout à l'heure : celle d'exposer ces œuvres aux yeux du public.

D'autre part, les réserves d'Auteuil, que l'on déclarait absolument insuffisantes, devaient, une fois transportées dans le Palais des Champs-Élysées, faire bonne figure : quelques œuvres peu connues, comme le *Saint-Vincent-de-Paul* de Bonnat, forcèrent l'admiration.

On songea aussi qu'un Musée en formation n'était jamais trop grand. L'État n'est-il point actuellement obligé d'aménager de nouveaux locaux pour le Musée du Luxembourg, à cause de l'étroitesse de l'immeuble à ses débuts ?

Ce furent toutes ces considérations qui décidèrent la 4ᵉ Commission et son rapporteur à déposer les conclusions qui furent adoptées à l'unanimité par l'assemblée communale.

Le Petit Palais prenait donc définitivement le titre de « *Palais des Beaux-Arts de la Ville de Paris* ». La Commission spéciale, composée de la 4ᵉ Commission du Conseil municipal, à laquelle furent adjoints MM. Benjamin Constant, Bonnat, Detaille, Jean-Paul Laurens, Gérôme, Carolus Duran, Mercié et Frémiet, fonctionna presque aussitôt ; nommé vice-président par le Préfet, j'eus l'honneur en son absence d'en diriger les travaux.

La sélection fut établie avec le plus grand soin ; de nombreuses séances furent jugées nécessaires pour assurer l'exécution complète des décisions du Conseil.

Le Musée allait donc être organisé sur les bases mêmes de la délibération du 5 juillet 1901 lorsqu'un événement nouveau, sans modifier les vues du Conseil, vint heureusement les compléter.

Un riche amateur de Rouen, M. Auguste Dutuit, dont les collections avaient depuis longtemps une réputation universelle, mourait à Rome le 11 juillet 1902, après avoir, par différentes dispositions testamentaires, institué la Ville de Paris légataire des richesses artistiques qu'il possédait.

Le legs de M. Dutuit comprenait :

1° Toutes les collections artistiques du testateur ;

2° Deux immeubles situés à Paris rue Cadet et boulevard des Filles du Calvaire.

3° Cinq cent quarante-deux actions de la Banque de France.

Les charges et conditions du legs consistaient dans la quadruple obligation pour la Ville :

1° De prendre parti sur l'acceptation ou le refus du legs dans un délai de deux mois ; dans ce même délai, de choisir un local central où les collections seraient installées sous le nom de « collections Dutuit » et où le public pourrait les visiter gratuitement ;

2° Le legs accepté, d'installer dans les quatre mois suivants les dites collections dans le local choisi, d'admettre le public à les visiter, enfin d'en assurer le parfait fonctionnement ;

3° De faire face aux frais d'installation, d'entretien, d'administration de la collection, ainsi qu'à son accroissement au moyen des revenus de la dotation ;

4° Enfin d'entretenir à perpétuité la sépulture de la famille Duclos-Dutuit sise au cimetière du Père-Lachaise.

Faute par la Ville de Paris d'exécuter les deux premières conditions dans le délai prescrit par le testament, le legs devait revenir en totalité à la Ville de Rome.

Il y avait donc un intérêt capital pour la Ville à procéder rapidement.

Dès qu'il connut l'importance de ce legs, M. le préfet de la Seine, d'accord avec le président du Conseil municipal, se préoccupa immédiatement de savoir en quoi consistaient ces conditions, et quelle valeur pouvaient avoir les deux immeubles légués.

Un rapport succinct de M. Bouvard eut pour conclusions que les revenus de la dotation seraient plus que suffisants pour couvrir les frais d'installation, d'entretien et d'administration du futur Musée.

D'un autre côté, M. Georges Cain, envoyé à Rouen, donnait dans une relation enthousiaste la nomenclature rapide des merveilles entassées, tant dans l'hôtel du testateur que dans les deux châteaux qu'il possédait aux environs de Rouen. Une délégation du Conseil municipal se transporta également à Rouen et s'assura *de visu* de la réalité des faits annoncés.

J'eus l'honneur et le plaisir, faisant partie de cette délégation comme rapporteur des Beaux-Arts à la 4ᵉ Commission, d'être désigné par elle pour demeurer à Rouen et me joindre aux représentants de l'administration de la Ville de Paris.

Je ne puis évoquer sans regret ces heureuses journées passées auprès de M. Georges Cain et de ses collaborateurs.

La maison Dutuit, que remplissaient toutes ces merveilles, était située à Rouen sur les quais, non loin du pont transbordeur. D'une apparence des plus modestes, avec sa façade régulière de bonne construction bourgeoise, en face de l'animation de la Seine, elle offrait extérieurement des traces visibles de vétusté. Le balcon à rampe de fer du 1ᵉʳ étage, par exemple, menaçait ruine, offrant même quelque danger pour le visiteur.

Quant aux salons, ils avaient l'apparence d'honnêtes salons de province, encombrés de meubles recouverts de banales tapisseries d'un goût déplorable, lesquelles hurlaient aux côtés des merveilles contenues dans des vitrines en bois noir, du plus simple effet. Ces objets mal présentés, ou plutôt étalés dans un inoubliable désordre, faisaient seuls pressentir que l'on se trouvait chez un collectionneur. Il y en avait partout, de ces objets précieux, dans des bahuts du plus pur Louis-Philippe fermés à clef, derrière les tentures, jusque dans les écuries ou dans les remises, certains dans des caisses oubliées qui n'avaient même pas été déballées.

Mme Dutuit, qui se trouvait là, nous aidait dans nos recherches, et ce fut grâce à son obligeance que notre travail put être mené à bien.

C'était une petite femme noiraude et sèche, habillée si simplement, qu'on l'eût prise volontiers plutôt pour la gouvernante que pour la veuve d'un millionnaire.

M. Georges Cain rassemblait avec soin les objets précieux, les estimait, aidé aussi bien par nous que par l'exécuteur testamentaire, M. Feuardent, le numismate bien connu, qui nous fut d'un grand secours dans cette circonstance.

Chaque soir, les scellés étaient rétablis par le juge de paix, qui ne nous quittait pas, et levés le lendemain dès notre arrivée.

Cette « poursuite aux merveilles » avait une saveur inexprimable.

Nous découvrîmes les estampes au milieu du cabinet de travail, dans un grand meuble bas, en noyer ciré.

Il y avait également une somme énorme d'or en espèces dans ce meuble à peine fermé à clef.

La bibliothèque était une pièce étroite et humide. Tout à l'entour, des armoires en bois blanc, peint en imitation d'acajou, renfermaient les livres — plus de deux millions de livres !

J'avoue que mon émotion fut grande lorsque, les ayant fait ouvrir, les premiers volumes qui me tombèrent sous la main furent des mosaïques de Padeloup et de Derôme, à la douzaine, et mon émotion devint douloureuse en constatant que de larges taches de moisissure s'étalaient sur les plus belles

PALAIS DES AUX-ARTS

Pl. 5.

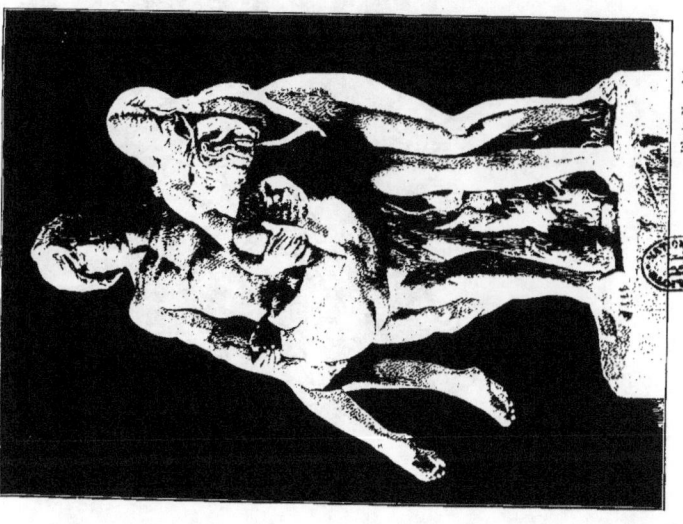

L.-E. BARRIAS. — LES PREMIÈRES FUNÉRAILLES
(Page 37.)

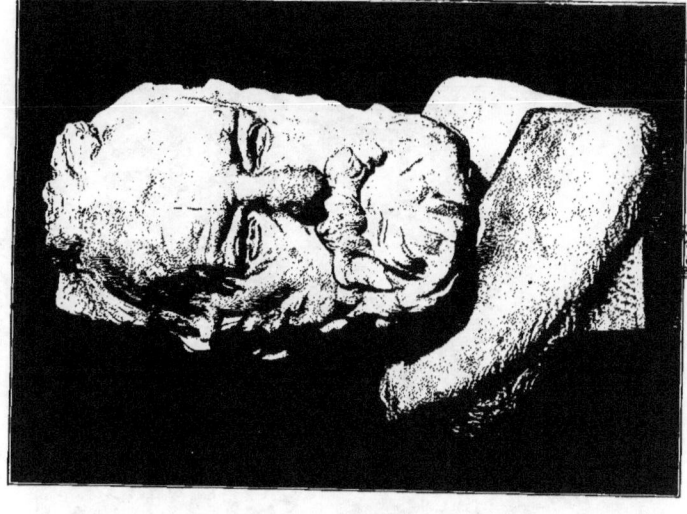

RODIN. — VICTOR HUGO
(Page 37.)

PALAIS DES BEAUX-ARTS — Pl. 6.

L. BOILLY. — DISTRIBUTION DE VIN ET DE COMESTIBLES AUX CHAMPS-ÉLYSÉES EN 1822
(Page 38.)

Photo Hautmann.

reliures anciennes. Mais s'il y a un dieu pour les ivrognes, il y en a aussi certainement un pour les bibliophiles. Lorsque, armé d'une serviette que j'avais envoyé chercher en toute hâte, je commençai le « débarbouillage » de ces beaux livres, je constatai avec joie que les taches blanchâtres s'effaçaient rapidement sans laisser de traces sur aucune des reliures anciennes, qui reprenaient sous mes doigts toute leur fraîcheur : à peine quelques reliures modernes d'un moins grand intérêt étaient-elles tachées définitivement.

Nos investigations ne devaient pas se borner à Rouen ; nous avions aussi pour mission de visiter les châteaux du testateur que l'on affirmait remplis également d'objets d'art.

Nous nous dirigeâmes tout d'abord vers celui des Moulineaux, vaste demeure moderne, récemment construite dans un site admirable d'où la vue s'étend sur toute la vallée de la Seine, de Rouen à la Bouille, — un émerveillement pour les yeux.

La construction, je le répète, n'offrait qu'un intérêt relatif.

On prétend que M. Dutuit, en original qu'il était, ne l'habitait jamais, se contentant, quand il y venait, de coucher chez son concierge dans le pavillon à l'entrée du parc.

Il est vrai que l'escalier de l'habitation était orné de peintures à fresque représentant des personnages accoudés à un balcon dans le genre de celles de l'hôtel de Luynes. Celles des Moulineaux étaient l'œuvre du propriétaire, qui se piquait de manier le pinceau et avait été l'élève de Thomas Couture. Mais l'élève n'avait guère profité des leçons du maître, car ces fresques nous parurent d'un mauvais goût assez complet.

Notre moisson d'ailleurs ne fut pas moins productive. La salle à manger était garnie de fort intéressantes tapisseries du XVIIIe siècle, et aussi de ces panneaux de caisses de voitures en vernis Martin d'une forme exquise, que l'on peut admirer au Petit Palais.

Ce fut aux Moulineaux également que se trouvait presque toute la collection de porcelaines de Chine et du Japon, qui du reste ne sont pas les pièces les plus précieuses du Musée.

L'autre château, qui a nom Epremesnil, une construction ancienne celle-là, nichée dans la verdure, se trouvait située à quelques kilomètres d'Honfleur. Nous nous y transportâmes également; mais nous n'y trouvâmes que fort peu de choses intéressantes.

Notre mission était terminée, et quelques semaines après, de nombreuses caisses arrivèrent à Paris *par bateau* pour éviter les risques du chemin de fer. Elles furent transportées de la sorte au Petit Palais, où l'on procéda de suite au classement.

De son côté, le Préfet de la Seine avait fait rédiger deux mémoires, en date des 12 et 17 août 1902, expliquant en détail les clauses de cette donation véritablement exceptionnelle.

Le 18 août 1902, le Conseil municipal, convoqué extraordinairement, acceptait avec reconnaissance le legs du généreux donateur et désignait le palais des Beaux-Arts pour y installer ses collections. Cette délibération, prise sur mon rapport, le fut à l'unanimité.

Faut-il rappeler maintenant avec quel éclat eut lieu, le 14 décembre 1902, l'inauguration du Palais des Beaux-Arts de la Ville de Paris en présence de M. Loubet, président de la République?

Un arrêté préfectoral avait assuré le fonctionnement du nouveau Musée en nommant six attachés, dont deux libres, qui, avec M. Georges Cain, installèrent avec un goût parfait, sous la direction de MM. Brown et Veyrat, aussi bien les salles de la collection Dutuit que celles du Musée municipal.

Le Palais des Beaux-Arts reçut une affluence tellement considérable de visiteurs que, les dimanches et jours de fêtes en particulier, des services d'ordre durent être établis. Le succès était donc complet, et le Conseil municipal pouvait s'enorgueillir à juste titre d'avoir contribué à faire du Petit Palais une des attractions les plus intéressantes du Paris moderne.

II. — LES COLLECTIONS MUNICIPALES DU PALAIS DES BEAUX-ARTS

On sait que le Palais des Beaux-Arts abrita, pendant l'Exposition de 1900, l'exposition rétrospective des Beaux-Arts et des Arts décoratifs organisée par M. Emile Molinier.

Cette exhibition fut un des gros succès de 1900 et l'on ne reverra sans doute plus jamais pareil amoncellement de merveilles.

Le Palais des Beaux-Arts servit ensuite dans son ensemble à l'Exposition de l'Enfance dont le succès fut également considérable.

Entre temps, le Conseil général de la Seine y avait donné une fête splendide.

Faut-il rappeler que le Salon d'automne inaugura sa première exposition au rez-de-chaussée du Petit-Palais. L'Exposition du Photo-Club y tint également ses assises.

Si l'on pénètre dans le Palais des Beaux-Arts par l'entrée monumentale de l'avenue Alexandre III, on se trouve immédiatement sous la grande coupole de la rotonde, décorée par M. Besnard (pl. 3).

Au centre de la rotonde, l'admirable *Saint-Georges terrassant le démon* (pl. 3), de Frémiet, masque à demi d'immenses portes vitrées au travers desquelles apparaît discrètement l'harmonieuse disposition de l'adorable jardin imaginé par M. Girault : ce coin de verdure, avec ses vasques aux mosaïques bleutées, dans lesquelles s'épanouissent des nénuphars du Japon aux couleurs tendres, et que dominent comme dans un rêve d'Orient des arcades surmontées de guirlandes dorées.

La rotonde occupe le centre de deux galeries, dans lesquelles, au milieu de plantes vertes, ont été disposées un certain nombre de sculptures, marbres ou bronzes, les marbres en majorité (pl. 4).

Les visiteurs peuvent admirer :
La *Source* et le *Richelieu à la Rochelle* d'Allouard ;
Le *Dante* d'Aubé ;
La *Charmeuse* de Béguine ;
La *Psyché* de Léon Bertaux ;
Le *François Ier* de Cuvilier, échappé à l'incendie de l'ancien Hôtel de Ville ;
Douce langueur de Vital Cornu ;
Le *Réveil d'Adam* de Daillon ;
Une admirable *fontaine* en plâtre de Dalou[1] ;
L'*Impératrice Joséphine* de Vital-Dubray (cette statue fut jusqu'à la chute du Second Empire érigée avenue Joséphine) ;
Le *Paradis perdu* de Gautherin ;
La *Pureté* de Marquet de Vasselot ;
Le *Lierre* de Moncel, et tant d'autres œuvres remarquables augmentées chaque année par les achats de la 4e Commission.

A l'extrémité de la galerie de droite se trouve la collection Dutuit, à l'extrémité de celle de gauche les salles de peinture.

Au centre de ces dernières, dont la largeur est de 7^{m}50,

---

[1]. Actuellement placée dans la salle Dalou aménagée à l'extrémité de la galerie de droite (N. de l'E.).

d'autres sculptures en enfilade se marient d'agréable façon aux toiles exposées.

C'est là que se trouvent des œuvres comme les *Premières funérailles* de Barrias, le chef-d'œuvre du grand artiste acquis par la Ville en 1883 (pl. 5). Des bustes animent les rotondes : celui de Victor Hugo, par Rodin (pl. 5), venant du musée Galliéra, ceux du Prince Impérial, par Carpeaux, de la reine Marie-Amélie par Moine, provenant tous deux de Carnavalet, celui de Saint-Just par David d'Angers, qui orna longtemps la salle du budget du Conseil municipal.

Les peintures sont actuellement au nombre de plus de trois cents.

Le catalogue officiel, publié par les soins du conservateur, M. Henry Lapauze, nous en donne la nomenclature complète.

Le plus grand éclectisme n'a cessé de régner dans le choix des œuvres présentées au public. Il faut donc louer sans réserve le Conseil municipal qui, sans prendre parti pour aucune école, cherche l'oiseau rare chez les artistes à tendances les plus opposées.

Le résultat est obtenu de la façon suivante :

En dehors des ateliers, où la 4ᵉ Commission envoie souvent des délégations, quand elle ne s'y rend pas tout entière, les achats sont faits aussi bien au Salon des artistes français qu'à celui de la Société Nationale des Beaux-Arts, voire même des Artistes indépendants, et qu'au Salon d'automne.

Pour la décoration de son Hôtel de Ville, Paris a fait également appel à tous les talents : c'est pourquoi on y voit réunis, presque côte à côte, aussi bien Bonnat que Puvis de Chavannes, Jean-Paul Laurens que Besnard, Detaille que Benjamin Constant.

Cet éclectisme, qui fut de tout temps observé au Conseil

municipal, a eu l'heureux résultat d'amener dans ses collections, abritées aujourd'hui par le Petit Palais, une rare diversité. L'on peut dire que toutes les écoles, toutes les tentatives modernes y sont représentées.

Car le Palais des Beaux-Arts est surtout un musée moderne.

La Ville de Paris n'y possède en effet que de rares tableaux anciens. Je citerai cependant la *Naissance de la Vierge* par Restout, deux panneaux d'Hubert Robert arrachés à l'incendie de l'Hôtel de Ville, et l'admirable *Distribution de vin aux Champs-Élysées*, par Boilly, achetée 40.000 francs à la vente Lutz (pl. 6).

Mais, avant d'arriver aux œuvres modernes proprement dites, il est bon de dire un mot de trois maîtres du XIXe siècle qui servent en quelque sorte de transition avec nos maîtres contemporains : ce sont Courbet, Daumier et Chifflart.

La Ville de Paris possédait depuis longtemps deux toiles de Courbet. L'une est le célèbre portrait de Proudhon, qui passe pour un chef-d'œuvre (pl. 7). L'autre est de moindre qualité : c'est la *Sieste*, elle représente des bœufs étendus ruminant sur l'herbe[1].

Les trois Daumier sont trois tableaux de chevalet où se rencontre tout l'humour du caricaturiste (pl. 7) : le *joueur d'orgue*, *joueurs d'échecs* et *l'amateur d'estampes*.

Chifflart est moins connu ; c'est un romantique échevelé ; dans ses œuvres perce un mouvement intense, une sorte de *furia* tragique que l'on retrouve aussi bien dans sa *bataille de Cannes*, achetée à sa vente, que dans les deux fusains : *Faust au Combat* et *Faust et Marguerite* que l'on a admirés longtemps à la buvette du Conseil municipal, et qui récemment ont été heu-

---

1. Cf. *infrà*, la description de la salle Courbet (N. de l'E.).

PALAIS DES BEAUX-ARTS

Pl. 7.

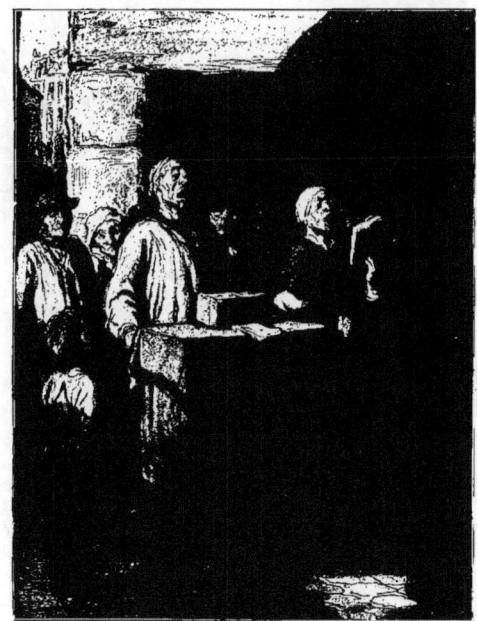

HONORÉ DAUMIER. — LE JOUEUR D'ORGUE

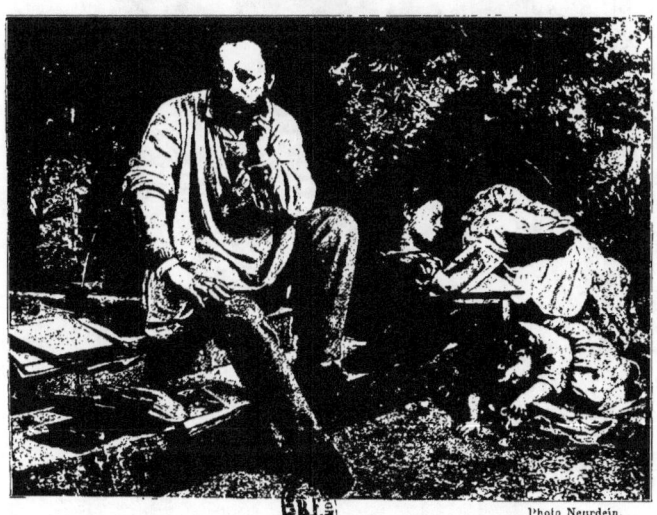

Photo Neurdein.

GUSTAVE COURBET. — PROUD'HON ET SES ENFANTS
(Page 38.)

Pl. 8

PALAIS DES BEAUX-ARTS

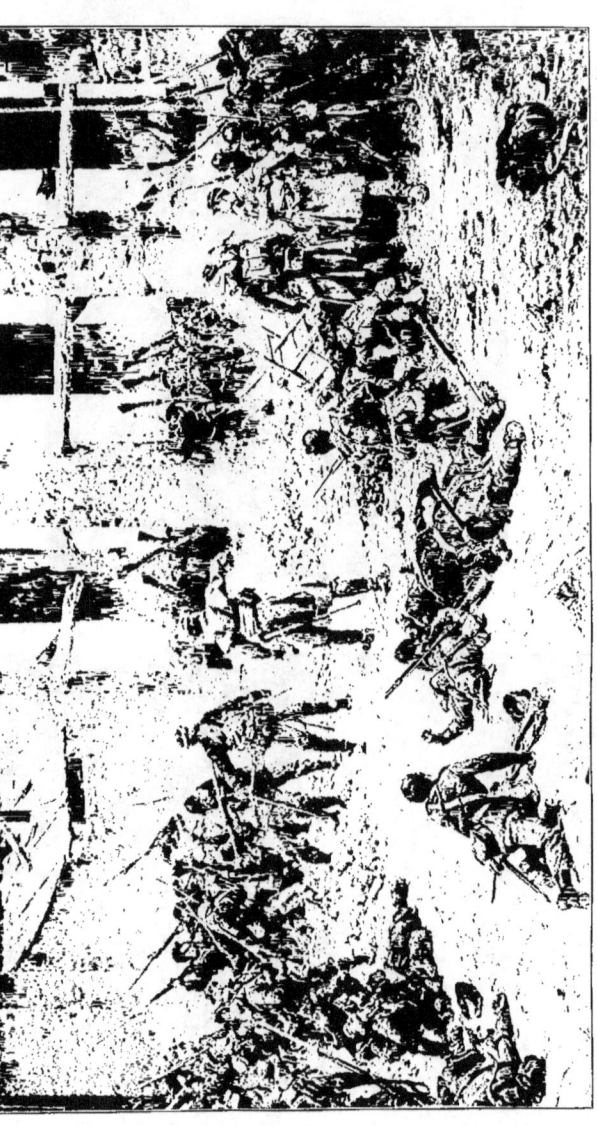

ALPHONSE DE NEUVILLE. — LE FOUR A CHAUX
Fragment du Panorama de la bataille de Champigny par A. de Neuville et E. Detaille.
(Page 39.)

reusement lithographiés par un jeune graveur au talent plein de promesses, M. Bahuet[1].

Deux toiles de premier ordre proviennent de l'église Saint-Nicolas-des-Champs : le *Saint-Vincent-de-Paul* de Bonnat et le *Saint-Bruno* de Jean-Paul Laurens (pl. 10).

Ce sont, je le répète, deux œuvres de toute beauté ; longtemps elles restèrent quasi oubliées au dépôt d'Auteuil : ce fut comme une révélation quand elles furent mises en place au Petit Palais.

Un autre tableau mérite une mention spéciale : c'est le *Four à chaux* d'Alphonse de Neuville (pl. 8). Le *Four à chaux*, qui représente un épisode du siège de Paris (un parti de soldats prussiens surpris à Champigny et mettant la crosse en l'air), était venu échouer au Mont-de-Piété. Je l'appris par hasard et je demandait à la 4ᵉ Commission, comme rapporteur des Musées, l'autorisation d'aller officiellement sur place me rendre compte par moi-même. Je me hâtai de faire une démarche auprès de M. Duval, l'aimable directeur du Mont-de-Piété, qui me confirma la chose.

La toile, qui ne mesure pas moins de 9^m,16 sur 5^m,46, était roulée dans un coin du magasin. Je dus revenir quelques jours après. M. Duval l'avait fait dérouler et mettre bien en lumière dans un coin isolé. J'avoue que je me sentais fort perplexe en accomplissant ce dernier pèlerinage. A vrai dire, ce morceau d'un panorama que je me rappelais parfaitement ne me disait rien qui vaille : je pensais trouver une peinture *lâchée* indigne d'un Musée.

Quelle ne fut pas ma surprise et ma joie dès que je me trouvai en présence de cette scène incomparable : jamais de Neu-

---

[1]. Malheureusement, depuis cette époque M. Bahuet est devenu aveugle.

ville n'avait été mieux inspiré et n'avait plus *travaillé* son sujet. D'ailleurs sa signature, qui se trouvait en bas à gauche, témoignait de sa sincérité.

J'avais carte blanche de mes collègues et je terminai rapidement l'affaire moyennant la somme modique de 12.000 francs.

Aujourd'hui le *Four à chaux* est une des œuvres les plus admirées du Petit Palais et j'ai la hardiesse de m'enorgueillir un peu de cet heureux résultat.

J'ai dit que le *Four à chaux* était d'une dimension peu commune. Une autre toile immense est le *14 juillet* de Roll (pl. 9); elle mesure en effet 7 mètres de hauteur et 16 mètres de largeur. Lorsqu'il s'agit de la transporter d'Auteuil au Petit Palais, on pensa ne point y parvenir, l'artiste s'étant refusé à *désencadrer* son œuvre et le cadre pesant trois mille kilos.

Le *14 juillet* n'est pas une des œuvres les meilleures qui appartiennent à la Ville ; elle n'en est pas moins curieuse au point de vue des mouvements de la foule et du nombre des personnages qui sont plus de deux cents.

Roll est également représenté au Petit Palais par le portrait de M. Alphand, qui orna longtemps la salle de la 3ᵉ Commission. Ce portrait, d'une ressemblance frappante, est l'un des meilleurs morceaux du maître.

Le Petit Palais possède l'œuvre maîtresse d'Henner, *Eglogue*, qui valut au grand artiste la médaille d'honneur en 1898.

Citerai-je également la *Cendrillon* de Joseph Bail (Salon de 1900); *Mesnival* de Cazin (Salon de 1894); *Portrait de femme et d'enfant* de Carrière, acquis au Salon d'automne en 1904 ; *L'hôtel des Invalides* de Raffaelli (Salon de 1896) ; *La Fonderie* de Rixens (Salon de 1887); *Le Coin d'atelier* de Vollon, donné par l'auteur à la Ville ; *Le Sauvetage en mer* de Tattegrain (Salon de 1900) ; Le *Faust* et la *Tentation de Saint-Antoine* de Fantin-Latour (Salons de 1892 et de 1897); *Les Sœurs quêteuses* de Lucien Simon (Salon de 1902); le *Crépuscule en Normandie* de Paul Saïn (Salon de 1896); *En Décembre* par Carl Rosa (Salon de 1895); trois Guillemet : *Quais de Bercy* (Salon de 1891), *La Seine à Conflans* (Salon de 1897) (pl. 12), *Paris vu des hauteurs de Belleville* (Salon de 1897); trois Luigi Loir : *Un coin de Bercy pendant l'inondation* (toile datant de 1879 où sont représentées un grand nombre de personnalités parisiennes de cette époque), *Marché à la ferraille* (Salon de 1896), *La fête de l'Hôtel de Ville en l'honneur des Souverains russes* (Salon de 1897)?

Voici encore : Carrier-Belleuse, *Tendre aveu*, pastel; Pointeleu, *Le Haut Jura;* Tanzi, *Saint-Cucufa;* Iwill, *Fin de jour à Chènevières* et *Brumes mauves;* Gagliardini, *Fontaine du Cours, Au pays des vins;* Sisley, *Église de Moret;* Bellan, *L'Angelus;* Blanche, *la Mandarine* et le *portrait de Jules Chéret;* Billote, *Les Fortifications;* Lhermitte, *Les Halles* (pl. 11); Didier-Poujet, *Lande aux bruyères;* Humbert, *portrait du colonel Marchand;* Jean-niot, *La Présentation;* Désiré Lucas, *A midi chez les paysans;* Prévot-Valeri, *L'Orage*; Sergent, *Gaiement;* Jean Veber, *Trois bons amis;* Madeline, *La Chataigneraie*.

On peut se rendre compte par cette rapide énumération, où l'on trouve mêlés tous les genres, de cet esprit d'éclectisme dont je parlais tout à l'heure.

Les noms des artistes les plus avancés, comme Sisley ou Madeline y fraternisent avec ceux des classiques les plus invétérés.

III. — LA COLLECTION DUTUIT

La collection Dutuit a été déjà maintes fois si complètement décrite, qu'il serait téméraire de vouloir, après tant d'études dues à des plumes si autorisées, prétendre à une description des merveilles entassées.

Aussi me bornerai-je à une analyse, que j'emprunterai au rapport que M. Georges Cain adressa au préfet de la Seine après son séjour à Rouen.

Voici ce rapport en entier [1]. Il est et demeurera en quelque sorte le résumé véritable et *officiel* de la collection.

« La collection Dutuit est une des plus complètes qu'il nous ait été donné de rencontrer.

« Toutefois, il convient dès à présent de constater que ce n'est pas une de ces collections d'allure décorative, qui peuvent séduire le grand public. C'est une collection choisie et précieuse qui représente deux existences d'études patientes et d'incessantes recherches mises au service d'une grande fortune.

« MM. Dutuit (car M. Auguste Dutuit, le testateur, avait un frère, M. Eugène Dutuit, décédé il y a quelques années, auquel on doit l'achat d'un grand nombre de ces incomparables richesses, particulièrement des livres); MM. Dutuit, dis-je, avec un éclectisme admirable, se sont en effet préoccupés de réunir dans leurs cabinets les plus beaux, les plus complets spécimens de chacun des arts qu'ils étudiaient. C'est ainsi que la céramique est représentée par une cinquantaine de majoliques italiennes et de plats siculo-arabes, tels que les plus riches Musées du monde ne renferment rien de supérieur, par trois des plus beaux spécimens connus de la rarissime faïence d'Oiron [2] (pl. 16) par des plats de Rhodes, des faïences de Rouen, des porcelaines de Sèvres, de Saxe, et par une incomparable série de porcelaines de Chine de toutes marques et de toutes époques.

---

1. Séance du Conseil municipal du 18 août 1902.
2. Parmi eux, il faut signaler le fameux chandelier qui fut payé 100.000 francs par Dutuit.

« La verrerie comporte un certain nombre de plats et de verres émaillés de Venise, quelques pièces hispano-mauresques, et enfin des lampes de mosquée et des vases orientaux.

« *Antiquités et objets d'art.* — La collection des antiquités nous offre trois grandes séries : l'art étrusque et égyptien, l'art grec et l'art romain, représentés par leurs vases, leurs terres émaillées, leurs pâtes de verre, leurs camées, leurs bronzes, dont notamment le merveilleux ensemble du trésor d'Annecy; leurs médailles et leurs bijoux si précieux (pl. 13).

« *Emaux.* — Les émaux, qui sont l'une des plus grandes richesses de cette belle collection, comptent une trentaine de pièces hors de pair. Ce sera sûrement l'un des émerveillements du futur Musée (pl. 16).

« Je note enfin, dans ce sommaire rapport, les gemmes, les bijoux de la Renaissance, les boîtes précieuses, les montres, les baisers de paix, les médailles florentines et françaises qui, avec une admirable et presque complète collection de numismatique grecque, romaine et française, forment un ensemble absolument remarquable.

« *Tableaux et dessins.* — Cette collection de tableaux, composée seulement d'une soixantaine de pièces, en renferme une trentaine de tout premier ordre, pour la plupart de l'école hollandaise (pl. 17). Je citerai notamment : le *Portrait de Rembrandt* par lui-même (pl. 18), les deux *paysages*, de Hobbéma, dont un incomparable[1], un Pieter de Houghe, cinq Teniers,

---

1. C'est la toile intitulée les *Moulins*, la meilleure qu'Hobbéma ait faite après l'*Allée des peupliers* de la National Gallery de Londres.
 Elle provient de la collection du duc de Morny : elle fut payée à la vente de ce dernier, en 1865, 81.000 francs, sans les frais !
 Voici ce que disait à son sujet Théophile Gautier dans le *Moniteur* de l'époque :

un Ruysdaël, un Van Goyen, un Van der Neer, deux Ostade, deux Van de Velde, deux Wouwermans, deux Terburg, un Cuyp, un Claude Lorrain un Lancret, trois Hubert-Robert (pl. 20), un Boucher (pl. 19), un Géricault, un Diaz, etc., un carton de dessins et aquarelles originales de Rembrandt, Ostade, Van Dyck, Metsu, Maës, Miéris, une délicieuse feuille de tête aux deux crayons de Watteau, comparable aux plus belles du Louvre, une sépia de Greuze : l'*Accordée de village*, une sépia de Fragonard : l'*Allée ombreuse* (pl. 20), un dessin de Prudhon, etc.

« *Estampes*. — Les estampes forment une série sans rivale. La majeure partie de l'œuvre de Rembrandt y figure avec plus de 600 eaux-fortes originales, dans les plus beaux états.

« Aucune de nos collections publiques ne pourrait, je crois, offrir une telle variété. C'est pour mémoire que je note : deux états de la *Pièce aux cent florins*, deux états de l'*Ecce homo*, deux états du *Christ guérissant les malades*, trois états du *Calvaire*, deux états de *Six à la fenêtre*, trois états du *Rembrandt à la toque*, deux états du *Portrait de Saskia*, deux états de *Jésus présenté au Temple*, etc.

« Quel chef-d'œuvre que les *Moulins* d'Hobbéma, toile ou tableau qui fera faire bien des folies, si l'on peut appeler folies la noble prodigalité qui s'acharne à la possession d'une œuvre unique. Les tableaux ont leur sort comme les livres ! De son vivant, et même bien des années après sa mort, Hobbéma ne jouissait pas de la réputation qu'il possède aujourd'hui. Les toiles qui se couvrent d'or à présent, on y grattait le monogramme de l'artiste et on les attribuait à d'autres maîtres pour leur donner plus de valeur. Les *Moulins* sont l'œuvre la plus importante du grand paysagiste si longtemps inconnu et si glorieusement ressuscité. Un rayon de soleil glissant entre des nuages colore d'une vive clarté les toits rouges des moulins dont le reflet s'allonge avec tous ses détails dans l'eau noire comme une glace de la rivière élargie et retenue par les écluses, au pied de ces constructions rustiques mélangées de pieux et de planches. Sur la droite, un bouquet d'arbres à la cime battue du vent oppose sa belle masse d'ombre vigoureuse, et dans le fond une traînée de lumière fait pétiller les accidents pittoresques des lointains. On ne saurait trop admirer le profond sentiment de la nature, le rendu ferme et précis du feuillé, la solidité du terrain, la transparence des eaux et la fluidité de l'air qui distinguent ce paysage sans pareil. »

PALAIS DES BEAUX-ARTS

Pl. 9.

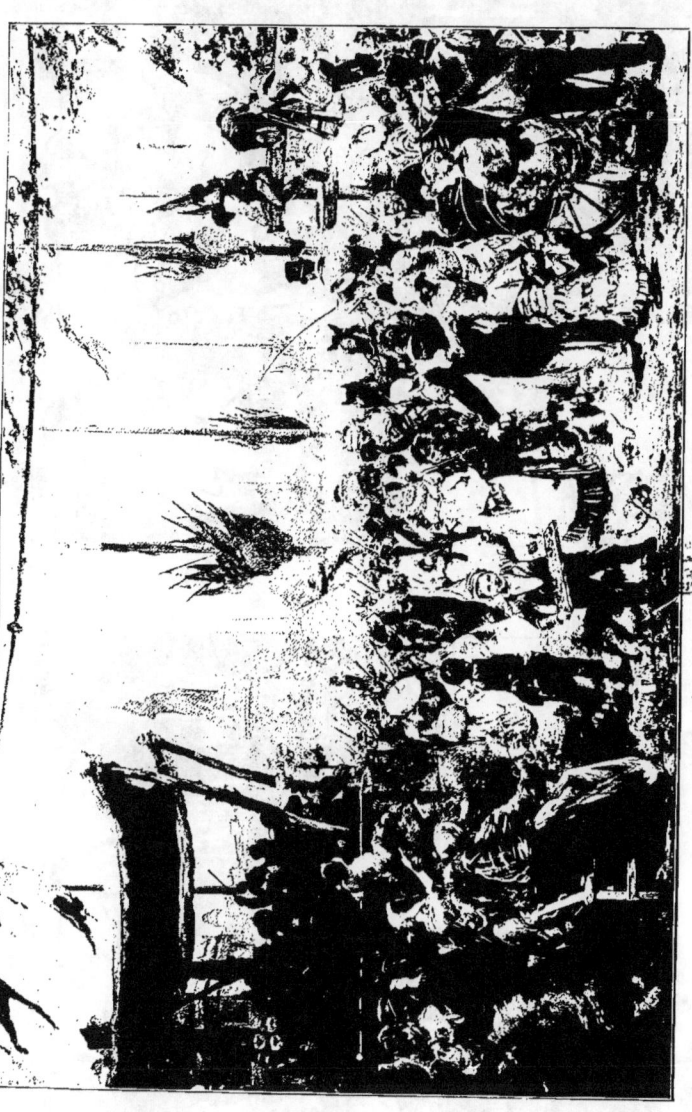

Photo Neurdein.

A. ROLL. — 14 JUILLET
(Page 40.)

PALAIS DES BEAUX-ARTS Pl. 10

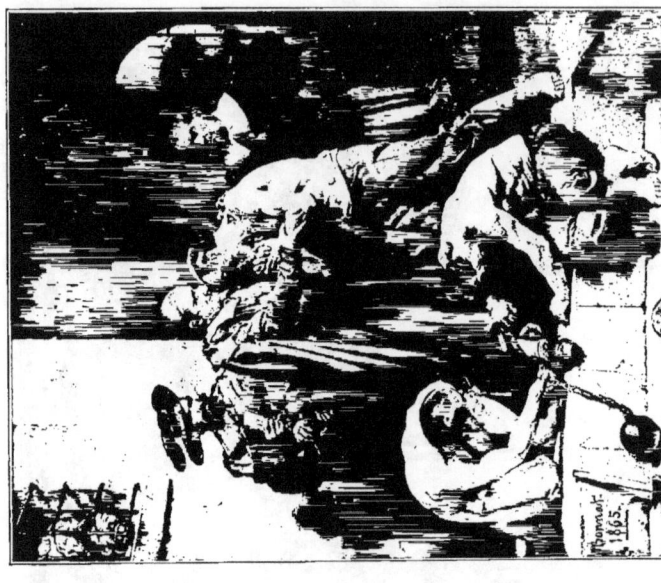

SAINT VINCENT DE PAUL RACHÈTE LES GALÉRIENS.
(Page 39.)

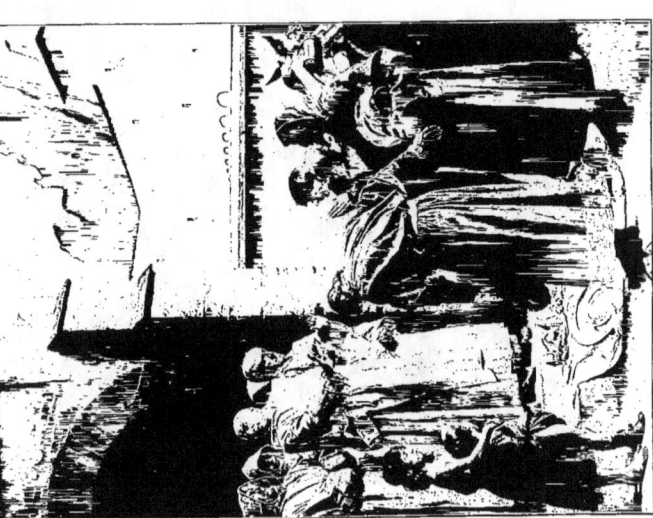

JEAN-PAUL LAURENS.
SAINT BRUNO REFUSANT LES PRÉSENTS DU COMTE ROGER
(Page 39.)

« L'œuvre d'Albert Dürer, l'œuvre de Mantegna, celles de Callot, de Silvestre, d'A. Bosse, de Claude Lorrain, de Nanteuil, et de grands graveurs allemands et français, complètent cet ensemble unique par sa richesse et sa rareté.

« *Livres et reliures.* — Cette collection contient plus de 800 pièces vraiment incomparables.

« Il faut citer en première ligne une douzaine de manuscrits ornés de scènes et d'enluminures où se manifeste l'art si précieux des primitifs :

« *L'Histoire du Grand Alexandre*, xve siècle.

« Trois *Horae beatae Virginis Mariae*.

« Une *Relation des funérailles d'Anne de Bretagne*, etc.

« Des missels, etc., qui sont autant de magnifiques objets d'art, dont tout, jusqu'à l'étui, est un sujet d'admiration ; puis c'est un choix nombreux de volumes reliés, aux armes des rois et des reines et des plus grands noms de France, des Grollier, des Maioli, le tout formant un ensemble qui honore grandement l'érudition, le goût et le discernement de MM. Dutuit.

« *Les laques et les ivoires.* — A côté de ces œuvres considérables, MM. Dutuit ont réuni une très précieuse collection de laques de Chine, de la meilleure époque, et d'ivoires du plus grand prix. Ces deux catégories d'objets rares sont en nombre suffisant pour former deux vitrines qui ne seront pas les moins remarquées.

« Pour n'être pas très nombreux, les ivoires n'en sont pas moins précieux, et leur réunion ne manquera pas d'intéresser les amateurs. Elle comporte des crosses, des boîtes, des reliquaires, des statuettes, des colliers, etc.

« *Meubles, tapisseries et objets divers.* — Ici, sauf quelques belles exceptions, il faut convenir que le choix en est inférieur. Notons cependant un certain nombre de pendules, dont une fort belle (de Lepautre), cuivres, porcelaines et brillants provenant de la collection Double.

« Trois panneaux décoratifs, des Della-Robia, des vases de Sèvres, des urnes de porphyre, une statue de marbre du xviie siècle et enfin trois charmantes terres cuites de Clodion (pl. 19); quelques meubles en vernis Martin; deux jolies commodes en marqueterie; quelques consoles, quelques pièces d'argenterie du xviiie siècle, des fauteuils et des chaises.

« Telle est en peu de mots, ajoute M. Georges Cain, l'impression dominante que donne la collection Dutuit. »

Il nous paraît intéressant d'ajouter à cette nomenclature une rapide étude de la bibliothèque, qui, avec les estampes, offre une des parties les plus riches et les plus complètes de la donation *royale* faite à la Ville de Paris ; nous dirons ensuite quelques mots du Cabinet des estampes.

La bibliothèque est l'œuvre personnelle d'Eugène Dutuit, le frère aîné du testateur ; elle fut commencée vers 1840.

Les premiers livres[1] qui la composèrent furent surtout de grands ouvrages classiques, exemplaires de choix tirés sur papier de luxe et richement reliés. Bien vite le bibliophile élargit le cadre de ses recherches ; il se mit à recueillir les livres à estampes, et surtout les volumes recouverts de reliures richement ornées, portant les armoiries et les devises des amateurs célèbres, notamment les reliures du xvie siècle, si remarquables au point de vue du décor.

C'est ainsi que nous comptons[2] sur les rayons de cette

---

1. Cf. Edouard Rahir. Catalogue de la bibliothèque Dutuit.
2. Ernest Quentin-Bauchart. *Mélanges bibliographiques, le legs Dutuit*. Librairie Henri Leclerc, Paris 1904.

bibliothèque incomparable un Louis XII, deux François I*er*, six Henri II, un Charles IX, six Henri III, trois Henri IV, douze Grolier d'une richesse éblouissante, quatre Maioli, deux Canevarius, douze de Thou, la plupart décorés de ces brillantes dorures à compartiments de feuillage attribués aux Eve ; et si nous passons du xvi*e* siècle aux xvii*e* et xviii*e*, cinq Longepierre, neuf comte d'Hoym, six du Fresnoy, deux volumes aux armes de M*me* de Chamillart ; enfin toute une série de livres armoriés, tous dans leurs vieilles reliures d'une invraisemblable fraîcheur.

« Eugène Dutuit fit ses principales acquisitions dans les grandes ventes qui se sont succédées de 1840 à 1881. Il sut toujours choisir ce qu'elles contenaient de plus enviable, ne reculant devant aucun sacrifice, et sa bibliothèque put bientôt rivaliser avec les plus fameuses. »

Ce système d'acquérir l'objet désiré à prix d'or fut toujours d'ailleurs employé par les deux frères, leur immense fortune leur permettant les fantaisies les plus coûteuses.

Dans une grande vente, c'était toujours l'*oiseau rare* qu'ils désiraient et qu'ils acquéraient presque toujours, quitte à le laisser ensuite dans une caisse sans plus y songer.

Les livres se trouvaient, comme je l'ai raconté, dans une petite pièce ornée (?) d'un corps de bibliothèque en bois blanc peint en acajou. Ils étaient empilés sans méthode les uns sur les autres.

Parmi eux il y avait cependant des manuscrits comme le *Grand Alexandre*, qui provient de la bibliothèque du duc de Bourgogne et qui contient 204 peintures admirables d'exécution, d'éclat et de conservation (pl. 15). Avec le *Grand Alexandre*, l'*Adonis*, écrit par Jarry en 1658 et dédié à Fouquet, splendidement relié par Le Gascon dont il est le chef-d'œuvre, est un des plus admirables manuscrits que l'on puisse rêver.

Parmi les imprimés, ce sont des reliures aux chiffres ou aux armes de Marie de Médicis, d'Anne d'Autriche, de Marie-Thérèse, de Marie Leczinska, de Marie-Antoinette ; ce sont de délicieux volumes sortis des cabinets de Colbert, du chancelier Séguier, de la comtesse de Verrue, de la duchesse de Lesdiguières, de Mme de Maintenon, de Mme de Montespan, de Mlle de Lavallière ; ce sont surtout les mosaïques, au nombre de sept par Padeloup et Derôme (pl. 14) « qui brillent comme autant de pierres précieuses dans cet incomparable écrin »[1].

Parmi les provenances royales, citons un *Jamblique* des Aldes et l'*Antonii Miẓaldi Phœnomena*, à la salamandre de François Ier (pl. 14); l'*Opera Basilii Cœsariensis*, au chiffre de Henri II ; le *Pauli Jovii episcopis historiarum*, 1553, avec le médaillon du même Henri II en relief ; puis c'est un in-folio de la bibliothèque de Lacroix du Maine, à la croix de Lorraine ; ce sont les reliures à la tête de mort, de Henri III ; le *Jardin du Roy Henri IV*, exemplaire de Henri IV ; des volumes nombreux au semis de marguerites, armes parlantes, assure-t-on, de Marguerite de Valois ; la *Milice des Grecs*, exemplaire ayant appartenu à Louis XIII ; le *Labyrinthe de Versailles*, aux armes et au chiffre de Louis XIV ; les *Beautés d'une dame tholosaine*, également aux armes de Louis XIV, etc.

Il y a un *Cicéron* qui a appartenu à Henri IV ; une *Cité de Dieu* magnifique ; le *Virgile* du comte d'Hoym ; un *Horace* qui est une merveille ; l'admirable *Tacite* de Longepierre ; nos grands classiques dans des conditions exceptionnelles ; il y a les beaux livres à estampes du XVIIIe siècle : les *Fables de La Fontaine* avec les figures d'Oudry ; les *Contes*, édition des fermiers généraux ; les *Chansons* de Laborde ; le *Daphnis et Chloé*, du Régent ; le *Décameron* de Boccace, avec les figures de Gravelot.

---

1. Ernest Quentin-Bauchart, *loc. cit*.

PALAIS DES BEAUX-ARTS

Pl. 11.

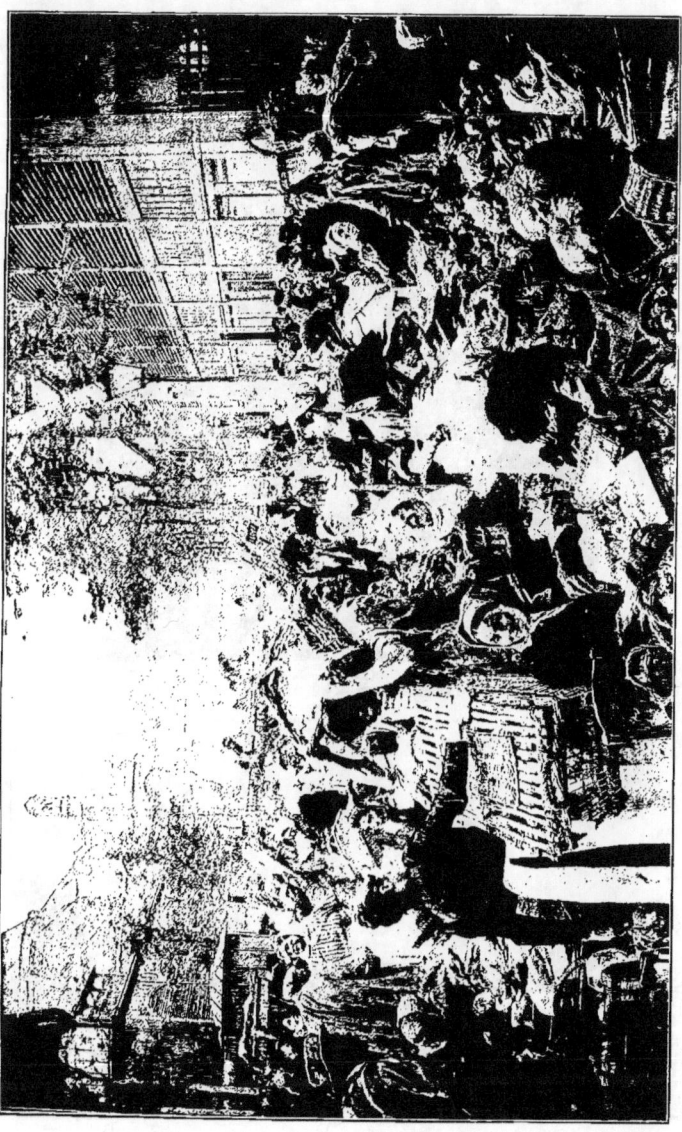

LÉON LHERMITTE. — LES HALLES
(Page 41.)

Photo Bulloz.

Pl. 42. PALAIS DES BEAUX-ARTS

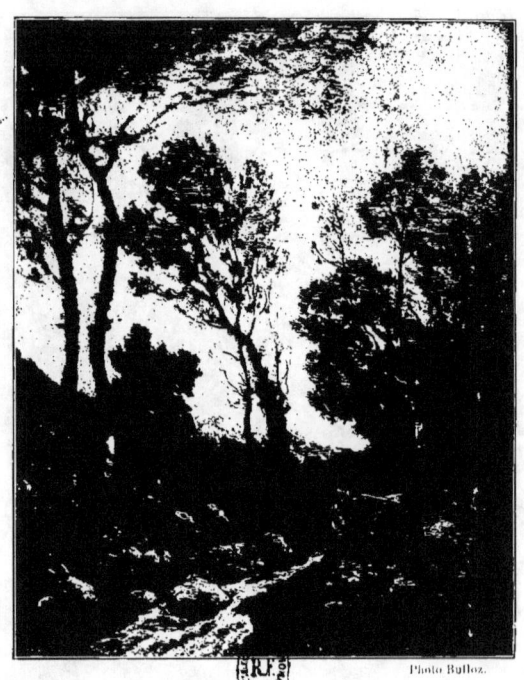

Photo Bulloz.
HARPIGNIES. — LE RUISSEAU

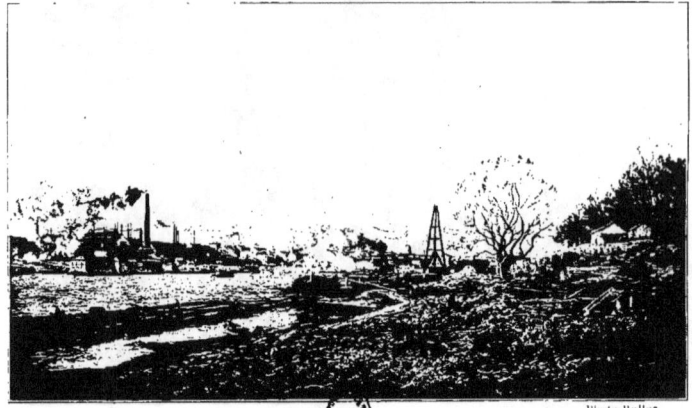

Photo Bulloz.
JEAN-BAPTISTE GUILLEMET. — LA SEINE A CONFLANS-CHARENTON

J'en passe, et des meilleurs.

Toutes ces merveilles sont aujourd'hui au Petit Palais, cataloguées dans de hautes bibliothèques ouvertes facilement à la curiosité et à l'étude des amateurs.

Les plus riches reliures ont été disposées adroitement dans des vitrines et forment en quelque sorte l'histoire de cet art si français depuis le xvie siècle jusqu'à nos jours.

On ne saurait trop féliciter les organisateurs de cette heureuse disposition.

Il nous faut revenir également sur les estampes qui forment, comme je l'ai dit, avec les livres, une des principales richesses de la collection Dutuit.

Nous y voyons représentées toutes les grandes écoles de la gravure : école italienne, école espagnole, école allemande, écoles flamande et hollandaise, école française, école anglaise.

L'école italienne nous montre toute une série des maîtres originaux, précurseurs de Marc-Antoine Raimondi, comme Botticelli, aujourd'hui si à la mode avec son dessin précieux et sobre ; Pollajuolo, grandiloquent quoique parfois brutal ; Robetta, compliqué jusqu'à l'obscur ; Mantegna, le graveur du *Triomphe de Jules César ;* Giulio Campagnola, Benedetto Montegna, Nicoletto de Modène, etc. Des tarots vénitiens offrent un specimen de la gravure sur bois, moins développée en Italie que celle du cuivre.

Marc-Antoine Raimondi apparaît avec son œuvre au complet, moins cependant, la série des pièces scatalogiques qui le firent jeter en prison par ordre du pape : c'est ainsi que la collection Dutuit possède les gravures exécutées au commencement de la carrière de l'artiste d'après son maître d'orfèvrerie Francia ; ses pastiches d'Albert Dürer qui, sur la plainte de celui-ci, lui

4

valurent la mercuriale du gouvernement de Venise ; ses belles estampes d'après les dessins de Raphaël, etc.

L'école espagnole est personnifiée par Ribera et par Goya. On trouve dans la collection Dutuit deux séries de la *Tauromachie*, trente-trois planches à l'aquatinte admirables.

Dans l'école allemande on relève quelques œuvres anonymes de début, puis celles de Martin Schongauer, Franz de Bocholt, Israel de Mecheln, etc., enfin d'Albert Dürer.

C'est quelque chose de considérable que l'œuvre gravé d'Albert Dürer au Petit Palais. On peut y admirer tour à tour, dans des états hors de pair, ses plus célèbres pièces sur cuivre, la *Mélancolie* (une épreuve de cette pièce se vendit il y a quelques années 13.000 marks à Munich), *Adam et Ève*, le *Chevalier*, *La Mort et le Diable*, *Saint Eustache*, la *Nativité*, épreuves aussi pures que celles conservées à la Bibliothèque Nationale, une remarquable série de *Vierges*, la *Grande Fortune*, *Saint Jérôme dans sa cellule*; des pièces gravées sur étain et sur fer, et enfin de nombreux bois : le *Portrait de Maximilien Ier*, le *Triomphe de l'empereur Maximilien*, la *Vie de la Vierge*, la *Grande Passion*, l'*Apocalypse de saint Jean*, ce fameux pamphlet par l'image qui révolutionna la chrétienté.

Après le maître de Nuremberg, l'école allemande est encore représentée par Hans Buldung, Grün, Hans-Sebald Beham, Georges Pencz. La *Bergère* de Roos, épreuve de premier état, et le *Berger endormi* du même avec la date 1660 (cette dernière estampe à peu près introuvable dans cette condition) sont à citer parmi les productions du xviie siècle. Quant à l'école moderne, elle compte, parmi quelques beaux spécimens, la *Madone* de Muller avant la lettre et sur papier de Chine.

Une respectable série d'œuvres de gravure de l'école des Pays-Bas, l'œuvre complète, ou peu s'en faut, de Lucas de Leyde, quelques pièces, les plus remarquables, de Goltzius, nous conduisent des premiers temps de l'art délicat qui eut Bruges pour berceau, jusqu'à l'époque où l'école flamande et l'école hollandaise se révèlent soudainement avec leur caractère propre nettement tranché. Tandis que Van Dyck, Rubens, Téniers, personnifient l'une, Rembrandt domine l'autre de toute la hauteur de son génie.

La suite des quatre cents eaux-fortes que nous possédons fait l'admiration constante des visiteurs de la collection Dutuit.

La pièce dite *aux 100 florins, Jésus-Christ guérissant les malades*, en est la perle. C'est une épreuve de premier état sur papier du Japon avant les contretailles sur le cou de l'âne.

Cette estampe fut cédée par Rembrandt à l'un de ses amis nommé Loomer, collectionneur de gravures. Elle passa plus tard entre les mains de Lanetti, célèbre aquafortiste à Venise. Au début du XIXe siècle, Denon, directeur général des Musées de France, acheta aux héritiers de Lanetti l'œuvre de Rembrandt rassemblée par Loomer, et que celui-ci, dans une note autographe écrite sur l'un des portefeuilles, déclarait « le plus beau connu et formé par lui dans un laps de temps qui n'avait duré pas moins de cinquante ans ». Après la mort de Denon, survenue en 1825, Woodburn, marchand anglais, acquit la série des eaux-fortes de Rembrandt qui faisaient partie de son cabinet et par conséquent la fameuse pièce. Des mains de Woodburn, l'estampe passa dans celles de Wilson puis de Werstolk, collectionneur ; à la vente Werstolk, elle fut adjugée à Smith, marchand anglais, pour la somme de 3,360 francs. Après le décès de M. Price, qui la tenait de Smith, elle entra dans le cabinet de M. Palmer, qui l'obtint en vente publique moyennant 29.500 francs, au grand déplaisir des Dutuit, à qui cette fois elle échappa. Un an après, c'est-à-dire en 1868, M. Palmer étant subitement décédé, Eugène Dutuit se rendit possesseur de la pièce pour 27.500 francs.

On voit peu de gravures aussi célèbres avoir une généalogie aussi bien établie. Ajoutons que le nombre des épreuves du premier état se réduit à neuf.

Clément, l'expert qui agissait à la vente Palmer pour le compte des Dutuit, écrivait à Eugène le 19 mai 1868 : « Je viens de la vente où j'ai acheté pour vous le premier état de la *Pièce aux 100 florins*. Malgré ce que nous étions convenus de faire, je n'ai pu l'avoir à moins de 27.000 francs. C'est cependant 2.000 francs de moins que l'année dernière. J'avais espéré faire mieux ; mais elle a été poussée par un marchand de Vienne qui est arrivé hier soir... »

Et les autres, il faudrait les citer toutes ! et la *Grande Descente de Croix*, en trois états différents, et la *Mort de la Vierge* en deux, et le *Paysage aux trois arbres*, et les portraits du maître par lui-même, et le portrait de *Tolling* l'avocat, acheté 13.750 francs au baron Edmond de Rothschild ! Nous pouvons affirmer que cette collection ne craint aucune comparaison avec les plus réputées.

Que dire après Rembrandt, des Van Ostade, des Berghem, des C. Visscher, des C. Dusart, des Ruysdaël remarquablement représentés au Petit Palais ?

Que dire des graveurs secondaires Dujardin, de Frey, Le Ducq, Verboom, Van Vliet, Waterloo, etc ?

Passons à l'école française. Quelques imprimés illustrés nous renseignent d'abord sur les premières productions de la gravure sur bois. Voici maintenant un italianisant de la Renaissance, Jean Duvet, Périssin et Tortorel et leurs amusants *Placards politiques* ; puis Jacques Callot avec toute son œuvre, la *Foire de Florence*, les *Balli*, les *Misères de la guerre*, la *Tenta-*

tion de Saint Antoine, le plan *de Venise*, le *Siège de La Rochelle*, etc... Voici la rarissime série des eaux-fortes de Claude Lorrain, les vues de la Campagne de Rome... Les portraits de Jean Morin nous préparent à l'iconographie du siècle de Louis XIV par Robert Nanteuil, Edelink, Pierre Drevet et son fils Pierre-Imbert Drevet : portraits du roi « aux Pattes de Lion », des princes du sang, portraits de grands seigneurs, de prélats, c'est toute la cour de Versailles qui défile sous nos yeux.

Laurent Cars, qui grava d'après Watteau, Boucher ; Lépicié, qui grava d'après Chardin, Greuze, Ficquet, Cochin, Augustin de Saint-Aubin, nous font pénétrer en plein xviiie siècle. Voici les eaux-fortes de Gabriel de Saint-Aubin, le nouvelliste des Tuileries, du salon des peintures, le croquiste des rives de la Seine et du Pont-Neuf, et voici, de Moreau le Jeune, deux magnifiques épreuves du « sacre de Louis XVI », à l'eau-forte pure, avec remarques. Voici enfin — épreuve rarissime — le portrait de *Louis XV* en couleur par Le Blond, un des premiers essais de la gravure en couleur en France, ou du moins, de ce procédé, tout nouveau alors, qui consiste à tirer successivement d'après plusieurs planches de teintes différentes.

Les portraits de Wille nous rattachent à l'époque de David et nous entrons dans le xixe siècle avec plusieurs portraits de Napoléon Ier.

Les Dutuit ont fait dans leur cabinet d'estampes une ample place aux graveurs de leur temps et l'école de 1840 y est abondamment représentée. Il y a là nombre d'œuvres méritoires d'après les grands maîtres de la Renaissance ; nous nous contenterons de sortir de cette quantité d'images d'un intérêt relatif et secondaire plusieurs lithographies intéressantes de Delacroix.

L'école anglaise pourrait être plus complète. Elle se borne

à quelques estampes du prince Rupert, de Faithorne, d'Earlom, de Woollett et de Strange.

Il est juste de dire que ces pièces sont toutes irréprochables et que certaines ont de rares qualités d'épreuve.

Telles sont, rapidement décrites, les principales estampes de la collection Dutuit. Ce cabinet vraiment unique est, avec les livres, une des plus grandes richesses que possède la Ville de Paris.

MONNAIES ET MÉDAILLES. — *Monnaies*. — La collection des Monnaies antiques, qui complète, dans le médailler de la collection Dutuit, la série des monnaies françaises, laisse deviner, de la part des amateurs éclairés qui l'ont formée, un souci identique et des intentions analogues à ceux qui se révèlent dans la composition des diverses autres catégories d'œuvres d'art réunies et léguées par eux; on y reconnaît la préoccupation constante de constituer un ensemble qui, bien que restreint, permette de se repérer chronologiquement dans le passé d'une façon exacte et instructive. De même que le Cabinet des Estampes du Petit Palais pourrait — à peu de lacunes près — suffire à quiconque voudrait entreprendre une histoire de la Gravure à travers les âges, de même le médailler de la Salle des Antiques contient un abrégé de ce que l'art monétaire a produit depuis le VIe siècle avant l'ère chrétienne jusqu'à nos jours.

La plupart des cent trente et quelques pièces grecques acquises par les Dutuit proviennent des deux célèbres collections Wigan et His de la Salle ; certaines ont été achetées plus récemment, à la vente Gréan, en 1891. Les neuf dixièmes sont en argent, le reste en or. Signalons, entre toutes, un magnifique spécimen d'une pièce extrêmement rare, *Amphi-*

PALAIS DES BEAUX-ARTS Pl. 13.

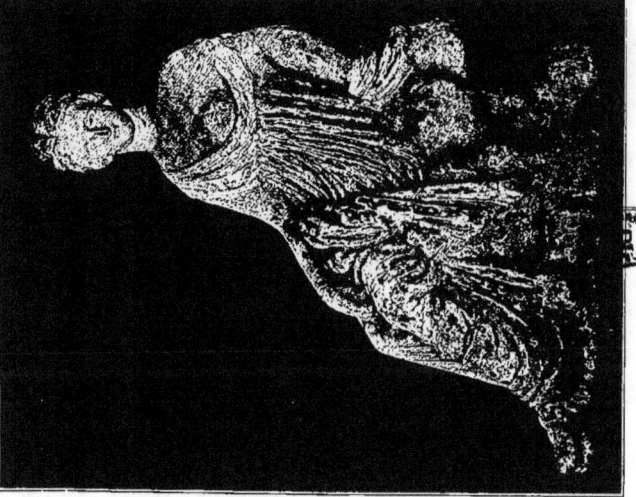

STATUETTE DE TANAGRA

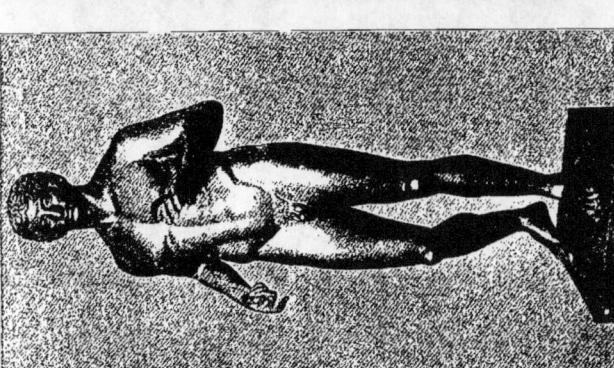

BRONZE ANTIQUE (*Bonus Eventus*)
Art romain.
(Page 43.)

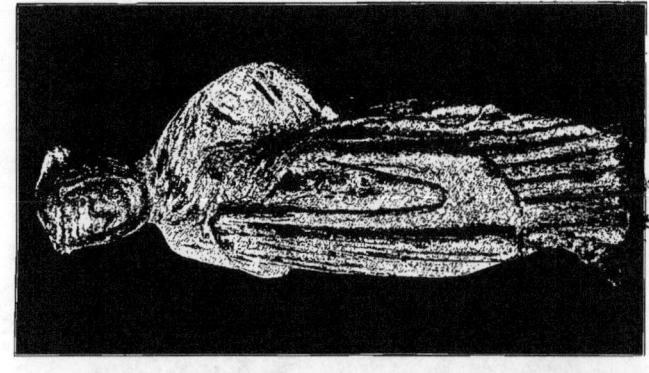

STATUETTE DE TANAGRA

PALAIS DES BEAUX-ARTS

Pl. 14.

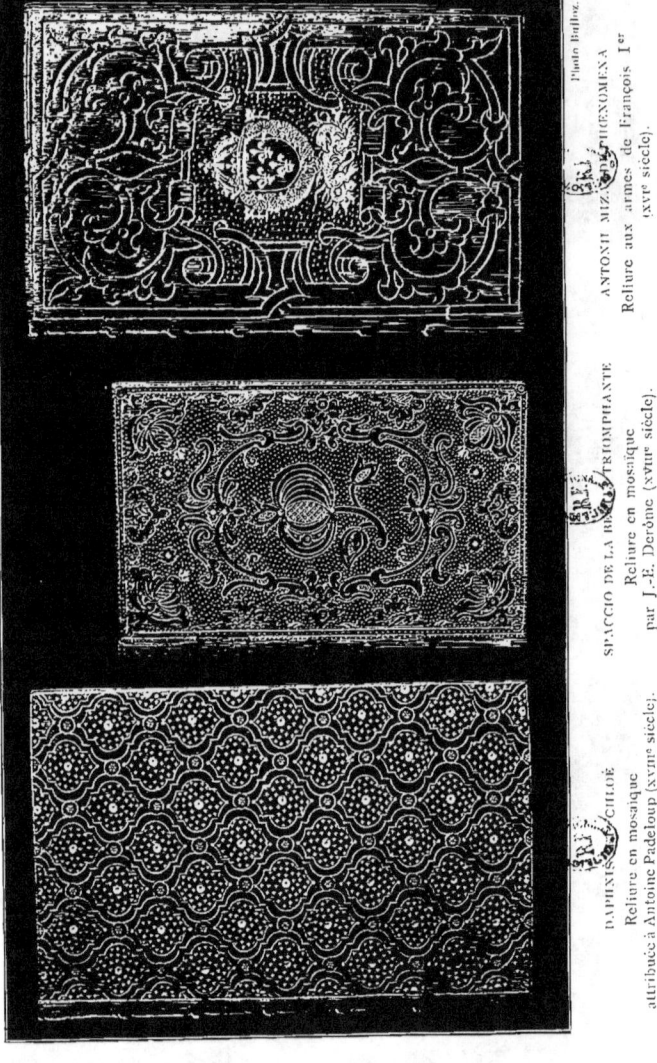

DAPHNIS ET CHLOÉ
Reliure en mosaïque
attribuée à Antoine Padeloup (XVIIIe siècle).

SPACCIO DE LA BESTIA TRIONFANTE
Reliure en mosaïque
par J.-E. Derôme (XVIIIe siècle).
(Page 48.)

ANTONII MIZALDI PHENOMENA
Reliure aux armes de François Ier
(XVIe siècle).

Photo Bulloz.

polis, œuvre d'art admirable où l'on retrouve l'influence de l'école de Phidias.

De la collection Wigan viennent également bon nombre de monnaies romaines, effigies de chefs, de monarques, d'empereurs, depuis Pompée jusqu'à la fin du vi‍e siècle après Jésus-Christ. D'autres ont fait partie des collections Gonzalès, Dupré, Lee, Jarry, Herpin, His de la Salle. Quelques-unes ont été acquises à la vente du marquis de Moustiers, en 1872. Quoique très inférieures aux monnaies grecques, ces pièces ne laissent pas d'être fort intéressantes au point de vue iconographique et l'on peut y suivre l'histoire de près de six siècles sur les profils de Jules César, de Brutus, d'Octave, de Livie, de Tibère, de Néron, et des divers souverains qui ont régné à Rome et en Orient.

La série des monnaies françaises anciennes et modernes constitue un ensemble non moins remarquable et non moins instructif. Elle commence à Castillus, père de Vercingétorix, pour finir à Napoléon III. Cette fois, c'est la vente Jarry qui fournit presque tous les numéros du catalogue. Pièces à l'effigie de Saint Louis, denier d'or du temps de Philippe le Hardi, grand florin d'or de Philippe le Bel, Salut d'or frappé à Saint-Lô, à l'effigie de Henri VI d'Angleterre et montrant accouplés les fleurs de lis de France et le léopard d'Outre-Manche; monnaies de Louis XII et Anne de Bretagne (pl. 16) (écu au porc-épic), des princes de la Maison de Bourbon, de Napoléon I‍er, essai en or de la pièce de cinq francs frappée en 1854.

Médailles italiennes et françaises. — La collection des médailles de la Renaissance italienne compte trente-sept numéros qui sont autant de chefs-d'œuvre, autant de merveilles dues à Pisano (portrait de Lionel, marquis d'Este, acquis à la vente Signol, avril 1878; portraits de François Sforza, Sigismond

Pandolfe Malatesta, Jean VII Paléologue), à Matteo de Pasti (portraits de Malatesta, d'Isotta de Rimini, troisième femme de celui-ci, d'Alberti), à Sperandio, Leone Leoni, Laurana. De Nicolas de Florence on remarque une médaille à l'effigie de Laurent le Magnifique et une autre, admirable, d'après Giovanna Albizzi Tornabuoni, achetée à la vente Fould, en avril 1869. Autres spécimens de Bertholdi, Marende, Trezzo, Soldani Benzi (Lucrèce Borgia).

La médaille française est représentée par vingt-sept pièces de la plus belle qualité, parmi lesquelles nous citerons un exemplaire en bronze doré de Louis XII et Anne de Bretagne, acquis à la vente Soltikoff en 1861, des médailles portant les profils de François Ier, Catherine de Médicis, Henri IV, Marie de Médicis. Signalons enfin six chefs-d'œuvre de Dupré, dont le fameux Pierre Jeannin, et un cardinal de Richelieu de Warin.

J'ai déjà dit que la collection Dutuit avait été inaugurée en même temps que le Palais des Beaux-Arts avec un éclat tout particulier.

Cependant un certain nombre de pièces (principalement des faïences) d'une haute valeur artistique se trouvaient à Rome au moment de la mort du testateur.

Dans un élan de générosité dont ne saurait trop la remercier, Mme veuve Dutuit voulut que la collection entière de son mari vînt, suivant la volonté qu'il avait souvent exprimée, prendre place dans les collections municipales.

Elle offrit donc ces objets à la Ville de Paris.

On sait qu'une loi empêche la sortie de tout objet ancien de valeur artistique du Royaume d'Italie.

Grâce aux négociations entreprises à la fois en France et en Italie, grâce à l'intervention du ministre des Affaires Étrangères, secondé habilement par l'ambassadeur de France à Rome, les difficultés furent aplanies. La Ville de Paris entra au mois de juillet 1904 en possession de ces nouvelles richesses, qui venaient compléter admirablement certaines vitrines.

Le public peut donc aujourd'hui admirer le don tout entier des frères Dutuit.

La Ville de Paris n'a point ménagé sa reconnaissance aux généreux collectionneurs.

Le nom de Dutuit en particulier fut donné à l'avenue qui, partant de la place de la Concorde, à l'angle du Cours-la-Reine, conduit directement au Petit Palais.

En outre les bustes des deux frères ornent la salle principale où s'abritent leurs collections.

IV. — LA SALLE CARRIÈS

Le 17 mai 1904, un des collaborateurs les plus avisés de l'Union centrale des Arts décoratifs pour l'Exposition de 1900, M. Georges Hœntschel, dont les travaux de décoration sont si justement appréciés, et qui est en même temps un de nos grands industriels parisiens, avisait par lettre le Préfet de la Seine qu'il avait l'intention d'offrir à la Ville de Paris une collection d'œuvres d'art de Carriès qu'il possédait.

On sait que Jean Carriès, statuaire et céramiste, fils d'un modeste cordonnier de Lyon, se révéla soudain en 1892 comme un des artistes les plus merveilleux de notre époque. Trois ans après, il mourait en plein travail, âgé de 39 ans, ayant déjà accompli une tâche prodigieuse.

Fraternellement lié avec Carriès, M. Georges Hoentschel avait mis vingt ans à recueillir les chefs-d'œuvre de cet artiste : bustes à l'expression si vivante, masques douloureux, souriants ou tragiques ; poteries admirables d'une matière et d'une patine infiniment rares ; cires vierges d'un art souple, délicat et varié.

M. Hoentschel mettait comme unique condition que la collection serait placée dans une des salles du Petit Palais, ladite salle devant être ornée d'un fort beau portrait de Carriès, dû au pinceau de Mlle Louise Breslau, dont la Ville devait faire l'acquisition pour le prix de 5.000 francs.

M. Hoentschel avait déjà, plusieurs années auparavant, manifesté l'intention de donner cette collection ; mais alors la Ville de Paris n'avait pas de local suffisant pour la recevoir et il avait dû renoncer à son projet de crainte de la voir disperser. Les négociations, reprises par M. Henry Lapauze, alors conservateur-adjoint du Palais des Beaux-Arts, aboutirent cette fois à un plein succès.

M. Hoentschel s'engageait à donner près de 200 pièces, parmi lesquelles le fameux martyre de Saint-Fidèle, qui passe pour le chef-d'œuvre du maître.

Le donateur se séparait également de la maquette d'une porte monumentale en grès émaillé, qui ne devait jamais être exécutée, et dont l'histoire est curieuse à conter :

Cette porte avait été commandée à Carriès par la princesse de Say-Montbéliard pour servir d'entrée à un oratoire où devait être déposé le manuscrit d'un opéra de Wagner.

L'habile céramiste mit plus de deux ans à la concevoir et à en exécuter les essais. Les grès furent cuits dans un atelier de Saint-Amand (Nièvre). (Les autres premiers essais de grès émaillé avaient eu lieu à Montiveau). La porte était divisée en 600 parties : par conséquent 600 moules furent nécessaires. Elle coûta à l'artiste près de 50.000 francs, et... fut refusée.

Cette porte, qui nécessita des essais de céramique qu'on

n'avait pas osé tenter depuis les Perses, avait été achetée par M. Hoentschel à l'artiste malheureux, lequel d'ailleurs ne devait pas survivre à cet effort quasi surhumain. Il mourut en effet de la phtisie, le 1er juillet 1894. « L'on mit dans son cercueil, dit M. Arsène Alexandre[1], sous sa main, avec quelques fleurs, un petit pot de grès des premières fournées qu'il aimait beaucoup. »

On peut admirer actuellement au Petit Palais (pl. 21) la porte de Carriès, montée sous la direction de MM. Hoentschel et Lapauze, ainsi que tous les essais de mascarons, montants et pilastres. On peut ainsi juger de l'effort gigantesque de l'œuvre entreprise.

« L'architecture générale, dit encore Arsène Alexandre, est de M. Grasset, qui a indiqué les grandes lignes ; mais les conceptions et l'exécution de tous les détails sont de Carriès. Ce sont deux larges montants s'infléchissant et se rejoignant en arc surbaissé, dont le sommet s'effile en pointe et dont la partie médiane s'ouvre en gueule. De cette gueule flanquée d'oreilles et d'yeux, et couronnée de naseaux béants et lisses comme des muqueuses, s'échappent une petite princesse et une petite fée...

« Par une très belle asymétrie analogue à celles qu'adoraient créer pour produire paradoxalement un équilibre, les imagiers du Moyen Age, les deux montants de la porte ne sont pas conçus ni décorés de la même façon : celui de gauche est étagé de têtes qui s'encadrent et viennent faire coucou dans les lucarnes des moulures ; celui de droite est principalement de trois ou quatre grosses brutes entre lesquelles serpente un large ruban. La partie supérieure est d'animaux inclassés et d'astres burlesques.

[1]. *Jean Carriès imagier et potier*, par Arsène Alexandre, Paris 1895.

« En haut de chaque montant, à la naissance de l'arc, est une figure entière anamorphosée comme une gargouille du moyen âge et dont le visage plutôt doux et bon est renfoncé à l'envers entre les deux épaules : l'une de ces figures est flanquée dans le bord intérieur d'un enfant demi-nu et pleurnichard, l'autre de deux vagues têtes d'effroi à demi décharnées. Tout l'arc supérieur est occupé par des animaux étranges : poissons oreillards, harpies, griffon, singe ayant volé et tenant sur ses genoux une pastèque, truie à oreilles humaines, tout cela alternant avec des bras et des soleils à visages, qui rappellent d'abord celui de l'homme et sont sur le point de finir en gueules de grenouilles, de poulpes et de raies. »

Mais le talent de Carriès ne consiste pas seulement en ces animaux fantastiques que l'on dirait échappés de l'imagination d'un Edgard Poë.

Je ne rapporterai que pour mémoire ses poteries aux formes si vivantes et si originales, d'un coloris si étrange et si harmonieux à la fois.

Carriès fut également un grand sculpteur; outre le martyre de Saint-Fidèle, la série de bustes que possède le Petit Palais en est la preuve. Rappelons ceux de Loyse Labbé, de Velasquez, de Franz Hals, de Vacquerie, de Gambetta. Rappelons aussi ces autres compositions de tout premier ordre, comme le Guerrier, le Novice, l'Infante, le Mendiant russe, et ses bébés si pleins d'expression et de vie, ainsi que sa série de désespérés si particulièrement poignants.

La Ville de Paris s'est honorée en acceptant cette collection et en mettant ainsi en évidence dans son Palais des Beaux-Arts l'œuvre unique de l'homme de talent qui marquera une époque dans l'art du XIXe siècle.

La salle Carriès fut inaugurée le 30 novembre 1904 en pré-

PALAIS DES BEAUX-ARTS
Pl. 15.

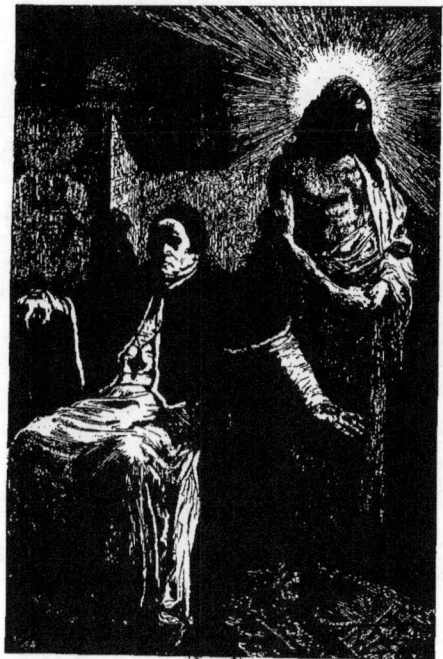

J.-P. LAURENS. — LE PAPE ET LE CHRIST (EAU-FORTE)

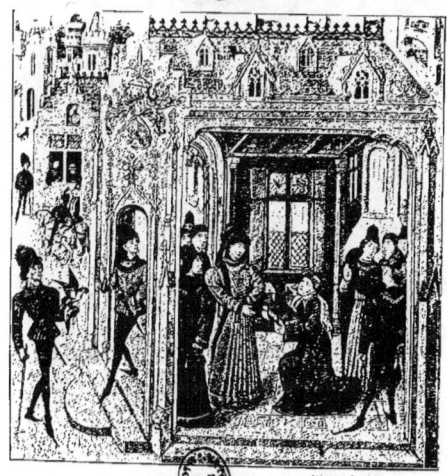

HISTOIRE DU GRAND ALEXANDRE
Présentation du Livre. (Manuscrit du xv⁰ siècle.) (Page 47.)

Pl. 16.   PALAIS DES BEAUX-ARTS

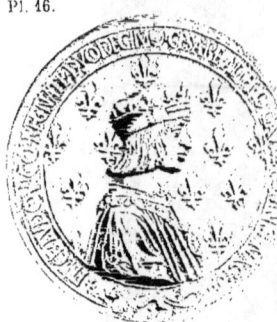 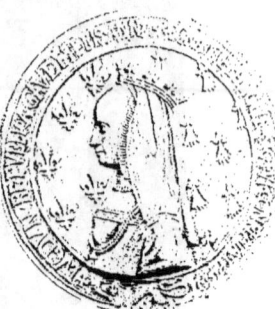

(Droit.)   Photo Balloz.
LOUIS XII   (Revers.)
(Page 55.)   ANNE DE BRETAGNE
                               (Page 55.)

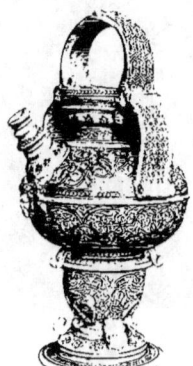

Photo Erginann.
BIBERON. — FAIENCE D'OIRON OU DE SAINT-PORCHAIRE
(xvi siècle). (Page 42.)

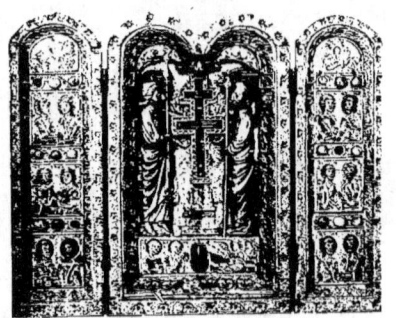

Photo Erginann.
GRAND RELIQUAIRE
(Cuivre doré repoussé, émaillé et champlevé).
Ecole de Cologne (fin du xii siècle). (Page 45.)

sence du ministre de l'Instruction publique et des Beaux-Arts, M. Chaumié. Dans son discours, le président du Conseil municipal, M. Desplas, retraça avec éloquence la vie de ce grand artiste, autrefois ignoré, que fut Carriès. Les documents sont trop intéressants pour de pas être recueillis :

« Jean Carriès naquit à Lyon en 1855. C'était un enfant du peuple, fils d'un ouvrier cordonnier et d'une servante, tous deux morts très jeunes. Il fut recueilli dans un orphelinat et, à l'âge de 13 ans, devint apprenti chez un sculpteur d'images religieuses.

« Admis à l'école des Beaux-Arts de Lyon, il y travailla jusqu'au moment de son service militaire, qu'il accomplit à Montauban, où la bienveillance de ses chefs lui permit de continuer ses travaux de sculpteur.

« En 1878, après ses premiers essais de céramique, il vint à Paris, où les moyens de fabrication lui étaient plus faciles. C'est à cette époque que se place l'exécution des premiers essais de la porte monumentale en grès émaillé que lui avait commandée, pour son château, la princesse de Say-Montbéliard. Cette porte, exposée par fragments au Salon du Champ-de-Mars, en 1892, obtint un éclatant succès.

« Le 1er juillet de l'année 1894, après six mois de souffrances, Jean Carriès s'éteignait à Paris dans les bras de son ami, M. Georges Hoentschel.

« La mort n'a pas permis au jeune et puissant sculpteur de devenir le très grand artiste qu'il eût été, mais son prodigieux labeur a surpris des maîtres contemporains, comme Dalou, qu'émerveillaient la puissance, l'originalité et la fécondité de ce jeune talent.

« C'est que les visions d'art de Jean Carriès rayonnaient bien au delà des limites de son humble existence de travailleur.

« Son œil, d'une merveilleuse acuité, percevait des harmonies de formes, que sa main fiévreuse reproduisait dans la glaise ou la cire avec une vibrante émotion d'art. Son imagination très ardente — et un peu maladive — se complaisait parfois dans d'étranges compositions, animaux fantastiques ou masques grimaçants qui, dans la collection de la Ville, apparaissent à côté d'œuvres d'une extrême sobriété de lignes.

« Ce fut un artiste rare, une nature d'élite, un admirable praticien, capable de dégager la réalité et la vie du modèle et de l'imposer à la matière, quelles que fussent ses rébellions.

« Jean Carriès est mort à 39 ans. Faut-il le plaindre ?

« A le voir revenu parmi nous dans sa beauté d'artiste, grâce au pinceau prestigieux de l'amie fidèle, Mlle Breslau, et commencer au milieu de ses chefs-d'œuvre une vie désormais immortelle, le mot du poète monte invinciblement à la mémoire :

« Ceux qui meurent jeunes sont aimés des Dieux ».

V. — LE DON DE LA MANUFACTURE NATIONALE DE SÈVRES
LA SALLE ZIEM. — LA SALLE DALOU

L'exemple donné si admirablement par Auguste Dutuit, suivi de la plus éloquente manière par M. Georges Hoentschel, devait porter rapidement ses fruits.

A la fin de cette même année 1904, qui vit le don magnifique de M. Hoentschel, l'État offrait à la Ville de Paris la superbe collection des produits artistiques de la manufacture de Sèvres, qui avait figuré à l'Exposition de Saint-Louis, et dès les premiers mois de l'année suivante, M. Ziem, le grand artiste bien connu, offrait à la Ville de Paris[1], après des négo-

---

1. Cette offre fut acceptée par le Conseil municipal dans la séance du 31 décembre 1904.

ciations heureusement conduites par M. Henry Lapauze, toute une série d'œuvres inédites qui devaient former une des plus belles salles du nouveau « Luxembourg municipal ».

« M. Ziem, disait M. le Préfet de la Seine dans son mémoire, est un de nos maîtres les plus réputés à juste titre. Il a porté jusqu'au plus lointain le bon renom de l'École française et les collections publiques et privées se disputent à prix d'or ses œuvres admirables, d'une inspiration si noblement poétique. C'est assez dire tout l'intérêt qui s'attache au don précieux de M. Ziem et de quelle valeur se double le sacrifice consenti au profit de la Ville de Paris, à la fois par le maître et par sa digne compagne, Mme Ziem. »

« Le don généreux de M. Ziem, ajoutait M. Henry Lapauze dans son rapport, don qui comprendra notamment environ trente tableaux à l'huile, quarante aquarelles, des études diverses, des carnets de croquis, etc..., permettra de suivre les admirables efforts du grand artiste, depuis ses premiers travaux jusqu'à l'heure présente, en un ensemble qui ne peut manquer de retenir l'attention des amateurs et d'aider singulièrement à l'éducation de la jeunesse. »

Tout serait à citer, aussi me contenterai-je de signaler : le fameux *Coup de canon*, une des œuvres les plus connues du maître, dont il n'avait jamais voulu se dessaisir, la *Rentrée des pêcheurs à Martigues*, le *Retour de la fantasia à Beyrouth*, le *Marché à Fez*, la *Caravane en route pour Le Caire* (pl. 22), le *Kiosque des janissaires à Constantinople*, le *Repos de la Sultane*, un *homard*, curieuse nature morte, puis des études : *Barbizon le soir*, la *Robe rouge*, la *Fête de l'ambassade d'Angleterre à Paris*, l'*Arc de triomphe de l'Etoile*, les *Trois cyprès*, enfin des aquarelles plus ou moins poussées, la *Forêt de Fontainebleau aux environs de Barbizon*, le *Crépuscule à*

Barbizon, *Devant la maison* du peintre Ziem à Martigues, un *Bazar à Constantinople*, etc., etc. Mais ce qu'il y a en outre de tout à fait intéressant, c'est une série d'albums où le maître mettait ses impressions, notes et croquis jetés çà et là au hasard du crayon, en Hollande, en Italie, à Venise, à Constantinople : ce sont là de précieux documents pour la postérité.

Entre temps le Conseil municipal, sur l'initiative de M. Henry Lapauze et la proposition de la quatrième Commission, avait acheté l'atelier du célèbre sculpteur Dalou, qui venait de mourir.

L'achat fut voté par le Conseil municipal, le 31 mars 1905, sur le rapport verbal de M. Henri Turot, après une courte discussion et à l'unanimité des membres présents.

Dalou qui, suivant l'expression de M. Turot, fut à la fois un artiste d'un admirable talent et un grand citoyen, laissait après sa mort dans son atelier un certain nombre d'œuvres achevées ou inachevées, parmi lesquelles, notamment, les esquisses de son monument « Aux ouvriers » et celles de ses « Travailleurs » sont d'un mouvement admirable. Il y avait en outre un certain nombre de bustes de célébrités, une quarantaine d'études de ses principales œuvres, dignes, ajoutait M. Turot, de Rome ou de la Grèce : en tout environ trois cents pièces que la Ville de Paris acquit pour le prix de 30.000 francs. Cette réunion du plus puissant intérêt présente actuellement un aspect inoubliable à l'extrémité de la grande galerie de sculpture du côté de la Seine. C'est un des *clous* du Petit Palais (pl. 22).

L'inauguration des salles Dalou, Ziem, et de la salle de Sèvres eut lieu le 13 décembre 1905, en présence du Président de la République, M. Émile Loubet, du Président du Conseil municipal, M. Paul Brousse, et du Préfet de la Seine, M. de Selves.

Cette cérémonie fut en quelque sorte l'apothéose de Ziem, qui y assistait et reçut des mains du chef de l'État la cravate de Commandeur de la Légion d'honneur.

M. de Selves y prononça un de ces discours dont il a le secret, dans lequel il faut entre autres retenir les délicieuses paroles qui suivent :

« Aujourd'hui, ce sont les œuvres de l'art que vous venez fêter avec nous, de l'art, l'une des expressions les plus élevées de la pensée humaine, et dont nous avons souhaité que ce palais fût le temple.

« Le temple, je dis bien, car pour nous comme pour vous, Monsieur le Président de la République, l'art, nous le voyons et nous le voulons non pas seulement comme la beauté qui flatte le regard, lui causant plaisir et charme, mais encore et surtout comme la délicatesse suprême de l'esprit et du cœur, l'inspiration de l'âme devenue plus affinée et meilleure, qui, s'élevant vers les cimes du beau et du bien, civilise, améliore et épure la société au milieu de laquelle elle s'épanouit.

« Quelle inauguration pourrait davantage inspirer les sentiments qu'à grands traits j'évoque ici devant vous ?

« Dalou, avec sa haute probité, ses maquettes merveilleuses, ses bustes si vivants, ses liseuses, ses maternités, est ici.

« Nulle part le secret de son inspiration ne pourra être mieux perçu.

« Ziem, le héros de ce jour, y est avec ses aquarelles, ses albums de dessin, ses études, ses esquisses et ses tableaux; Ziem, qui sur sa palette miraculeuse a su retrouver les couleurs de l'Orient et, avec un art prestigieux, traduire la splendeur des atmosphères enflammées et des eaux incendiées de soleil, le charme des ardents crépuscules, la magie des ombres et de la lumière sur les eaux de Venise, les poussières d'or suspendues à l'horizon du désert, tous les reflets des heures dans les atomes vibrants de l'espace.

« L'art, disais-je il y a un instant, c'est l'inspiration de l'âme s'élevant vers les cimes du beau et du bien.

« La preuve de cette vérité, Ziem nous la donne en sa propre personne. »

VI. — LA SALLE HENNER. — LA SALLE DES PORTRAITS DE FEMMES. LA SALLE COURBET. — DONS ET ACHATS DIVERS

Il est de toute évidence que les dons attirent les dons, surtout en matière de Musées.

Le 6 novembre 1905, le Préfet de la Seine introduisait auprès du Conseil municipal un mémoire annonçant que, par une lettre en date du 29 octobre, M. Jules Henner, neveu du grand artiste récemment décédé, offrait à la Ville de Paris un certain nombre d'œuvres de son oncle.

C'étaient des portraits, des figures de femmes, des études diverses, notamment des portraits de la jeunesse d'Henner rapportés d'Alsace par le donateur et de la même qualité que le beau portrait du curé dont s'honore depuis l'Exposition de 1900 le Musée du Luxembourg ; c'étaient en outre l'original du célèbre *Barra* du Salon de 1882, le *Petit écriveur* (1867), la *Nymphe endormie*, qui figurait au Salon de 1903, une *Marie-Madeleine*, deux très beaux *Christs* non terminés, l'un en croix, l'autre au tombeau ; enfin *Jean Hermann, dit le vieux menuisier*, daté de 1845, un des premiers essais du maître, tout à fait curieux, qui dénote déjà une singulière habileté de facture.

Le donateur en outre offrit un très beau buste de son oncle par Paul Dubois.

PALAIS DES BEAUX-ARTS

Pl. 17.

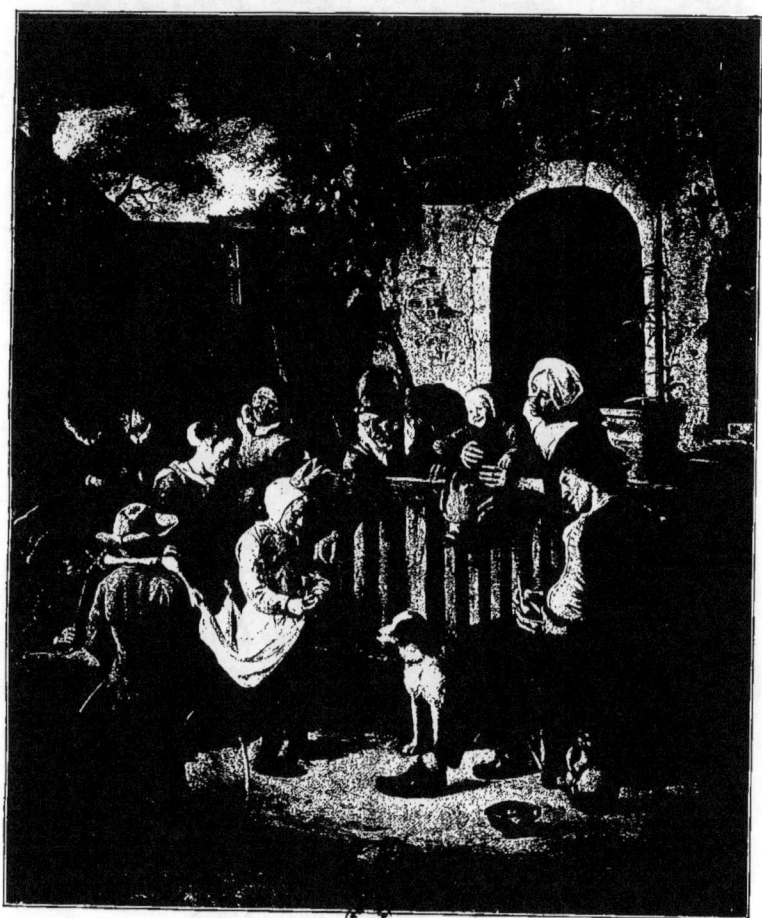

Photo Bulloz.

JAN STEEN. — LE PETIT IDIOT QUÊTEUR
(Ecole hollandaise).
(Page 43.)

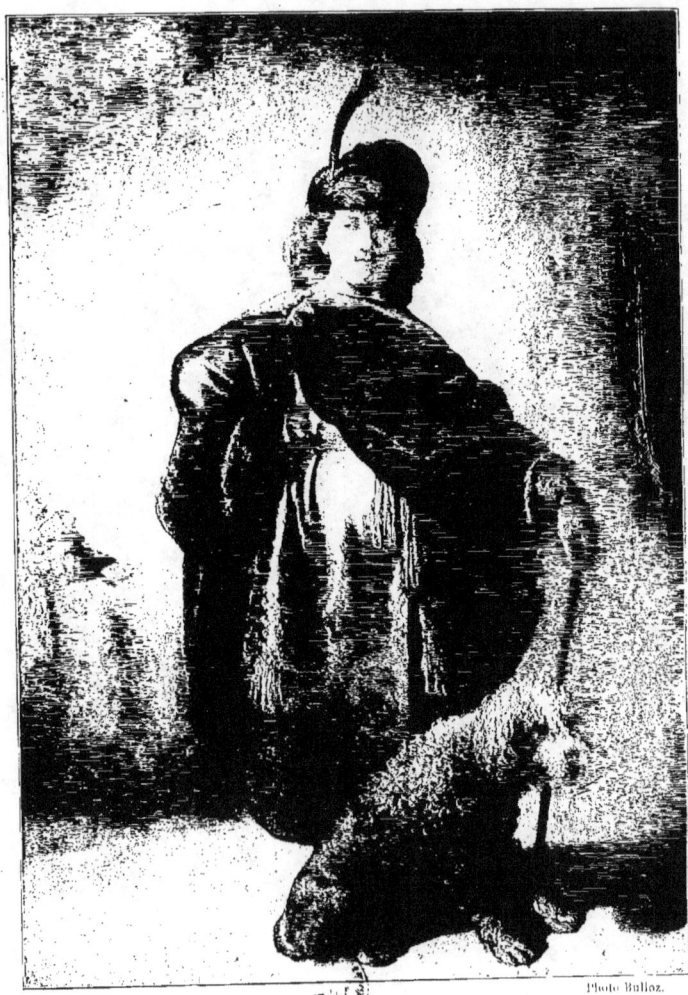

REMBRANDT. — PORTRAIT DE L'ARTISTE EN COSTUME ORIENTAL
(École hollandaise).
(Page 43.)

La Ville de Paris possédait déjà du grand artiste la fameuse *Eglogue* qui lui valut la médaille d'honneur au Salon de 1879, qui figura à l'Exposition de 1900, et qu'elle avait acquise quelques années auparavant.

Autour de l'*Eglogue* vinrent se grouper les œuvres données par M. Jules Henner, que le Conseil municipal accepta avec reconnaissance dans sa séance du 10 novembre 1905.

Désormais les dons ne cessent plus d'affluer.

Déjà, en 1902 (24 novembre), M. Jacques Blanche, l'artiste bien connu, avait donné gracieusement le portrait du peintre Jules Chéret, une de ses meilleures toiles.

En 1903, Mme Cameré offrait deux œuvres du sculpteur Injalbert, la *Source* et le buste de M. Cameré, inspecteur général des Ponts et Chaussées (bronze à cire perdue) (délibération du 7 décembre).

Le 14 avril 1905, Mme Carrier-Belleuse léguait le portrait de Carrier-Belleuse par Cormon et un buste de Rodin.

A la même date, le Conseil acceptait quatre croquis de Constantin Guys représentant des scènes du second Empire (don de M. Jacques Beltrand, artiste graveur) ainsi qu'un dessin de Vollon (don de M. Benoit-Lévy, président de la Société populaire des Beaux-Arts).

Le 27 décembre de la même année, Mme veuve Daniel Vierge offrait quatre-vingt-dix-neuf dessins, aquarelles et croquis de son regretté mari.

Le 6 avril 1906, c'est M. Harpignies, l'illustre paysagiste, qui se défait en faveur du Palais des Beaux-Arts de vingt-deux aquarelles de toute beauté.

Quelques jours plus tard, le 12 avril, la marquise Landolfo-Carcano qui, chacun le sait, a réuni dans son hôtel de la Place de l'Etoile une suite de chefs-d'œuvre de l'Ecole française du

XIX° siècle, parmi lesquels trône l'admirable *Salomé* d'Henri Regnault, consentait à se dessaisir d'un remarquable portrait d'elle-même peint par Ricard. Ce portrait décida de la création d'une salle de portraits de femmes sur laquelle j'aurai à revenir par la suite.

Le 15 juin de la même année, Mme Eugène Diaz offrait une importante série de dessins, croquis, etc., de son beau-père, l'illustre peintre Diaz.

Le 6 juillet, c'est Mlle Courbet qui fait don du tableau *Les Demoiselles de la Seine*, peint par Gustave Courbet son frère.

C'était le prélude d'un don plus important dont nous aurons à parler tout à l'heure.

Le 11 juillet, Mme Fantin-Latour donne deux œuvres de son mari : un portrait de femme (portrait de Mme Edwards) et une esquisse du tableau de *Faust*, tableau appartenant à la Ville de Paris.

Le 13 juillet, M. Thurner offrait, pour être exposé au Petit Palais, un de ses tableaux qui avait figuré au Salon de la même année.

A la même date, M. le baron Henri de Rothschild offrait un tableau de M. Doigneau : *Ronde de petites Bigouduines*.

Le 23 novembre, un anonyme, que nous ne pouvons indiquer autrement que par le titre qu'il se donne lui-même « Un ami du Petit Palais » offrait un paysage de Claude Monet, daté de 1880, et une vue de Venise de Le Sidaner ; c'était l'entrée dans notre Musée de l'Ecole Impressionniste.

Par la même délibération, le Conseil municipal acceptait de M. de Talleyrand-Périgord, duc de Montmorency, un très remarquable portrait peint par Jacquet, représentant la duchesse sa femme, accompagné d'un autre portrait de Claude-Marie Dubufe, représentant la mère du donateur, la duchesse de Valençay.

Ce fut à la même époque que furent décidés le déplacement de la collection Dutuit et son installation définitive dans les salles latérales du premier étage du côté de la Seine. En même temps la bibliothèque et les estampes étaient placées au rez-de-chaussée et reliées au premier étage par un escalier spécial.

Cette heureuse disposition, qui rendait au Musée proprement dit une des grandes salles, permit d'y compléter l'installation des tableaux de l'École moderne; cette installation fut dès sa réalisation appréciée par tous les gens de goût.

A la fin de cette même année 1906, la Ville de Paris accepte :

1° Un portrait d'homme, œuvre de Courbet, d'une intéressante exécution, offert par M. Théodore Duret.

2° Un portrait de femme peint par Mottez, offert par M. Henri Mottez, son fils.

Un mémoire préfectoral du 21 décembre annonçait en outre qu'un grand nombre d'artistes, pris parmi l'élite de notre école française, avaient bien voulu s'engager à faire don à la Ville de Paris de pastels, aquarelles ou dessins, dont la réunion constitue un ensemble d'une rare importance et d'une très haute valeur d'art.

Pour la première fois, dans un Musée d'art moderne, les visiteurs allaient avoir constamment sous les yeux un ensemble unique d'œuvres choisies parmi les plus caractéristiques.

Voici, dans l'ordre même des adhésions, la liste des artistes qui acceptaient de figurer dans cette exposition permanente de dessins et qui voulaient bien se séparer, en faveur de la Ville de Paris, d'œuvres dessinées par eux.

C'étaient : MM. Hébert, Bonnat, Frémiet, Roll, Luc-Olivier Merson, Friant, Dinet, Jean-Paul Laurens, Jules Lefebvre, Daumet, Luigi Loir, Adler, Cottet, L. Simon, René Ménard, Moyaux, Vandremer, Normand, Lévy-Dhurmer, Girault,

J. Blanche, Lhermitte, Fournes, Gustave Colins, Humbert, Doigneau, Billotte, Besnard, François Flameng, Zuloaga, Guignard, Joseph Bail, Marcel Baschet, Paul Chabas, Pierre Laurens, Henri Martin, A. Mercié, Chartran, A. Morot, Jean Veber, Toudouze, Albert Laurens, Abel Faivre, Caro-Delvailles, Eliot, L. Picard, Guillemet, Bellery-Desfontaines, Zo, Grasset, Desvallières, Rouault, Willette, Mousset, L. Cabanez, Jeanniot, Mlle Dufau, Dagnan-Bouveret, Detaille, Gervex, Hoffbauer, Gabriel Ferrier, Léandre, M. Leloir, Raffaëlli, Hochard, Tony Robert-Fleury, Rochegrosse, Ten-Cate, Roybet, Paul Thomas, John Sargent, Tronchet, Aman-Jean, A. Maignan, Donnat, Jean Béraud, Prinet, etc., etc.

Ces dessins, habilement disposés au centre des grandes salles du 1er étage, présentent actuellement dans ce cadre délicieux, où ils alternent avec des marbres de prix, une réunion inestimable sans que la Ville de Paris ait eu à débourser un centime.

Il serait injuste de ne pas rappeler que ces dons sont dus à l'intelligente initiative de M. Henry Lapauze, que M. le Préfet de la Seine avait nommé Conservateur de première classe en janvier 1904, pour le récompenser des services rendus à la Ville de Paris.

Le zèle de M. Lapauze ne se ralentit pas. Depuis qu'il a été investi de ses fonctions actuelles, il n'a cessé de se montrer administrateur habile et négociateur avisé. Aussi bien, sous son adroite direction, et avec l'aide de ses collaborateurs, dont l'activité ne mérite que des éloges, MM. Hénard, Fauchier-Magnan, Gronkowski et, à l'origine, MM. Ivanhoë Rambosson et Chassaigne de Néronde, les dons ont continué à affluer.

Tantôt c'est Mme la baronne James de Rothschild qui offre

PALAIS DES BEAUX-ARTS   Pl. 19.

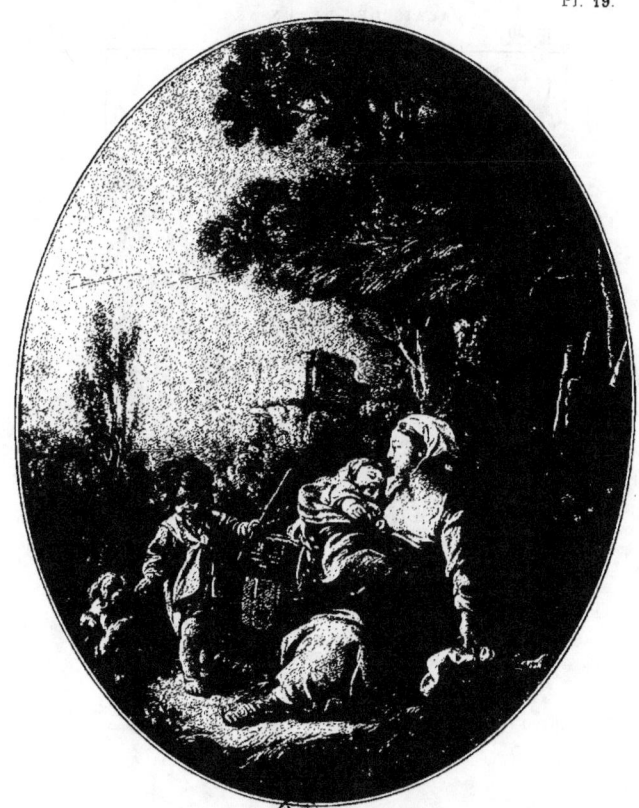

Photo Bulloz.

FRANÇOIS BOUCHER. — L'HEUREUSE MÈRE
(École française).
(Page 44.)

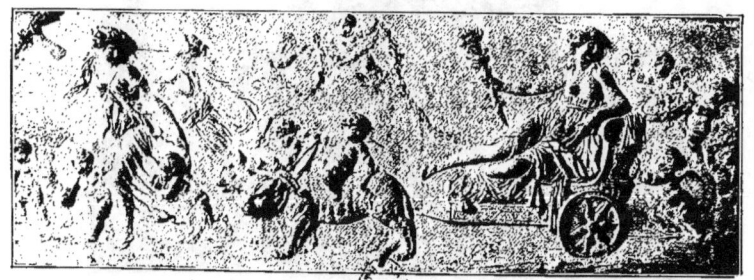

Photo Eggimann.

CLODION (CLAUDE-MICHEL, DIT). — BAS-RELIEF EN TERRE CUITE
(École française).
(Page 46.)

PALAIS DES BEAUX-ARTS

pl. 20.

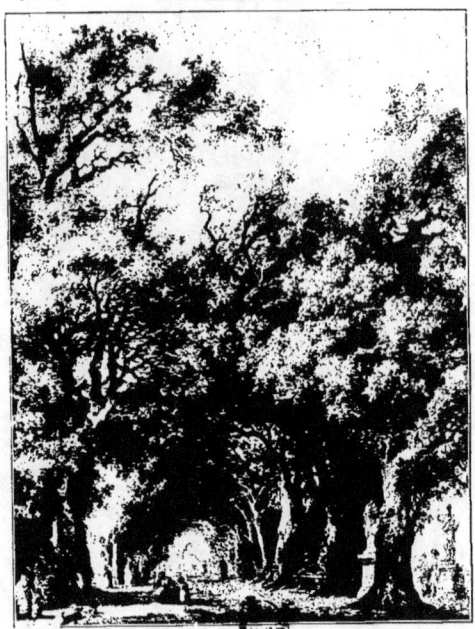

FRAGONARD. — ALLÉE OMBREUSE
Dessin à la sépia. (École française). (Page 44)

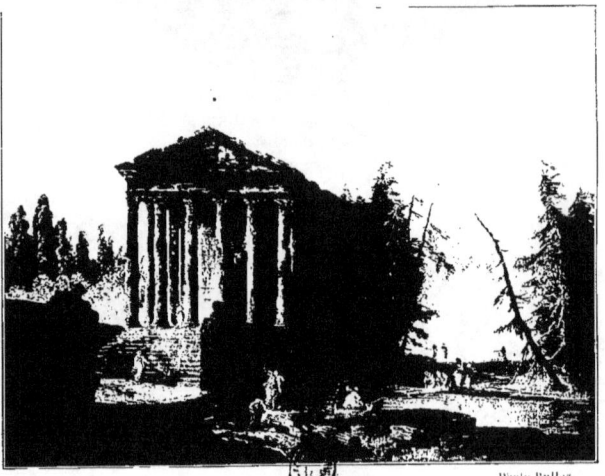

HUBERT ROBERT. — TEMPLE ANTIQUE
(École française). (Page 44.)

un paysage du peintre de Nittis, tantôt c'est Mme Lefuel qui fait don d'une statue de marbre du sculpteur Eugène Guillaume (délibération du 8 juillet 1907).

Le 12 juillet de la même année est acceptée l'offre de Mme veuve Magnard d'un buste en bronze de Dalou et du portrait de son mari, Francis Magnard, peint en 1881 par Albert Besnard.

Le même jour, un certain nombre d'autres dons, qu'il suffit d'énumérer pour en apprécier l'importance, sont également acceptés par la même délibération.

M. Jacques Blanche, qui déjà avait fait preuve de générosité envers sa ville natale en offrant en 1902 le beau portrait de Chéret, renouvelait ses libéralités en se désaisissant de trois dessins d'Ingres et de deux tableaux dont il était l'auteur.

L' « ami du Petit Palais » continuait ses magnifiques donations par une œuvre magistrale d'Hébert, *La musicienne*; M. et Mme Iwill déposaient au Palais des Beaux-Arts le portrait de M. Ravaisson-Mollien, ouvrage remarquable qui vint ajouter un fleuron nouveau au bel ensemble des œuvres de Henner.

Puis c'est le maître Ziem qui offre son buste en bronze à cire perdue par Ségoffin : ce buste d'une très remarquable exécution et d'une ressemblance admirable fut de suite placé dans la salle Ziem, au milieu des œuvres précédemment offertes par le maître coloriste.

Enfin la marquise Landolfo-Carcano enrichissait la salle des portraits de femmes par le don de deux portraits de jeunes filles : l'un par Ricard, d'une facture inestimable, l'autre par M. Emile Renard.

Le 15 novembre 1907, c'est M. Maciet qui fait don d'un

portrait de jeune fille par James Tissot et d'un portrait de femme et d'enfant par Dagnan-Bouveret.

Le 26 décembre, c'est Mme Chartran qui offre une œuvre de Chartran représentant la mère du maître regretté.

Le 1er août 1908, c'est encore la marquise Landolfo qui envoie au Petit Palais un remarquable bronze d'Auguste Cain, la *Lionne et ses petits*, avec un groupe en marbre du xviiie siècle ; puis c'est M. Théodore Duret qui offre son portrait peint par Manet ainsi qu'un beau dessin du peintre Degas.

Puis, le 26 juin de la même année, une nouvelle délibération autorise l'acceptation de seize œuvres de peinture et de sculpture offertes par M. F. Blumenthal, l' « ami » si généreux du Petit Palais.

Cette fois c'est un don magnifique qui vient enrichir de nouveau nos collections : deux bronzes à cire perdue de Barye choisis parmi les plus fameux de l'illustre animalier ; puis cinq tableaux de Jongkind, de Sisley, de Lépine, de Raffaëlli, de La Touche.

La Ville de Paris possédait déjà deux Jongkind provenant du don ancien Jacquette, un Sisley acquis par la 4e Commission et une vue de l'Hôtel des Invalides par Raffaëlli.

Désormais le Palais des Beaux-Arts allait posséder un des plus magnifiques tableaux que Jongkind ait jamais exécutés ; le *Scieur de long* de Sisley, qui compte parmi les meilleures toiles du peintre impressionniste ; un Lépine remarquable ; le *Pêcheur écossais* de Raffaëlli ; enfin les *Cygnes* de Gaston La Touche, une de ses plus belles toiles.

De plus, dans sa lettre de donation, le bienfaiteur du Petit Palais envoyait en outre une cire perdue exécutée par Hébrard d'après le *Pélican* de Bugatti : c'était en quelque sorte sa carte de visite.

Le 20 novembre, Mme Soyer faisait don de son portrait peint par Riesner et du portrait de sa mère peint par Bonnat, deux œuvres d'un réel intérêt artistique qui vinrent augmenter la salle des portraits de femmes.

Le 21 décembre, Mme veuve Barrias offrait un certain nombre de maquettes en bronze, terre cuite ou plâtre du maître regretté. Ces diverses œuvres, au nombre de 25, prenaient place dans une vitrine spéciale.

De son côté le maître du paysage contemporain, M. Harpignies, dont la Ville ne possédait aucun tableau, réparait cette lacune en offrant une de ses meilleures œuvres, *Le Banc*.

Enfin, le 5 août 1909, Mlle Juliette Courbet, sœur du maître aujourd'hui incontesté de l'école moderne, offrait six des principales toiles de son frère : le *portrait de Courbet au chien*, le *portrait de Mlle Zélie Courbet*, le *portrait de Mlle Juliette Courbet*, le *portrait de Courbet père*, les *Amants dans la campagne*, *Les trois baigneuses*.

Le Palais des Beaux-Arts possédait déjà de lui le fameux *portrait de Proudhon et ses enfants* (1865) et la *Sieste* (1868), acquise en 1881 à l'Hôtel des Ventes (prix 33.000 francs).

Déjà la Ville de Paris était redevable à la généreuse donatrice des *Demoiselles du bord de la Seine*, réputé l'un des chefs-d'œuvre du maître.

Aujourd'hui, grâce à ce nouveau don, elle possède un spécimen de chaque époque de la vie de l'illustre peintre, depuis son premier salon jusqu'à sa mort. Le *portrait de Courbet au chien* est en effet la première œuvre exposée par lui. Le portrait de son père date de 1874, c'est-à-dire de trois années avant la mort de son auteur.

Les divers portraits de Mlles Courbet séduisent par leur charme et leur grâce spirituelle ; *Les amants dans la cam-*

pagne sont peut-être parmi les pages les plus émouvantes qu'ait produites le génie de Courbet. D'un romantique tout à fait extraordinaire, cette page évoque le souvenir d'un Delacroix des meilleurs jours. Cette œuvre avait été conservée pieusement, toute sa vie, par Courbet, qui y attachait à des titres divers une importance considérable. Une répétition de ce tableau existe au Musée de Lyon. Enfin, les *Trois baigneuses* donneront, dans le Musée de la Ville de Paris, la note caractéristique de Courbet dont nous ne possédions jusqu'à cette heure aucune étude de nu. Ces trois baigneuses sont le digne pendant de *La Source*, ce chef-d'œuvre qui appartient toujours à Mlle Courbet et qui viendra peut-être un jour enrichir les collections municipales. Toutes ces toiles sont réunies aujourd'hui dans une même salle, la salle Courbet, digne en tous points des salles Henner, Ziem et Carriès.

VII. — LE MUSÉE DE L'ESTAMPE MODERNE. — LES ESQUISSES
LE MUSÉE DE LA MÉDAILLE

Mais voici que M. Henry Lapauze organise dans la salle du rez-de-chaussée, face aux Champs-Élysées, un Musée de l'estampe moderne aux XIXe et XXe siècles.

L'actif conservateur avait été autorisé par une délibération du 1er avril 1908 à négocier avec un certain nombre de collectionneurs et d'artistes. Ce fut grâce aux libéralités de ces derniers, et en particulier de M. Henri Béraldi, que fut constitué cet ensemble d'un si grand intérêt qui est aujourd'hui l'une des attractions du Petit Palais.

L'inauguration du Musée de l'estampe moderne eut lieu le 27 juin 1908 en présence de M. Dujardin-Beaumetz, sous-secrétaire d'État aux Beaux-Arts.

Dans une allocution très documentée, M. Ernest Gay, syndic du Conseil municipal, qui remplaçait le Président, résuma la question en montrant la portée exacte de l'effort nouveau. — « En créant un « Musée de l'estampe », dit-il, la Conservation a suivi fidèlement la ligne de conduite que le Conseil municipal et la 4ᵉ Commission se sont tracée depuis de longues années au cours desquelles on n'a jamais négligé de consacrer un crédit à des commandes de gravures. Ces gravures, œuvres de nos premiers maîtres de l'eau-forte, du burin, de la lithographie et de la gravure sur bois, figurent ici en bonne place. On pourra les admirer à côté des dons de nombreux collectionneurs, des familles d'artistes défunts et des plus grands artistes vivants qui, tous, ont eu à honneur de répondre à l'appel de la Ville de Paris.

« Il reste encore quelques lacunes à remplir dans la partie rétrospective de cette exposition, lacunes que le temps et la générosité des amateurs d'art combleront rapidement. Mais, en ce qui concerne les membres de l'École moderne, nous pouvons dire que pas un ne manque à l'appel et qu'ils sont représentés ici, chacun par une ou plusieurs de leurs maîtresses œuvres. Nous leur exprimons notre gratitude à tous, aquafortistes, burinistes, lithographes, graveurs sur bois, sans oublier les maîtres de la gravure en couleur, car le Palais des Beaux-Arts n'a voulu demeurer étranger à aucune manifestation et ne rien omettre de ce qui pouvait concourir à donner une idée complète de la situation exacte de la gravure moderne.

« A côté des artistes, il nous reste à remplir l'agréable devoir de remercier les généreux donateurs qui ont collaboré, dans une large mesure, à l'ensemble de cette belle exposition.

« Mᵐᵉ veuve Chaplin a bien voulu se dessaisir, en faveur du Petit Palais, de plusieurs portefeuilles réunis jadis par son mari et contenant, en sus des œuvres de celui-ci, celles de ses contemporains : Charles Jacque, Hédouin, Guérard, Français, etc.

« M. Henri Béraldi, le collaborateur éclairé de toutes les manifestations artistiques de la Ville, nous a donné cent pièces dont on peut dire qu'elles sont toutes de premier choix et grâce auxquelles nous avons dans notre Musée un raccourci de l'histoire du portrait d'homme par « l'estampe » au cours du xixe siècle. De magnifiques épreuves de Devéria, Henriquel-Dupont, Gavarni, Gigoux, Tony-Johannot, Desboutin, permettent d'affirmer que, aquafortistes et lithographes, burinistes et graveurs sur bois, rivalisèrent d'entrain pour la plus grande gloire de l'art du graveur. Il faut cependant une mention spéciale pour l'incomparable série des portraits dessinés de Ingres, gravés notamment par Calamatta et par Dieu, et que ne peuvent manquer d'admirer les familiers du génie de Ingres.

« Enfin, nous devons remercier très particulièrement M. Georges Petit, qui ne nous a pas donné moins de soixante-quinze gravures en noir et en couleurs parmi les plus belles de celles qu'il a éditées depuis un quart de siècle, et je n'oublierai pas non plus MM. René-Paul Huet, Porcabeuf, Sirouy, Albert, la famille du regretté Eugène Carrière, Mme la marquise Carcano, Mme la marquise de Toulouse-Lautrec, M. Joyant, Mmes Boilvin, Guérard, Buhot, Cazin, Burney, Mlle Brown, qui ont contribué à enrichir nos collections. »

A cet ensemble s'ajoutèrent les gravures et les lithographies commandées chaque année par la Ville pour encourager cette branche si intéressante de l'Art.

La 4e Commission, qui décide ces commandes, a jusqu'ici préféré voter en général la reproduction d'œuvres appartenant à la Ville, tirées soit de la décoration de l'Hôtel de Ville ou des Mairies, soit des tableaux lui appartenant. Cependant elle est entrée récemment dans la voie des commandes d'œuvres origi-

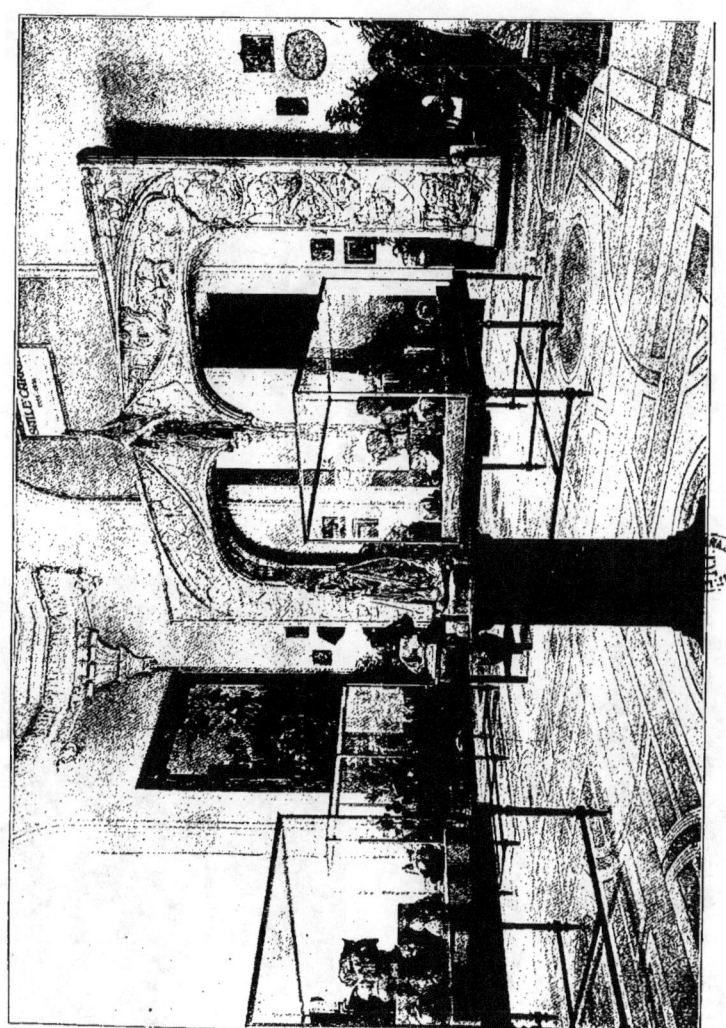

LA SALLE CARRIÉS
(Page 59.)

PALAIS DES BEAUX-ARTS

Pl. 22.

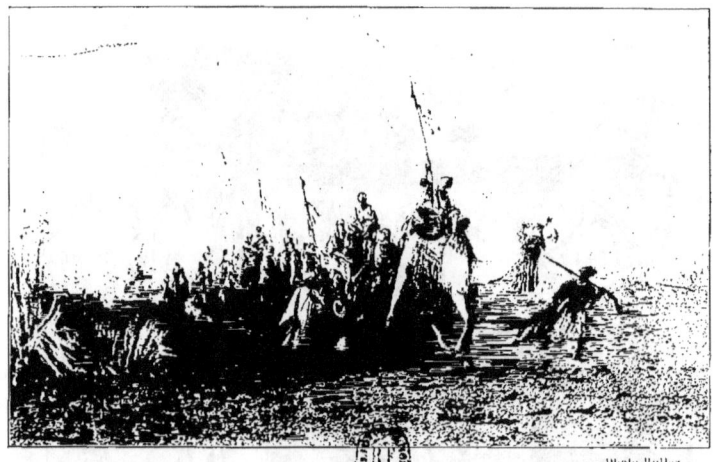

FÉLIX ZIEM. — CARAVANE EN ROUTE VERS LE CAIRE
(Aquarelle).
(Page 63.)

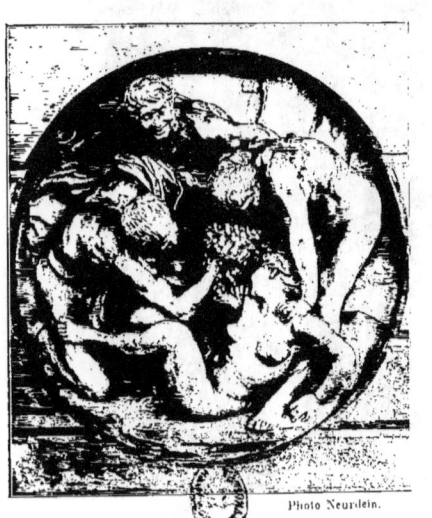

DALOU. — FONTAINE POUR LE FLEURISTE DE LA VILLE
(Plâtre original).

DALOU. — VASE DE SÈVRES
(Grès céramé).

(Page 64.)

nales et nous l'en félicitons. Nous trouvons dans ces gravures les noms de Barbotin (*La musique à travers les âges*, d'après Gervex, gravure au burin) ; Bracquemond (*Boissy-d'Anglas présidant la Convention nationale*, d'après Delacroix, gravure à l'eau-forte) ; Buland (deux plafonds d'après Georges Picard, gravures au burin); Champollion (*La voûte d'acier*, d'après J.-P. Laurens, gravure au burin) ; Fraipont (*Le feu*, d'après Rixens, eauforte) ; Gustave Greux (*Hymne de la terre au soleil*, d'après Bertrand, gravure à l'eau-forte) ; Jacquet (*La défense de Paris*, d'après Barrias et *Le triomphe de l'art*, d'après Bonnat, gravures au burin); Laguillermie (quatre gravures en taille douce relatives à Étienne Marcel et portrait de Mme Récamier, d'après le baron Gérard, également en taille douce) ; Le Couteux (*Les Halles*, d'après L'Hermitte, gravure à l'eau-forte) ; Lefort (*La Sieste*, d'après Courbet, gravure à l'eau-forte) ; Mordant (*Apothéose des sciences*, d'après Besnard, gravure à l'eau-forte) ; Salmon (*L'apothéose de Napoléon*, d'après Ingres, salon de l'Empereur, ancien Hôtel de Ville, gravure en taille douce) ; Toussaint (*Le Luxembourg*, d'après Harpignies, gravure à l'eauforte) ; Bahuet (*Faust au Sabbat* et *Faust au Combat*, d'après Chifflard, lithographies) ; etc., etc. (pl. 15).

Délicieusement aménagées, entremêlées de porcelaines de Sèvres qui y ont été transportées, le tout du plus heureux effet, tel, le Musée actuel de l'estampe moderne s'offre aux visiteurs dans une parure originale et des plus heureuses (pl. 23).

Les autres salles actuellement libres au rez-de-chaussée, du côté de l'avenue Alexandre III, recevront également bientôt une destination nouvelle, le Palais tout entier ayant été mis par délibération municipale à la disposition de l'Administration des Beaux-Arts.

Il y aurait lieu, à notre avis, d'y transporter les esquisses qui ont déjà été exposées une première fois dans le Pavillon de la Ville de Paris en 1900, et par la suite dans certaines salles du 1ᵉʳ étage du Petit Palais lors de la première inauguration.

Chaque fois qu'une commande est faite à un artiste pour la décoration d'un édifice municipal, ce dernier est en effet obligé de fournir une esquisse qui est examinée par la Commission compétente, et qui devient la propriété de la Ville.

De cette façon, celle-ci est propriétaire d'un nombre relativement considérable d'œuvres, quelques-unes très poussées, dues au pinceau des maîtres contemporains, qu'elle conserve dans ses réserves.

Les esquisses sont fort nombreuses, puisque pour la décoration seule de l'Hôtel de Ville on en compte plus d'une centaine.

Elles sont divisées en deux parties distinctes : esquisses municipales et esquisses départementales. Les premières sont celles non seulement de l'Hôtel de Ville, mais aussi des autres monuments parisiens ; les secondes, celles des mairies des communes de la banlieue dépendant du département de la Seine.

Il faudrait les citer toutes ; mais, une mention spéciale doit être réservée aux deux compositions d'Edouard Detaille, les chefs-d'œuvre du maître, qui occupent à l'Hôtel de Ville la salle dite de la Commission du budget : ce sont les *Enrôlements volontaires sur le Pont-Neuf en 1792* et la *Réception des troupes à la barrière de la Villette en 1807*.

Parmi les autres, nous détacherons les suivantes : le *Triomphe de l'Art*, de Bonnat ; la *Peinture*, de Dagnan-Bouveret ; le *Champ de courses de Longchamp*, par John Lewis Brown ; la *Musique*, par Gervex ; la *Fête au bord de l'eau*, par Clairin ; le *Jardin du Luxembourg*, par Harpignies ; le plafond du *Salon des Sciences*, par Besnard ; les études de Jean-Paul Laurens, celles de Chartran, de Carrière, d'Adrien Morot, de

Jules Lefebvre, de Tattegrain, d'Henri Martin, de Rixens, de Raffaëlli, de Lerolle, d'Humbert, de Guillemet, de Benjamin Constant, etc.

De plus, un certain nombre d'esquisses de Puvis de Chavannes ont été léguées à la Ville par le grand artiste.

Celle-ci en possède également quelques-unes de Delacroix et de son élève Andrieu.

Neuf dessins ou croquis du même Delacroix pour la décoration de l'ancien Hôtel de Ville (salon de la Paix) ont pu échapper à l'incendie de la Commune.

Est enfin également exposée au Petit Palais une série importante de dessins remarquables de Daniel Vierge (don de la veuve du célèbre dessinateur).

Grâce à l'activité inlassable de M. Lapauze, l'année 1910 devait enrichir le Petit Palais d'une nouvelle collection d'un intérêt puissant. Après la Galerie des Dessins modernes, après la Galerie de l'Estampe moderne, un nouvel ensemble a été en effet constitué, qui permet aux visiteurs du Musée d'Art Municipal d'étudier la Médaille française dans ses spécimens les plus significatifs. C'est quatre siècles de Médailles qui s'offrent à l'étude des artistes et des amateurs, depuis les maîtres anonymes de la Renaissance jusqu'aux meilleurs artistes de l'heure présente, en passant par les Médailles qui, au temps de Louis XIV, Louis XV, Louis XVI et de la Révolution, avaient surtout pour objet de fixer un souvenir historique, et par ces admirables Médaillons qui au xixe siècle présentent un très grand intérêt iconographique.

Tous les noms illustres des médailleurs français figurent dans cet ensemble magistral, puisqu'on y trouve des exemplaires de Warin, Guillaume Dupré, Duvivier, Augustin Dupré, les deux Gateaux, Oudiné, les trois Dubois, les trois Barre, Tiolier, Galle, Andrieu, Depaulis, Caunois, Bovy, Dantan aîné, Guérard, Domard, Borrel, Vauthier-Galle, Farochon, David d'Angers, Rude, Barye, Levillain, les deux Dumont, Cavilier, Chapu, Crauck, Carpeaux, Degeorge, Deloye, Chaplain, Roty, Frémiet, Vernon, Injalbert, etc., et tant d'autres.

De délicieuses terres cuites de Nini, une splendide terre cuite d'un sculpteur anonyme, représentant une soirée chez Mme Tallien, au temps du Directoire, un merveilleux médaillon en cire de Clodion (pl. 25), d'autres bas-reliefs également en terre cuite et d'autres médaillons du XVIIIe siècle contribuent à donner à cette collection une physionomie très particulière.

C'est au total, près de 1.200 spécimens de l'art de la Médaille française, que renferme notre Palais des Beaux-Arts.

Cette collection, due à la libéralité de généreux donateurs et en particulier de Mme Paquin, dont un geste a suffi pour faire entrer au Petit Palais une collection de médailles du XVIe au XXe siècle, assez complète pour qu'on puisse y suivre, sans lacunes, l'évolution d'un art que le génie de nos artistes a rendu si français.

La collection a été installée dans une galerie spéciale sise au premier étage, ayant à la fois le caractère élégant et sobre qui convient. Cette élégance s'affirme par une suite de splendides tapisseries que M. Dujardin-Beaumetz, sous-secrétaire d'État aux Beaux-Arts, a consenti à mettre à la disposition de la Ville (pl. 24).

On peut juger par cette rapide étude de la quantité considérable de travail dépensée au Petit Palais.

Grâce à un effort constant, à une ténacité, à une énergie, à une activité de chaque jour, en moins de dix années, notre

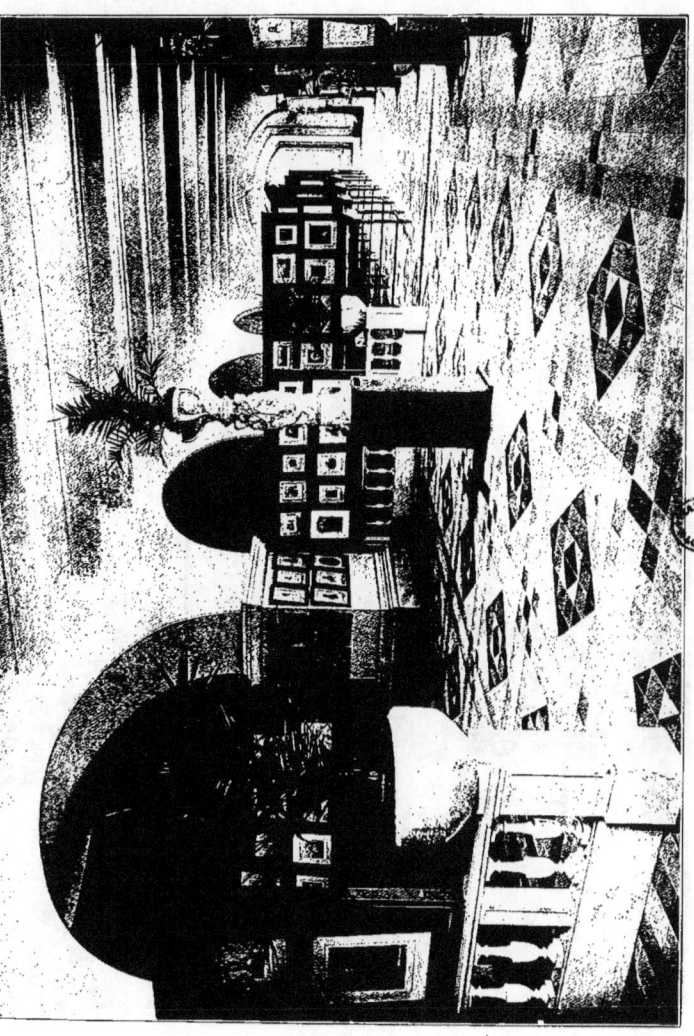

PALAIS DES BEAUX-ARTS — Pl. 23.

LA SALLE DES TEMPS MODERNES
(Page 77.)

PALAIS DES BEAUX-ARTS

Pl. 24

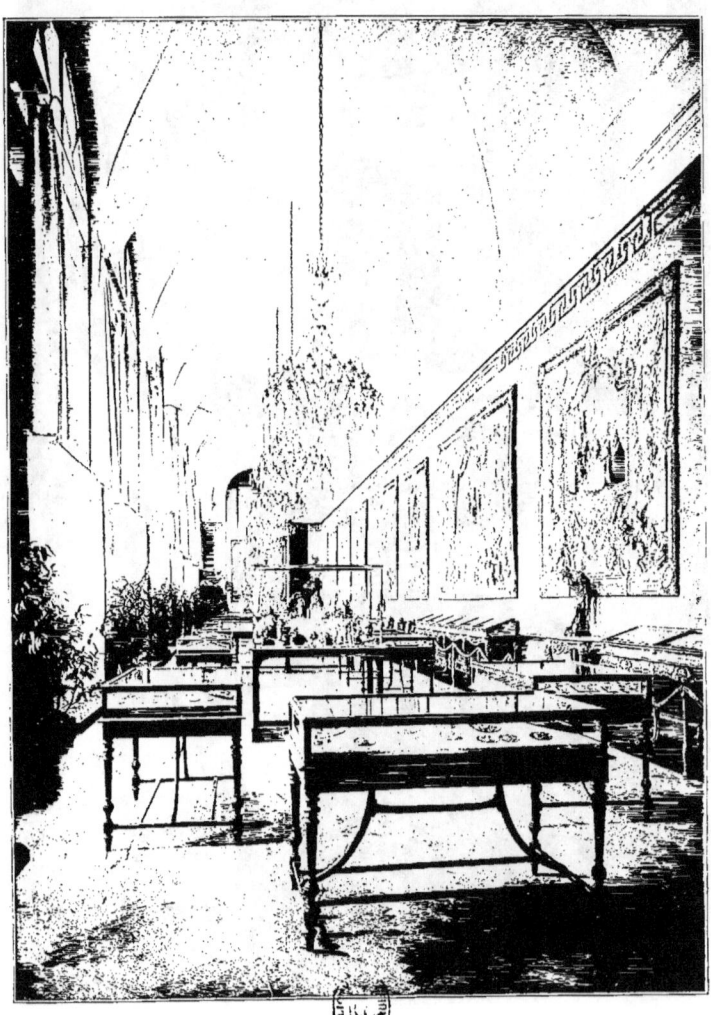

LA GALERIE DES MÉDAILLES
(Page 80.)

Palais des Beaux-Arts a su acquérir une place méritée parmi les merveilles de Paris. Nous sommes loin de l'époque où l'on discutait sur son affectation, lorsque le principal argument des opposants consistait à crier bien haut que si l'on faisait de l'immeuble admirable légué par l'Exposition de 1900 un « Luxembourg municipal », affecté aux œuvres d'art contemporaines, on aurait pendant de longues années un Musée vide et peu intéressant.

Aujourd'hui, sous la poussée des dons sans cesse plus nombreux et plus merveilleux, grâce également aux achats du Conseil municipal, le nouveau Musée crève de toutes parts.

Une sélection s'imposera peut-être un jour, comme dans tout Musée réservé aux artistes contemporains, sélection qui d'ailleurs se fait tout naturellement, peu à peu, sous l'influence du temps, lequel crée ou démolit tant de chefs-d'œuvre ; mais, il n'en est pas moins vrai que le succès actuel est dû à son aménagement. Peut-être demain, sous la poussée dont je parlais tout à l'heure, la collection Dutuit émigrera-t-elle dans une annexe adroitement construite par le brillant architecte qu'est M. Girault ; il ne manque pas de place du côté de l'avenue Dutuit, qui devrait en même temps être heureusement redressée.

Ce serait là une solution à laquelle certaines personnes ont déjà pensé, et je m'honore d'être, comme rapporteur des Beaux-Arts, de leur avis. N'y a-t-il pas lieu de tout prévoir ? Il ne faudrait pas, faute de place, s'hypnotiser sur le résultat actuel, quelque éclatant qu'il soit, lorsque nombre de collectionneurs, et non des moindres, peuvent demain être disposés, Mécènes généreux, à enrichir nos collections, pour la gloire de la Ville de Paris et leur satisfaction personnelle.

Ils savent à présent que la Ville de Paris réduit volontiers au strict minimum les formalités administratives dès qu'il s'agit des destinées des œuvres d'art qu'on veut bien lui confier. L'exemple donné ne peut qu'être suivi encore : c'est notre vœu le plus cher comme celui de tous les véritables amoureux de Paris.

VIII. — LA DÉCORATION DU PETIT PALAIS

Le Petit Palais, dont l'ensemble affecte la forme d'un triangle ayant pour base l'avenue Alexandre III, est considéré comme une véritable merveille architecturale. Nous avons donné ailleurs (p. 23) les noms des artistes qui furent chargés de sa décoration extérieure. La préface du catalogue sommaire des collections municipales, due à la plume autorisée de M. Henry Lapauze, nous donne le détail de cette décoration ; aussi sommes-nous heureux de nous y reporter. « Des motifs de sculpture, soit en haut-relief, soit en silhouette, dit M. Lapauze, complètent cet ensemble. Au porche principal, la *Ville de Paris protégeant les Arts*, par M. Injalbert. Entre les colonnes, sous forme de frise, les *Arts et Industries diverses*, par MM. Fagel et Hugues ; deux groupes à la base de l'arcade du porche, par M. René de Saint-Marceaux, symbolisent la *Sculpture* et la *Peinture*. Au-dessous des baies cintrées du pavillon d'angle, sous le fronton, les armes de la Ville de Paris, par M. Peynot. Les couronnements des faces latérales de ces pavillons sont formés de deux hauts-reliefs, par M. Alphonse Moncel, *Vénus*, du côté des Champs-Élysées, et *Junon*, du côté de la Seine. A droite et à gauche du perron de l'entrée monumentale, les *Quatre Saisons*, par M. Convers, et la *Seine et ses affluents*, par Ferrary.

« Sur la façade postérieure, au-dessus de la base centrale, un grand motif d'horloge, avec haut-relief représentant *le Jour et la Nuit*, dans la partie supérieure, et *les Trois Parques* dans la partie inférieure, par M. Hector Lemaire. Aux angles du fronton de cette façade, deux groupes symbolisant l'*Histoire* et l'*Archéologie*, par M. Desvergnes.

« Les balcons des baies de l'étage principal, ainsi que la porte d'honneur, sont des ouvrages en fer forgé, rehaussés d'ornements en cuivre repoussé.

« A l'intérieur, le portique de la cour semi-circulaire est d'ordonnance dorique. M. Lefèvre a exécuté, en haut-relief, deux figures symbolisant les *Arts*, qui ornent le tympan de l'arc d'accès de la rotonde. Les *Renommées*, encadrant le vaisseau de la Ville de Paris du fronton, sont de M. Peynot ; à la voûte de l'arcade, s'érigent deux bas-reliefs de M. Carlus. »

Que dire également de cet adorable jardin intérieur d'une forme si gracieuse et si inattendue, avec ses portiques surmontés de guirlandes dorées, avec ses bassins aux éclatantes mosaïques bleues et or où s'épanouissent dans ce cadre de rêve les nénuphars étincelants, collection unique que nous offrit le Japon après l'Exposition de 1900 (pl. 2).

La décoration intérieure du Palais n'est pas encore réalisée, mais ne peut l'être que très prochainement.

Dès 1903, le Conseil municipal confiait au maître Besnard, pour le prix de 60.000 francs, la coupole centrale qui domine la partie circulaire formant le vestibule d'honneur. Les quatre panneaux exposés aux différents salons qui se sont succédés depuis cette époque ont été mis en place et inaugurés le 27 mai 1910 en même temps que le Musée de la Médaille. Ils représentent la *Matière*, la *Mythique*, l'*Art antique* et la *Pensée*.

Le 6 juillet 1906, les autres travaux de décoration ont été confiés ainsi qu'il suit :

« 1° A M. Roll l'exécution de l'ensemble de la décoration picturale de la voûte de la partie droite de la galerie Nicolas II, moyennant le prix de 60.000 francs ;

« 2° A M. Cormon l'exécution de l'ensemble de la décoration picturale de la voûte de la partie gauche de la galerie Nicolas II, moyennant le prix de 60.000 francs ;

« 3° A M. G. Picard, l'exécution de l'ensemble de la décoration picturale de la demi-coupole faisant suite à droite, moyennant le prix de 25.000 francs ;

« 4° A M. Chartran, l'exécution de l'ensemble de la décoration picturale de la demi-coupole faisant suite à gauche, moyennant le prix de 25.000 francs ;

« 5° A M. Paul Baudouin, la décoration à la fresque des voûtes et coupoles (soit 820 mètres superficiels) du pourtour de la cour intérieure au prix à forfait (matériaux et échafaudages compris) de 80.000 francs. »

Depuis cette époque, la mort du regretté Chartran obligea le Conseil à chercher un autre artiste pour le remplacer. C'est à M. Humbert qu'échut cette succession, et nul choix ne pouvait être plus heureux. M. Baudouin et M. Cormon ont déjà présenté leurs esquisses, qui ont été acceptées[1].

---

1. L'œuvre de M. Cormon, terminée, a pu être admirée au salon de 1911 (N. de l'E.).

PALAIS DES BEAUX-ARTS

Pl. 25.

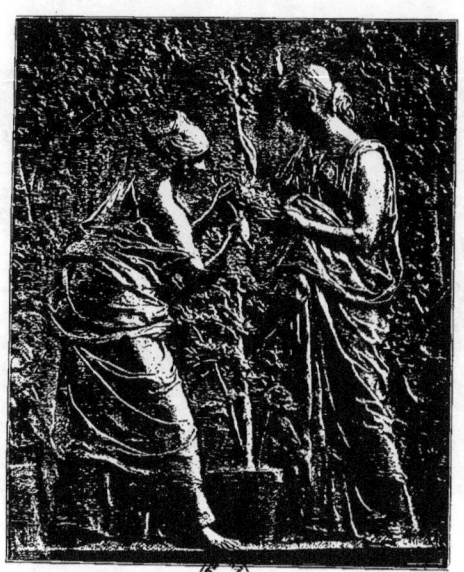

DAN... DUPUIS
(Plaquette en bronze).

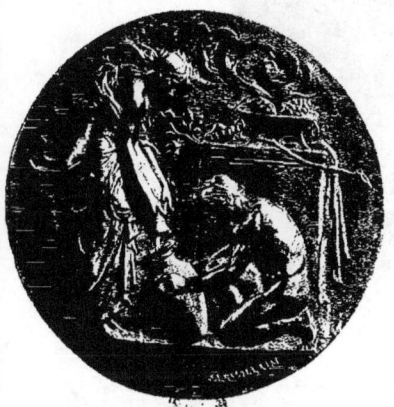

F. LEVILLAIN. IDYLLE ANTIQUE
(Médaillon en bronze).

(Page 80.)

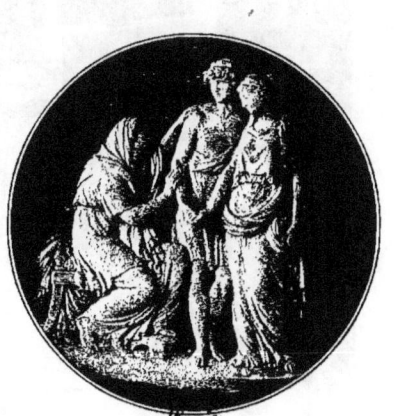

CLODION (CLAUDEL, DIT)
(Médaillon en cire).

DÉPÔT D'AUTEUIL

Pl. 26.

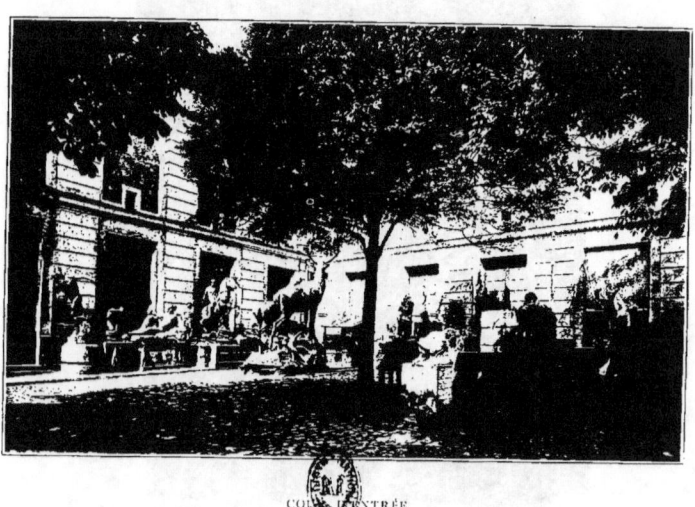

COUR D'ENTRÉE

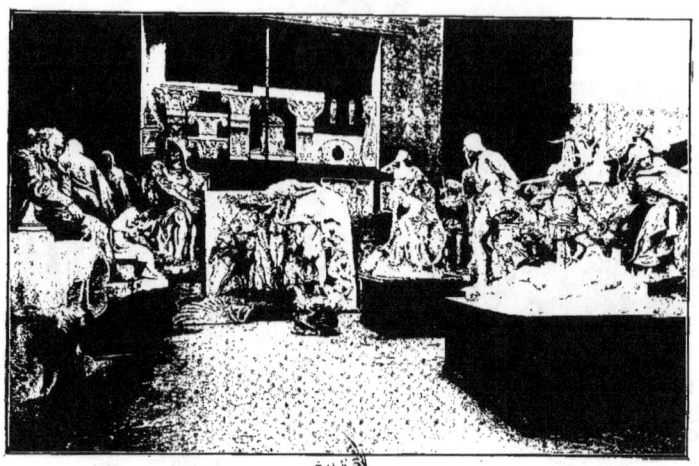

VUE INTÉRIEURE DU HALL
(Page 88.)

CHAPITRE II

LE DÉPOT D'AUTEUIL

« Avant la guerre de 1870, dit une notice qui date de 1889, les collections de la Ville de Paris étaient disséminées dans diverses annexes (quai de Béthune, avenue Victoria, boulevard Morland).

« Après la réorganisation de l'Administration municipale en 1871, le service des Beaux-Arts concentra ses collections partie dans les combles de l'hôtel Carnavalet et partie dans les magasins du boulevard Morland, plus spécialement affectés aux œuvres de sculpture ; mais ce n'était qu'un palliatif des plus défectueux et les œuvres d'art de la Ville étaient menacées à la longue de s'altérer gravement et même de disparaître, par suite de leur entassement dans les locaux où les atteignaient les détériorations de toutes sortes, lorsque diverses circonstances vinrent forcer l'attention à s'arrêter sur cette situation transitoire, très préjudiciable aux intérêts de l'art à Paris.

« D'une part, l'augmentation normale des objets appartenant au matériel de la Ville nécessita rapidement l'affectation à ce service de la plupart des locaux occupés par la collection des Beaux-Arts du boulevard Morland.

« D'autre part, le conservateur de la Bibliothèque Carnavalet ne tarda pas à réclamer les pièces des combles pour le placement du trop-plein de ses livres.

« De plus, et en dehors de ces considérations d'ordre général, un intérêt tout spécialement artistique plaidait en faveur d'une installation nouvelle qui permît de réunir les collections toujours croissantes, d'en assurer la conservation et de ne pas priver le public des richesses où les artistes au moins devaient trouver des renseignements précieux.

« Malgré cela, le *statu quo* se prolongea plusieurs années faute de ressources, et ce ne fut qu'à la date du 2 août 1886 que le Conseil municipal, passant outre aux obstacles budgétaires, vota, sur le rapport de M. Delhomme, un crédit de 45.000 francs permettant de construire à cet effet un bâtiment spécial, sur les terrains appartenant à la Ville de Paris, rue La Fontaine et rue Gros. »

Telle fut l'origine de ce dépôt d'Auteuil, qui devait renfermer pendant plus de quinze années les richesses artistiques de la Ville de Paris.

En 1886, l'intention du Conseil municipal était bien de créer rue La Fontaine un véritable Musée. Les plans existent pour la construction de la galerie qui devait contenir toutes les œuvres d'art, et le Musée fut même pendant quelque temps ouvert au public.

Mais, dès 1890, un changement d'idées fit qu'on abandonna le projet ébauché. Le Musée devint un simple dépôt, voici dans quelles conditions :

Après l'Exposition de 1878, la Ville de Paris avait fait transporter derrière le Palais de l'Industrie, au Cours la Reine, le pavillon construit au Champ-de-Mars.

Ce pavillon n'était guère utilisé que par des locations à des expositions temporaires, comme l'Exposition Florale, celle de la Cuisine ou le Salon des Artistes indépendants ; son utilité était des plus contestables.

Le Conseil municipal, sur l'avis de M. Armand Renaud, Inspecteur en chef des Beaux-Arts, résolut d'y transporter les collections d'Auteuil.

Ainsi fut-il fait : et le nouveau Musée fut inauguré sans bruit le même jour que le Musée Galliéra, le 19 décembre 1895.

Il est vrai que son histoire fut courte, puisque, moins d'une année après, la démolition du Pavillon de la Ville de Paris ayant été décidée en raison de la future Exposition de 1900, la collection allait reprendre le chemin d'Auteuil.

En fait, la nouvelle installation avait été tout à fait rudimentaire : « Cette vaste nef éclairée latéralement, dans sa partie supérieure, par des verrières verticales, se prêtait très mal à sa nouvelle destination. On avait dû la subdiviser par des cloisons où étaient mélangées les toiles anciennes et modernes, les dessins et les esquisses. Quelques modèles en plâtre étaient disposés dans l'allée centrale et le long des murs se continuait la longue série des esquisses peintes et des esquisses en plâtre, partagées en deux catégories distinctes : à droite les édifices religieux, à gauche les édifices civils.

« Il convient de remarquer que ce pavillon, qui suffisait lors de l'Exposition universelle de 1878, pour abriter l'ensemble des services municipaux et départementaux, se trouvait déjà en 1894, malgré ses vastes dimensions, à peine suffisant pour contenir l'ensemble des collections artistiques de la Ville qui, depuis lors, se sont encore accrues notablement.

« Si imparfaite qu'en fût l'organisation, le nouveau Musée n'offrit pas moins un réel intérêt pour le public, appelé à connaître des œuvres d'art presque ignorées.

« Il resta ouvert jusqu'au moment où, englobé dans le périmètre de la future Exposition universelle, le Pavillon de la Ville fut appelé à disparaître. On dut alors emmagasiner tout ce qu'il renfermait dans les magasins d'Auteuil[1]. »

Aujourd'hui, le dépôt d'Auteuil ne contient plus que les réserves artistiques de la Ville de Paris, la plupart des œuvres d'art qui le remplissaient ayant été transportées soit dans le Petit Palais, soit dans les locaux de l'Hôtel de Ville, soit dans les différentes mairies de la Ville de Paris, selon les délibérations du Conseil municipal. Seul le vaste hall vitré destiné aux sculptures abrite encore la plupart des modèles en plâtre achetés aux artistes (pl. 26).

Tel qu'il est, le Dépôt d'Auteuil ne saurait demeurer plus longtemps inutilisé. Si d'une part les réserves peuvent être réunies et même exposées dans quelques-unes de ses vastes salles, les autres salles pourraient servir à des expositions intéressantes. Le dépôt d'Auteuil doit devenir un Musée, son éloignement ne pouvant plus être désormais un obstacle en raison des nombreux moyens de transport dont est doté le quartier, et qui seront bientôt augmentés par l'ouverture d'une ligne métropolitaine.

1. Ralph Brown, Inspecteur des Beaux-Arts. Rapport sur l'organisation du Petit Palais.

CHAPITRE III

LES COLLECTIONS HISTORIQUES

Les collections historiques de la Ville de Paris ont pour les abriter deux Musées : l'*Hôtel Carnavalet* et la *Maison Victor Hugo*[1].

Le Musée Carnavalet a été créé sous le second Empire, mais l'aménagement actuel ne date que de quelques années à peine.

La Maison Victor Hugo, libéralité de M. Paul Maurice, possède une organisation spéciale, bien qu'elle dépende, comme les Musées précédents du service des Beaux-Arts de la Ville de Paris.

Les Collections historiques ne sont rattachées à ce service que depuis sa réorganisation (juillet 1903).

Longtemps elles ne firent qu'un avec les travaux historiques : la Bibliothèque et le Musée ne formaient donc qu'un seul et même tout.

Aujourd'hui la Bibliothèque, transférée rue de Sévigné à peu de distance dans l'hôtel Lepelletier de Saint-Fargeau, possède une organisation ainsi qu'un personnel complètement distincts du Musée Carnavalet. Elle a, en effet, après le rattachement du Musée au service des Beaux-Arts, conservé son ancienne direction, qui est le cabinet du Secrétaire général de la Préfecture

---

[1]. Je ne parlerai que pour mémoire de l'hôtel Lauzun, que la Ville avait acheté en 1899 pour le soustraire à la pioche des démolisseurs et qui a été revendu depuis.

de la Seine ; et, sous la direction habile et éclairée de M. Marcel Poëte, elle a pris un essor nouveau.

I. — LE MUSÉE CARNAVALET

Dans une lettre adressée à son ami Montaiglon et datée du 25 décembre 1881, Jules Cousin, fondateur et conservateur de la Bibliothèque des Collections artistiques de la Ville de Paris et du Musée Carnavalet, s'exprimait en ces termes [1] :

« Noël! Noël! Je viens de découvrir toute la filière des propriétaires de Carnavalet : une profusion de parchemins apportés — dans le tas — par un chiffonnier providentiel!..... »

Et c'est ainsi qu'authentiquement on apprit que l'hôtel Carnavalet fut élevé en 1544 sur l'emplacement d'un ancien marais cultivé, la culture Sainte-Catherine, par Jacques des Ligneris, lequel fut président au Parlement de Paris et représentant de la France au Concile de Trente [2]. Sa construction fut confiée aux deux plus grands artistes du temps : Pierre Lescot pour l'architecture et Jean Goujon pour la sculpture.

Après la mort de Jacques des Ligneris, l'hôtel fut vendu à Françoise de la Beaune, comtesse de Montrevel et dame de Kernevenoy, veuve d'un grand seigneur breton, premier écuyer du roi Henri II et gouverneur du duc d'Anjou (plus tard le roi Henri III). Kernevenoy était connu à la cour sous le sobriquet de Carnavalet, sobriquet qui resta à sa veuve : de là le nom donné au logis qu'elle avait acheté et que celui-ci conserva jusqu'à nos jours.

---

1. *Jules Cousin. Souvenirs d'un ami*, par Paul Lacombe, parisien. Paris, librairie Henri Leclerc 1900.

2. La plupart des renseignements de cet historique du Musée Carnavalet proviennent du *Guide explicatif du Musée*, le remarquable ouvrage de MM. Charles Sellier et Prosper Dorbec, publié sous la direction de M. Georges Cain, conservateur des collections historiques de la Ville de Paris.

MUSÉE CARNAVALET

Pl. 27.

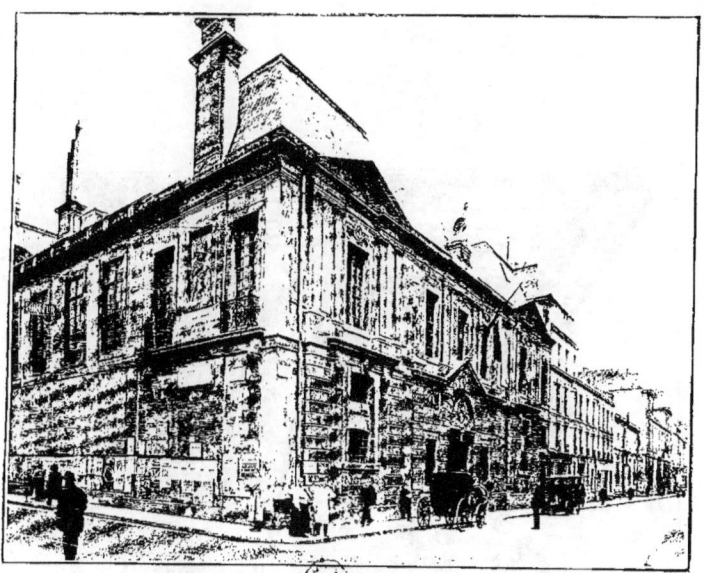

FAÇADE SUR LA RUE DE SÉVIGNÉ
(Page 100.)

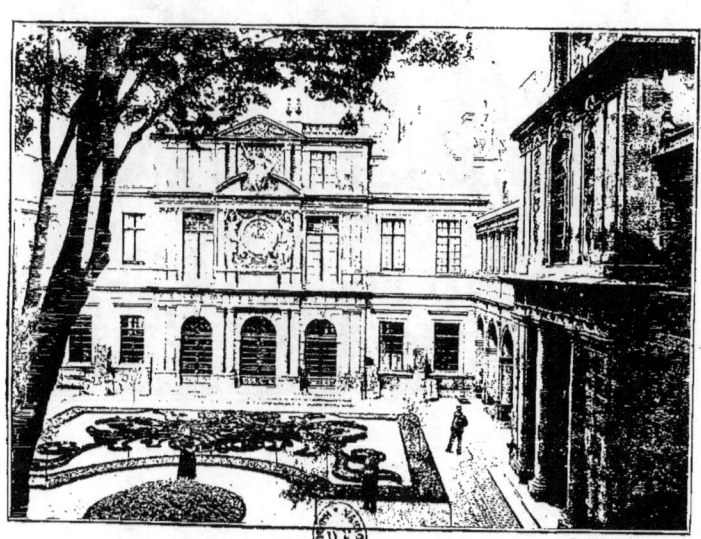

LE JARDIN AVEC LA MAISON DES DRAPIERS
(Page 102.)

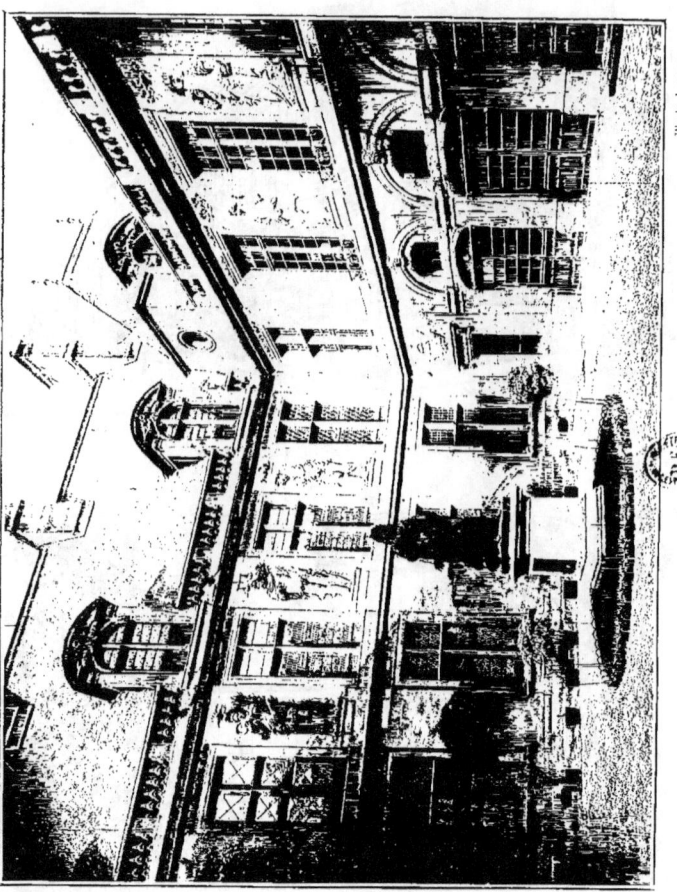

MUSÉE CARNAVALET

Pl. 28.

COUR D'HONNEUR
(Page 100.)

Photo Lemare.

Mme *de Carnavalet* le céda en 1602 moyennant 32.000 livres à Florent d'Argouges, trésorier de la reine Marie de Médicis.

Florent d'Argouges mourut en 1632 : sa veuve Elisabeth de Creil et leurs enfants mineurs conservèrent l'hôtel jusqu'en 1654, année où ils le vendirent pour 100.000 livres à Claude Boislève, intendant des Finances.

Ce fut ce Claude Boislève qui en confia la restauration à François Mansart, lequel le transforma complètement et luxueusement.

La disgrâce de Fouquet entraîna la ruine de Claude Boislève; l'hôtel Carnavalet, saisi en 1662, fut adjugé cinq ans plus tard à Gaspard de Gillies, conseiller au Parlement, qui ne l'habita pas et en abandonna la jouissance effective à son beau-frère M. d'Agaury. M. d'Agaury eut Mme de Sévigné comme locataire.

Mme de Sévigné habita en effet l'hôtel Carnavalet de 1677 à 1696. Mais, entre temps, l'immeuble avait été vendu en 1694, par voie d'adjudication, à Brunet de Rancy, receveur général des Finances, qui dut attendre la fin du bail de Mme de Sévigné pour en prendre possession.

Le 28 juillet 1717, Brunet de Rancy donna son habitation en avancement d'hoirie à sa fille, qui avait épousé un conseiller d'État, M. Armand de la Briffe. La famille de la Briffe en conserva la propriété jusqu'en 1777.

A dater de 1784, et jusqu'à la Révolution, l'hôtel est habité par M. Désiré de Chavigny conseiller au Parlement, alors que M. Dupré de Saint-Maur, également conseiller au Parlement, en est le propriétaire.

La Révolution y installa ensuite la Direction de la Librairie, puis l'École des Ponts et Chaussées.

Cette destination persista jusqu'en 1829. Depuis cette

époque, deux pensions de garçons, l'institution Lievyns et l'institution Verdot, s'y succédèrent jusqu'en 1866, époque où la Ville de Paris l'acheta pour y établir son Musée historique.

Ce fut en effet le Second Empire[1] qui eut l'excellente pensée de sauver l'admirable construction de la pioche des démolisseurs, et qui songea à y installer un Musée de Collections historiques intéressant Paris.

L'idée fut de suite mise à exécution : dès l'année suivante, l'Administration consacra en travaux de restauration et d'installation des crédits considérables.

Elle voulait également, comme l'a fort bien dit M. Ulysse Parent dans un rapport du 15 janvier 1880, compléter le projet qu'elle avait eu de refaire sur des bases nouvelles l'histoire générale de Paris, et de placer à côté des documents écrits les représentations figurées des événements contemporains, les objets d'art et les antiquités provenant du sol et des édifices de l'ancienne cité, et enfin, tous les monuments les plus propres à confirmer les récits des historiens, à donner une idée de l'art tel qu'on l'a entendu et pratiqué à Paris, à faire comprendre en un mot la vie parisienne à toutes ses époques.

N'est-ce point exactement le programme qui a été exécuté aujourd'hui, et dont, à juste titre, la Ville peut s'enorgueillir ?

L'heureuse initiative de l'Administration impériale devait donc attendre près de quarante années pour recevoir une entière application !

Cependant il faut reconnaître qu'à l'origine les achats furent faits avec une certaine légèreté : sous prétexte de réunir les ustensiles familiers de la vie civile des Parisiens, on accumula

---

1. L'idée de créer un Musée historique parisien est due à M. Charles Read, chef de section à l'Hôtel de Ville, et au baron Poisson, ami particulier du baron Haussmann.

LES COLLECTIONS HISTORIQUES 93

un lot énorme de meubles, outils, armes, instruments de ménage et de cuisine, pièces de serrurerie, objets de toilette, qui peut-être n'avaient pas grand lien avec la vie journalière parisienne.

Dans un autre ordre d'idées, pour recueillir des pièces rares ou de haut intérêt, on acheta, par exemple, une statue équestre d'un empereur carolingien provenant de la cathédrale de Metz, on acquit un grand banc d'orfèvre à étirer les métaux daté de 1575 et portant les armoiries de Frédéric, électeur de Saxe, etc.

Toujours est-il qu'en 1871, cinq ans après son acquisition, le Musée Carnavalet n'était ni constitué, ni livré au public. Ses collections, en attendant l'achèvement des salles de l'hôtel, se trouvaient dispersées un peu partout, à la maison municipale du quai de Béthune, aussi bien que dans les combles de l'annexe nord de la place de l'Hôtel de Ville.

Par une déplorable fatalité, ce qui devait former le premier fonds du Musée municipal, les éléments les plus authentiques et les plus précieux furent détruits en 1871 par l'incendie de l'Hôtel de Ville. Une collection de tableaux, portraits historiques et vues de Paris, une série de dessins originaux, des pièces uniques, des médailles, des objets précieux, une suite complète des esquisses originales de tous les travaux décoratifs exécutés depuis plus d'un demi-siècle pour le compte de la Ville, toutes les acquisitions, donations ou attributions faites en vue du futur Musée avaient été concentrées dans ce local-annexe de l'Hôtel de Ville et devinrent la proie des flammes. Cette perte fut d'autant plus regrettable que certains tableaux étaient signés des noms de Van Loo, Chardin, Moreau le Jeune, Hubert-Robert, Boilly, etc.

Ainsi le Musée Carnavalet se trouvait frappé dès son origine par un désastre irréparable. Il aurait pu, si ce désastre n'était pas survenu, justifier du premier coup sa fondation et répondre victorieusement aux critiques de gaspillage, souvent injustes, portées contre l'Administration impériale.

En 1872, le Préfet de la Seine, Léon Say, saisit le Conseil municipal d'un mémoire accompagné d'un rapport de M. Alphand, directeur des Travaux, qui soumettait un projet de Travaux urgents à exécuter à l'hôtel Carnavalet pour l'installation du Musée et de la Bibliothèque de la Ville.

Le projet nécessitait une dépense de 50.000 francs, qui fut votée le 14 juin de la même année, sur un rapport des plus intéressants et des plus documentés de M. Emile Perrin au nom de la 5e Commission.

Cependant l'Administration avait supprimé les achats en vue de la création du nouveau Musée, et, sur l'avis de la Commission administrative des Beaux-Arts, elle décida l'élimination de certains objets qu'on jugea sans valeur réelle et que l'on qualifia de *bric-à-brac*, objets qui se trouvaient dans l'hôtel même.

Le Conseil municipal autorisa, par une délibération en date du 4 août 1874, une première vente qui produisit la somme de 46.795 fr. 50, laquelle somme fut versée dans la caisse municipale.

En 1880, M. Ulysse Parent, — nous l'avons dit plus haut, — déposa sur le bureau du Conseil un rapport concluant à une nouvelle vente : ce rapport s'appuyait sur deux autres rapports annexes de M. du Sommerard, qui détaillaient les objets à vendre et les objets à conserver. Il fut adopté le 21 février 1880.

La seconde vente eut lieu à l'hôtel Drouot, du 24 au 29 janvier 1881. Elle attira un grand nombre de personnes et s'effec-

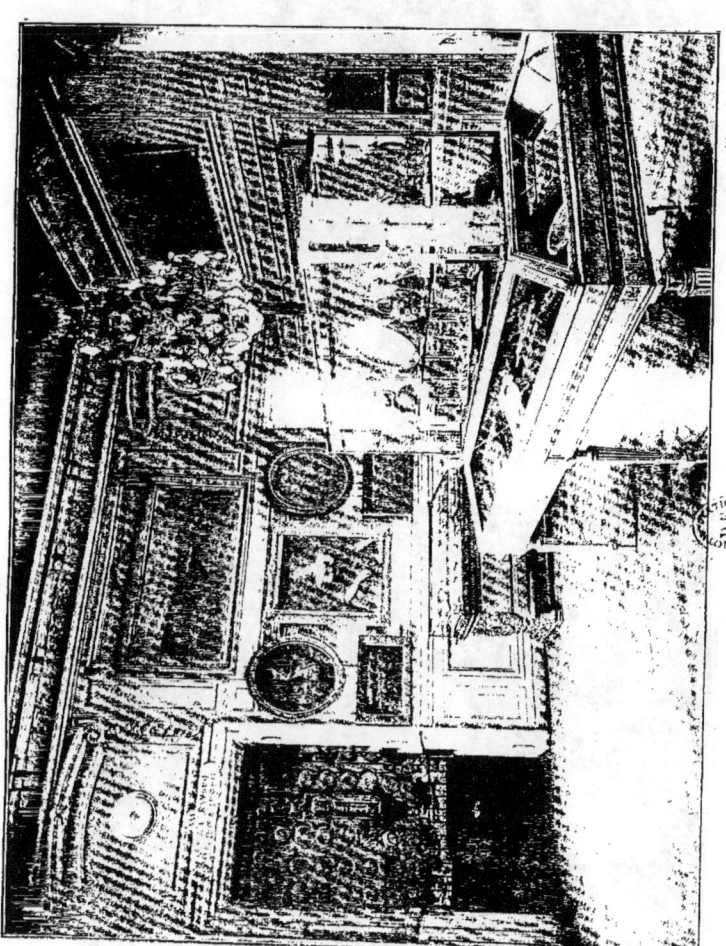

SALON SÉVIGNÉ
(Page 103.)

MUSÉE CARNAVALET

Pl. 30.

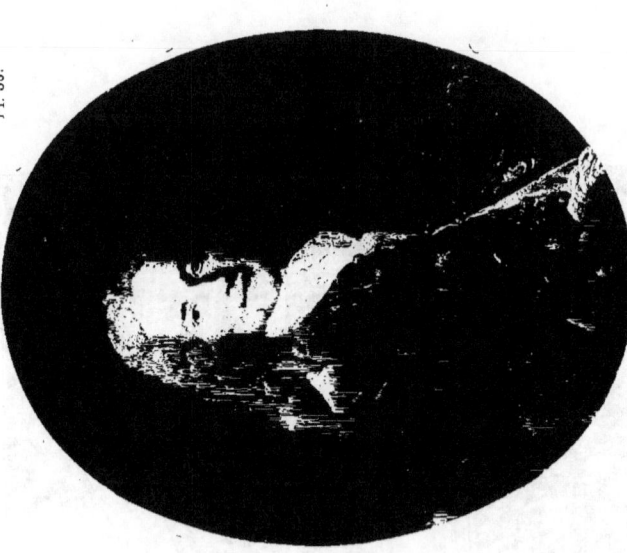

PORTRAIT DE MADAME DE SÉVIGNÉ
(D'après le tableau de Pierre Mignard appartenant à M. le Cte de Luçay.)

N. DE LARGILLIÈRE
PORTRAIT DE VOLTAIRE A VINGT-QUATRE ANS

(Page 107.)

tua dans les conditions les plus favorables pour l'époque, produisant la somme très importante de 108.211 francs.

Je n'ai pas à discuter ici l'opportunité de ces ventes : à peine pourrai-je exprimer le regret qu'elles aient été faites un peu à la légère. Ce *bric-à-brac*, comme on l'appelait alors, n'était pas sans intérêt; et, pour ma part, je ne puis songer sans amertume à la dispersion d'objets, peut-être d'une valeur relative, mais qui n'en constituaient pas moins une série de documents sur la vie de la société française, sinon de la société parisienne.

Ajouterai-je que ces objets usuels, sans grande valeur à cette époque, sont aujourd'hui des plus recherchés, et que, légèrement, la Ville, pour certaines considérations peut-être politiques, a aliéné et dispersé une collection qui serait à présent unique en son genre, et dont on admire les similaires dans les musées étrangers, surtout en Allemagne ?

Toujours est-il que, par un mémoire en date du 8 mars 1881, M. le Préfet de la Seine Hérold demandait au Conseil municipal la répartition entre les Musées de Cluny, du Conservatoire, des Arts et Métiers, de l'Observatoire et des Arts décoratifs, d'un certain nombre d'objets d'art et de curiosités éliminés du Musée Carnavalet comme étrangers à l'histoire de Paris et distraits de la vente du mois de janvier 1881.

Le rapport fut présenté au Conseil un an plus tard, le 8 février 1882, par M. Reygeal, au nom de la 5ᵉ Commission et discuté dans la séance du 13 du même mois.

Le plus important des objets, le banc d'orfèvre à étirer les métaux du XVIᵉ siècle, dont nous avons déjà parlé et qui avait été payé 8.000 francs sous l'Empire, destiné par le rapport au musée de Cluny, fut attribué au Conservatoire des Arts et Métiers, après une observation de M. Jobbé-Duval.

Il est vrai qu'en 1884, à la séance du 31 décembre, M. Hattat obtenait, sur la demande même du directeur du Conservatoire, que ce banc en fût retiré pour être déposé comme objet historique au musée de Cluny [1].

Il me faut à présent parler de l'homme qui fut le véritable fondateur du Musée Carnavalet, qui, pendant de longues années, en demeura l'âme : j'ai nommé Jules Cousin.

Jules Cousin était bibliothécaire de la Ville de Paris, lorsque l'incendie de l'Hôtel de Ville, qui détruisit les richesses artistiques empilées dans l'annexe Nord, détruisit également la bibliothèque de la Ville, comprenant plus de cent mille volumes! Le désastre était complet : il semblait irréparable.

Ce fut alors que Jules Cousin, qui possédait une collection personnelle de six mille volumes et de dix mille estampes, estampes et volumes se rapportant à l'histoire de Paris, l'offrit à la Ville « en pur don et sans condition ».

La généreuse proposition fut acceptée. Une Commission municipale, suivant le vœu de Cousin, décida que la nouvelle bibliothèque ne serait pas une bibliothèque générale, mais une collection locale, restreinte aux ouvrages, estampes, plans et cartes relatifs à l'histoire de Paris.

Complètement séparée de la bibliothèque administrative et d'un caractère essentiellement parisien, elle fut installée à Carnavalet. Quant à Jules Cousin, il était confirmé dans ses fonctions et chargé à la fois de la conservation et de la reconstitution de la nouvelle bibliothèque.

---

[1]. Tous ces objets n'ont jamais été restitués à la Ville de Paris. Il serait désirable que l'Administration des Beaux-Arts se décidât à les réclamer aux différents Musées de l'État, auxquels ils n'avaient été attribués qu'à titre de dépôts. Une revendication ne pourrait être que des plus justifiées, aujourd'hui que la Ville possède de nombreux Musées, où ils trouveraient une place tout indiquée.

« Le voilà, dès 1873 installé à Carnavalet, dit M. Lacombe[1], avec les quelques volumes qui constituaient le premier fonds de la bibliothèque.

« Il se mit courageusement au travail et, pendant vingt ans, tout en consacrant ses journées à la rédaction du catalogue, au classement de ses premières richesses, on put le voir assidu aux séances du soir à la salle Sylvestre, suivant personnellement les ventes, déléguant rarement ses pouvoirs à son sous bibliothécaire M. Poupel, et ne se fiant qu'à lui-même pour le choix des achats dans l'utilisation de ses premiers crédits, ou dans le choix des exemplaires, quand ces crédits, augmentés, lui permirent de s'attaquer à des morceaux d'importance. Il travailla sans relâche, ne se permettant aucun repos tant qu'il voyait une lacune à combler dans l'organisation qu'il rêvait. »

En 1880, le rapport d'Ulysse Parent concluait nettement à la fusion des deux services (Bibliothèque et Musée) sous la direction de Jules Cousin. En 1881, la donation de M. de Liesville, contribua grandement à la formation du Musée.

Cette donation consistait en une riche collection de livres, d'estampes, de médailles, faïences et objets divers relatifs à l'histoire de la Révolution française ; elle devait, à elle seule, constituer un noyau important des nouvelles collections.

M. Alfred de Liesville était un amateur passionné, aussi modeste que compétent. Jules Cousin avait obtenu pour lui le titre de conservateur-adjoint : il le considérait moins comme un collaborateur que comme un successeur. Cette espérance fut déçue : M. de Liesville mourut en 1885 à l'âge de 49 ans.

Cependant, aidé de ses collaborateurs, parmi lesquels il est

---

1. Paul Lacombe, *Souvenirs d'un ami*.

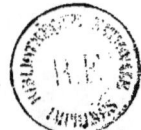

bon de ne pas oublier Henry Céard, le romancier connu, Jules Cousin travaillait avec la plus grande activé.

D'heureuses acquisitions lui avaient permis d'enrichir ses collections. A la fin de 1881, l'ouverture du salon Dangeau permit de présenter au public un certain nombre de tableaux et de dessins de maîtres.

Le Musée, peu à peu, débordait, crevait pour ainsi dire de toutes parts. Cependant les travaux d'architecture se continuaient. La construction des bâtiments complémentaires de l'hôtel ne subissait guère d'interruption. Jusqu'en 1889, époque où les constructions nouvelles furent terminées, le Musée fut ainsi resserré dans des limites trop étroites.

En 1887, Jules Cousin s'était adjoint un collaborateur de grand mérite, M. Lucien Faucou. En 1893, il prenait sa retraite et cédait sa place à Faucou qui ne devait la conserver que quelques mois : il mourut en effet le 29 novembre 1894. Jules Cousin, cédant aux instances de l'Administration, reprit alors son poste de conservateur et fut réintégré par arrêté préfectoral du 1er décembre 1894. Mais, au bout de deux mois, sa santé ne lui permettant pas de continuer son service, il demanda au Préfet de la Seine de le relever définitivement de ses fonctions.

Le Musée Carnavalet allait se trouver pendant quelque temps sans conservateur. D'un commun accord, il fut convenu entre le Préfet de la Seine et le Conseil municipal, représenté par la Commission, que le chef des Travaux historiques, M. Le Vayer, serait chargé, à titre provisoire, des services des travaux historiques de la Bibliothèque et du Musée Carnavalet, avec M. Georges Cain comme conservateur-adjoint.

Ce fut à cette époque que la Ville fit l'acquisition de l'hôtel Lepelletier de Saint-Fargeau, à quelques pas de Carnavalet,

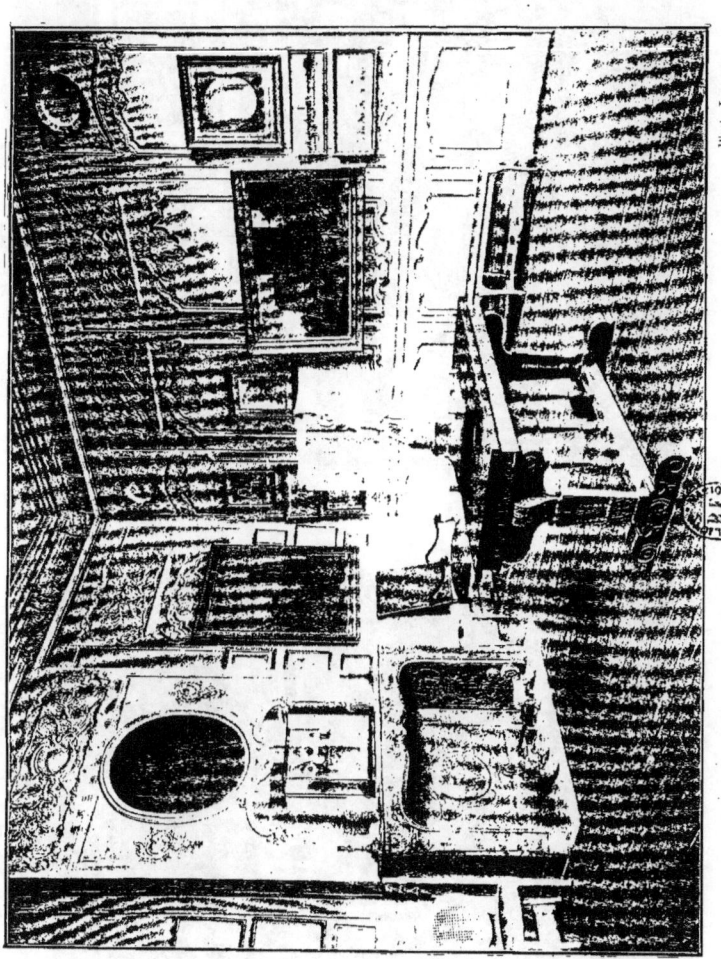

SALLE BOILLY
(Page 108.)

MUSÉE CARNAVALET

Pl. 32.

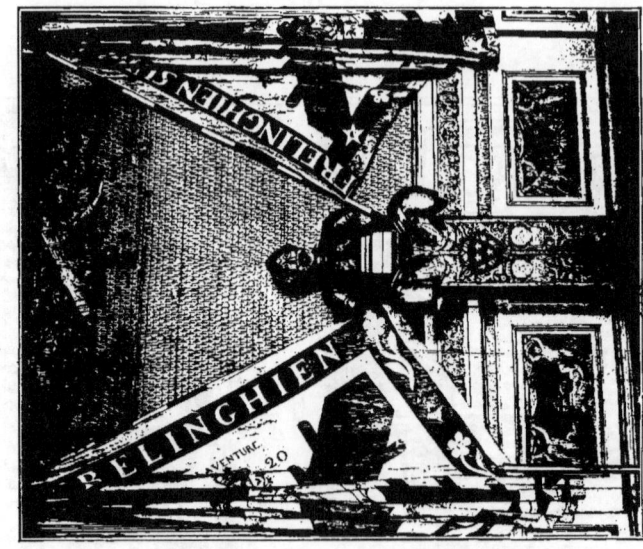

MICHIEL BOURLIER. — HENRI IV
(Effigie en cire).
(Page 115.)

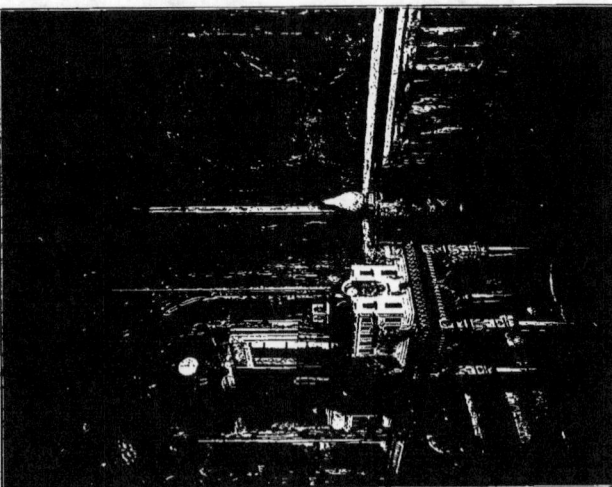

SALLE DES BOURGES « ROCOCO »
(Page 104.)

dans la même rue de Sévigné, pour y installer la Bibliothèque.

Par un rapport en date du mois de juin 1897, M. Pierre Baudin proposa la séparation des deux services :

« Le conservateur des collections historiques, disait-il, sera chargé spécialement de la direction des Travaux historiques et de la Bibliothèque historique de la Ville installés à l'hôtel Lepelletier de Saint-Fargeau. Le conservateur-adjoint sera chargé de l'administration et de l'acquisition des objets, tableaux et estampes composant le Musée Carnavalet. »

Ce rapport fut adopté le 9 juillet 1897. A la fin de la même année, à la session budgétaire, sur un nouveau rapport de M. Pierre Baudin, le Conseil municipal délimitait définitivement les deux services : M. Georges Cain avait été par arrêté préfectoral nommé conservateur du Musée Carnavalet tandis que M. Le Vayer conservait la direction de la Bibliothèque.

M. Pierre Baudin s'exprimait ainsi dans son rapport :

« Il n'y a plus aucune nécessité à tenir en tutelle le Musée désormais pourvu d'un conservateur parfaitement renseigné sur les richesses acquises et d'une compétence incontestée en tout ce qui concerne les devoirs de sa fonction.

« Les liens qui eussent retenu Carnavalet aux services voisins auraient été de pure forme administrative, c'est-à-dire qu'ils n'auraient servi qu'à cantonner son initiative et à diminuer sa force d'expansion.

« Aussi ne saurions-nous trop approuver la décision préfectorale qui définit à chacun son domaine, l'affranchit d'un formalisme inutile et lui assure ainsi la liberté de se mouvoir. »

Le 23 juin 1898, le Musée transformé avait été inauguré solennellement en présence de M. Félix Faure, Président de la République. D'importants discours furent prononcés par

MM. Navarre, président du Conseil municipal, et de Selves, Préfet de la Seine.

C'était déjà la consécration d'un succès qui n'a cessé de croître depuis cette époque.

Réuni, suivant le désir de M. le Préfet de la Seine, à la direction des Beaux-Arts, le Musée Carnavalet demeure l'un des joyaux du patrimoine artistique de la Ville de Paris.

Enumérer dans leurs détails les trésors parisiens renfermés dans le Musée Carnavalet, serait un travail qui pourrait remplir un volume entier et sortirait du cadre que nous nous sommes imposé.

Tout au moins en donnerons-nous une description succincte, nous contentant de la restreindre aux grandes lignes.

L'ancien hôtel (pl. 27), celui qu'habita Mme de Sévigné, ne comprend que les quatre bâtiments qui entourent la cour d'entrée.

Au centre se dresse l'admirable statue de Louis XIV, due au talent de Coysevox : cette statue, qui se trouvait à l'Hôtel de Ville depuis le 14 juillet 1689 — un siècle jour pour jour avant la prise de la Bastille — échappa en 1871 à l'incendie allumé par la guerre civile ; elle fut placée au Musée Carnavalet en 1890.

C'est, à notre avis, une des plus belles œuvres que possède Paris.

Cette cour de l'ancien hôtel (pl. 28), dans laquelle on pénètre par une voûte élevée donnant dans la rue de Sévigné, a grand caractère. Elle exprime bien l'aspect d'un logis du XVIe siècle, quoique les bâtiments aient été restaurés de nos jours d'après les anciens plans. Encadrant les fenêtres du 1er étage, quatre bas-reliefs de Jean Goujon représentent *Les Quatre Saisons*, inférieurs, il est vrai, à ceux de la fontaine des Innocents, bien qu'ils semblent avoir été conçus par une pensée commune. Et dans la cour il faut encore admirer du grand artiste les figures placées sur l'arc de la porte cochère : *L'Autorité*, deux *Renommées couchées* et deux *lions soumis*.

Les deux lions se trouvaient primitivement au-dessus des petites portes latérales ; ils furent transportés sur la façade de la rue lors de la première restauration de l'hôtel exécutée par Mansart en 1655.

A côté de l'ancien hôtel, tout un corps de bâtiment nécessité par le développement considérable pris par le Musée fut exécuté d'abord par M. Félix Roguet, puis par M. Bouvard. Le travail, commencé en 1870, fut terminé en 1889.

Mais le Musée semblait encore insuffisant. Un nouvel agrandissement s'imposait : la revente de l'hôtel Lauzun procura des crédits qui permirent de le commencer. Aujourd'hui les constructions encore inachevées offrent un réel caractère d'homogénéité avec les anciennes. Elles ont permis de sauver certains souvenirs précieux. Je citerai par exemple la décoration de l'escalier de l'hôtel de Luynes, préservée par un achat du Conseil municipal après un vœu de la Commission du Vieux Paris, peintures murales dont les pièces numérotées attendaient dans les caves du Musée Galliéra une heureuse mise en place.

Ces nouveaux agrandissements ont été exécutés avec autant de goût et de discernement que les précédents.

Il faut en effet véritablement avoir été prévenu pour s'en rendre compte, lorsque de l'hôtel ancien l'on pénètre dans le délicieux parterre à la française, fleuri, aux entrelacs de buis, — parfaite reconstitution des anciens jardinets de Paris.

Le jardin est entouré de tous les côtés par d'anciens édifices provenant de divers quartiers de Paris et réédifiés avec soin.

C'est d'abord, le long de la rue des Francs-Bourgeois, le

fameux arc de Nazareth. Cet arc, construit sous le règne de Henri II, faisait communiquer l'hôtel de la cour des Comptes avec les Archives situées de l'autre côté de la cour de Nazareth, dans la Cité.

C'est ensuite, au fond du jardin, la belle façade du *Bureau des Marchands Drapiers*, érigé vers 1650 par Jacques Bruant, rue des Déchargeurs, démoli en 1868 par la percée de la rue des Halles et conservé par les soins de l'architecte Roguet. Ce bâtiment, qui comprend un rez-de-chaussée et deux étages carrés avec combles, possède dans la partie du milieu un grand motif décoratif inspiré par les armes de la Ville de Paris (pl. 27).

Enfin, sur la partie droite, s'élève le *pavillon de Choiseul*, qui provient d'un ancien hôtel démoli lors du percement de la rue du Quatre-Septembre. Sa façade est formée par deux grandes baies, l'une au rez-de-chaussée, l'autre au premier étage, le tout couronné d'un comble à la Mansart percé d'une lucarne de pierre : c'est un intéressant spécimen de l'époque de Louis XIV.

Tous ces bâtiments de style divers n'en sont pas moins d'une heureuse harmonie.

Le rez-de-chaussée du musée est consacré à l'archéologie parisienne. Nous y remarquerons, dans notre course rapide, une intéressante *Nymphe de la Seine*, en pierre, de l'époque romaine, qui fut trouvée dans les fouilles de l'Hôtel-Dieu, et surtout une très curieuse statuette en bronze, représentant Charlemagne à cheval, contemporaine de l'Empereur lui-même; cette œuvre, spécimen extrêmement rare de l'art du xie siècle, provient du trésor de la cathédrale de Metz, après avoir passé par plusieurs mains depuis la Révolution et avoir échappé, non sans quelque dommage, à l'incendie de l'Hôtel de Ville en 1871 [1].

---

1. Cf. André Michel, *Histoire de l'Art*, t. I, 2e partie, p. 835.

MUSÉE CARNAVALET

Pl. 33.

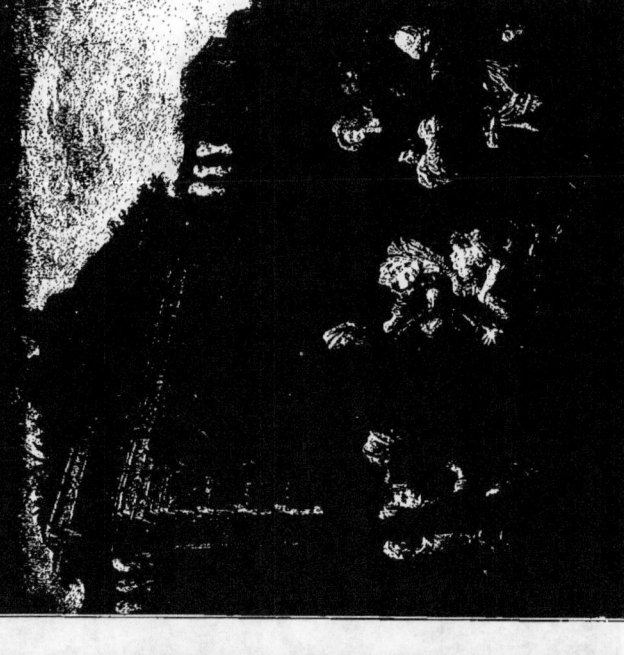

PORTRAIT PRÉSUMÉ DE MADAME CHARDIN
(École du XVIIIe siècle).
(Page 104.)

E. JEAURAT. DISPUTE A LA FONTAINE
(Page 105.)

MUSÉE CARNAVALET   Pl. 34.

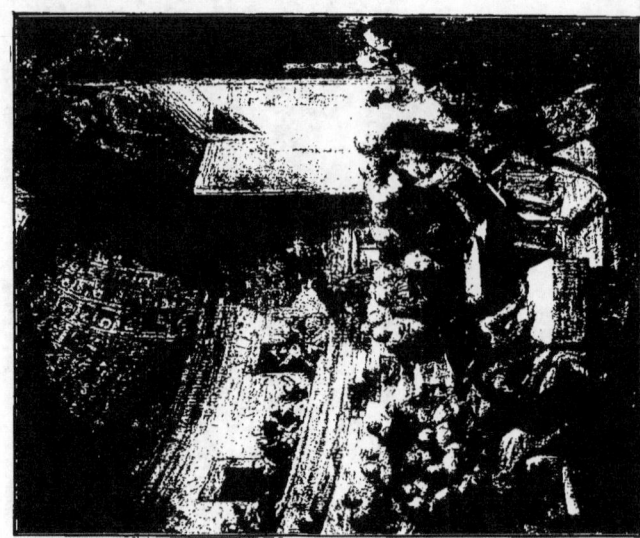

F. BOUCHER. — ÉTUDE
(Page 107.)

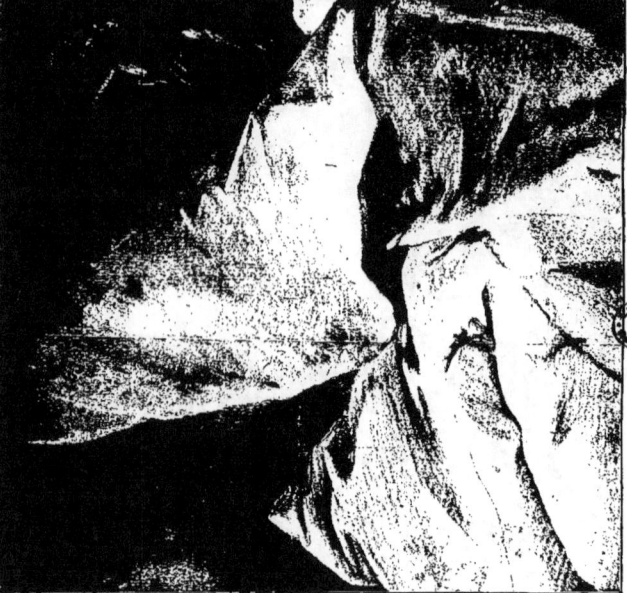

G. DE SAINT-AUBIN. — POSE DE LA PREMIÈRE PIERRE
DE L'ÉCOLE DE CHIRURGIE. 1774
(Page 105.)

Les arcades qui entourent la seconde cour intérieure, abritent encore un musée lapidaire assez considérable, qu'on projette de transporter aux Bernardins.

Montons maintenant au premier étage du Musée, par le grand escalier à rampe de fer forgé, dont la porte se trouve à gauche au fond de la cour d'entrée.

Si, arrivés au palier, nous tournons immédiatement à droite (négligeant, en face de nous, les galeries consacrées à l'histoire de Paris que nous retrouverons plus tard), nous pénétrons dans les appartements de la marquise de Sévigné par leur ancienne galerie d'entrée.

Celle-ci, décorée de boiseries anciennes très sobres, est aujourd'hui ornée d'une belle collection de faïences, surtout de faïences de Rouen, provenant du fonds Liesville.

A son extrémité, nous remarquons un beau portrait de Voltaire jeune, par Largillière (pl. 30) ; deux autres effigies du grand écrivain l'accompagnent, ainsi que des estampes le représentant également, dans une vitrine qui contient aussi l'écritoire de J.-J. Rousseau et un autographe de Lakanal.

Nous entrons ensuite dans le salon de Mme de Sévigné (pl. 29) ; là, comme le rappelle une notice apposée au mur, « elle régna dix-neuf ans sur cette société polie dont ses lettres sont l'éblouissante chronique, au milieu d'une petite cour de familiers qui avaient nom Retz, La Rochefoucauld, Arnauld de Pomponne, Séguier, Turenne, Condé, Bossuet, Bourdaloue. »

Dans la disposition de cette pièce, relativement petite, rien n'a été changé ; seuls le plafond et les trumeaux ont disparu ; au mur, un ravissant portrait de Mme de Grignan par Mignard, est venu reprendre sa place : la marquise en a parlé dans ses lettres.

Dans une vitrine, nous pouvons parcourir une lettre de

Mme de Sévigné à sa fille, écrite de sa main, puis un autographe de Kernevenoy, le propriétaire qui a donné son nom, ou plutôt son surnom à l'hôtel.

Divers souvenirs de l'époque de Louis XIV et une jolie miniature de la marquise, d'après Mignard, achèvent de compléter cet ensemble.

A notre gauche, un petit cabinet, tout éclatant de porcelaines et de faïences rares, aménagées avec un goût charmant, attire les regards; c'est un ancien escalier qui a été condamné et qui maintenant sert de refuge à ces bibelots précieux et fragiles qu'une fort belle grille de fer forgé protège contre l'approche de la foule.

A l'extrémité du salon, voici un autre petit cabinet, tout tapissé, celui-là, de ravissantes boiseries Louis XV « aux chinois » jaune et or, d'un *rococo* délicieux, aux ornements compliqués entourant glaces et jolies peintures, et qui viennent peut-être de l'hôtel Lariboisière. Sur un meuble Louis XVI, une curieuse horloge fait revivre la *Samaritaine* du Pont-Neuf, à la fin du xviii® siècle (pl. 32).

Nous entrons maintenant dans les appartements du marquis, fils de Mme de Sévigné. Sur les boiseries grises très fines, de fort belles toiles attirent aussitôt nos regards, et, en premier lieu, au fond de la pièce, un portrait de Théroigne de Méricourt, d'une très belle exécution, dont on a pensé que Vestier pouvait être l'auteur, ainsi qu'une autre figure de femme, provenant du legs Rothschild, que sa perfection avait fait attribuer à Chardin, et qu'on disait être Mme Geoffrin ; elle semble en réalité sortir du pinceau d'Aved, ami de Chardin, et représente probablement la deuxième femme de ce dernier (pl. 33).

D'autres tableaux, scènes ou portraits, méritent encore qu'on les regarde avec attention : la *Dispute à la fontaine* de

Jeaurat (pl. 33), un bon portrait de Rousseau, celui de Comus, pastel de Lenoir, légué par Mme Ledru-Rollin (on sait que Comus était le grand-père du célèbre homme politique); un très intéressant dessin, rehaussé d'aquarelle, œuvre de Gabriel de Saint-Aubin, représente *Louis XVI posant la première pierre des Écoles de Chirurgie* (pl. 34).

Dans la vitrine centrale, des biscuits, dont un buste de Marie-Antoinette, d'après Pajou, à côté desquels nous remarquerons un éventail où sont retracés les embarras du Pont-Neuf au xviiie siècle, un portrait de Zamor, le nègre de Mme du Barry, et une suite de médaillons en terre cuite dus à Renaud, artiste de valeur dont on connaît peu d'œuvres.

Dans la petite salle voisine, où l'on a placé le buste de Faucou, qui fut conservateur du musée pendant un an et demi, un curieux dessin de Boilly, au trait, représente le départ des coucous, place de la Concorde.

Bien que de peu d'étendue, la salle consacrée au théâtre, dans laquelle nous arrivons maintenant, mérite que nous nous arrêtions pour l'examiner à loisir.

Ce qui nous frappe d'abord, en entrant, c'est l'escalier tout tapissé d'affiches, et sur les montants duquel se détachent, dans leur comique aigu, des statuettes de terre cuite, par Dantan, représentant des acteurs autrefois en vogue.

Le musée est très riche en œuvres du célèbre et étonnant caricaturiste. En outre des charges théâtrales que nous trouvons ici, en outre d'une énorme quantité de ces terres cuites célèbres quelque peu entassées dans une des salles du rez-de-chaussée consacrées au xixe siècle (que nous parcourerons tout à l'heure), une pièce entière des réserves est remplie (il y a un certain nombre de doubles) de ces caricatures d'une verve si endiablée, si vivantes, et quelquefois si cruelles.

La salle du théâtre, en outre de ces terres cuites, contient en premier lieu des portraits d'acteurs ou d'actrices connus ; des tableaux d'abord : un très vivant portrait de Mlle Maillard, la déesse Raison de 1793, par Garneray ; au-dessus, un peu noirci, celui de Mlle Duclos, peinte par Grimou ; en face, un peu haut, un pierrot, qui est Debureau. Voici maintenant une statuette de Mlle Thénard, par Houdon ; un biscuit représentant Rachel ; un plâtre : Déjazet dans le rôle travesti de Richelieu ; une très belle gravure anglaise en couleurs, le portrait de la signora Baccelli.

Des œuvres, précieuses à la fois pour l'histoire du théâtre et pour celle de Paris, nous documentent exactement sur le boulevard du Temple, où un autre tableau, peint par Rollin, représente également la parade de Bobèche et de Galimafré ; sur le passage des Panoramas en 1820 ; sur les exercices du cirque Franconi, et même, en remontant plus haut, sur la foire Saint-Laurent (gouache de 1786).

Les souvenirs provenant d'artistes connus retiennent aussi l'attention : voici le glaive de Talma, la montre de Rachel, l'éventail de la Contat, à côté de deux aquarelles représentant la jolie actrice, une belle miniature reproduisant les traits de Mlle Georges, etc., etc.

Enfin, une vitrine est consacrée aux trois Dumas, composée de portraits, de photographies, et d'autographes intéressants.

La chambre de l'abbé de Coulanges, où nous débouchons en sortant de la salle du théâtre, a été consacrée presque tout entière aux modes : « délicieux et chatoyant fouillis d'étoffes, a écrit M. Georges Cain[1]. Dans une large vitrine, les lampas

---

1. *Figaro illustré* d'avril 1909, consacré au Musée Carnavalet.

MUSÉE CARNAVALET

Pl. 35.

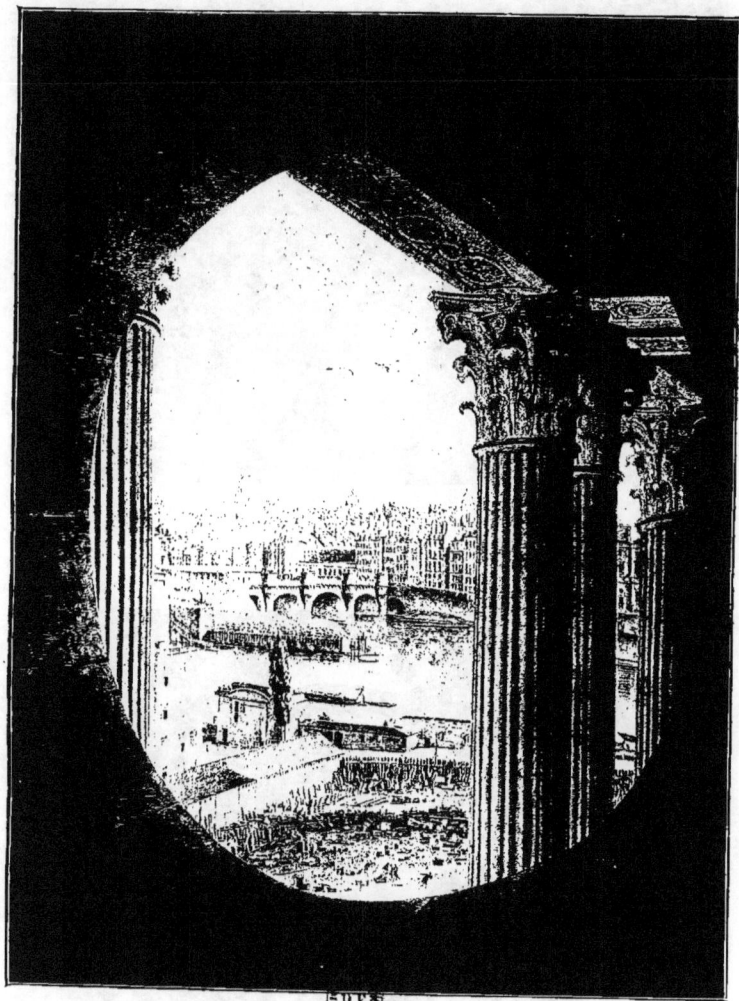

Photo Lemare.

V.-G. NICOLLE. — VUE DU PONT-NEUF PRISE DU LOUVRE VERS 1810
(Page 108.)

MUSÉE CARNAVALET   Pl. 36.

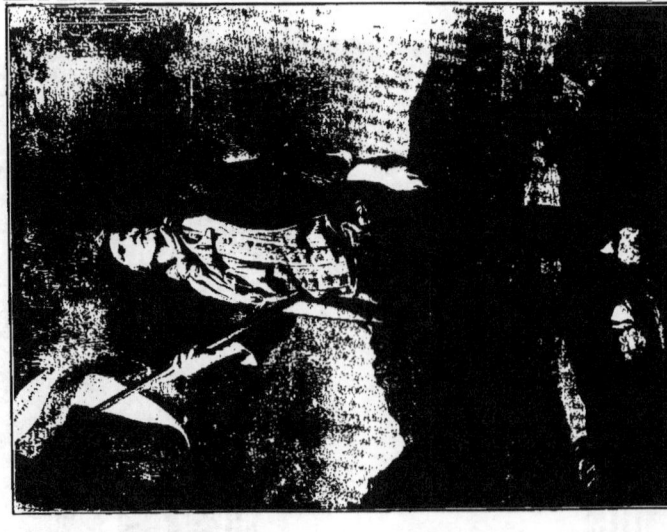

J. BOILLY. — LE PORTE-DRAPEAU A LA FÊTE CIVIQUE
DE LA LIBERTÉ DE LA SAVOIE (1792)
(Portrait de l'acteur Chenard).
(Page 108.)

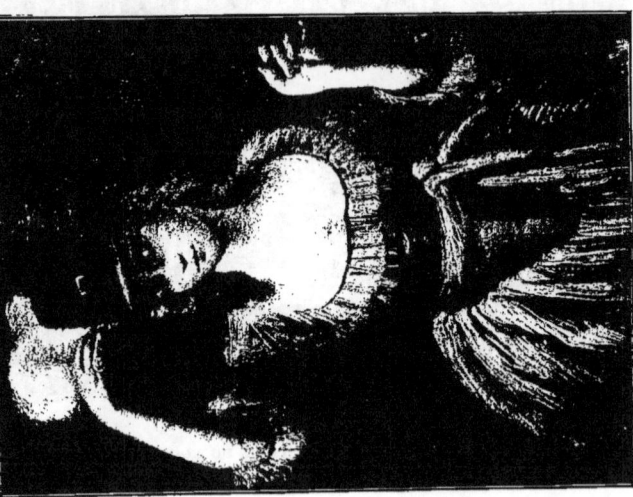

THÉROIGNE DE MÉRICOURT
(Page 111.)

de Louis XIV, les soies changeantes de Louis XV, voisinent avec les barquines, les robes transparentes, les fourreaux de gaze où les Merveilleuses du Directoire promenaient leurs grâces, laissant deviner tout ce qu'elles ne faisaient pas voir ; les chapeaux surchargés de dentelles d'or, de plumets, de coques... Ces habits à taille courte mais à longues basques, furent portés par les Muscadins de l'an III, se ruant, le « pouvoir exécutif » au poing, à l'assaut des sectionnaires, hurlant la *Carmagnole* ».

Voici d'authentiques bonnets rouges, des souliers tricolores portés à la fête de la Fédération, une ceinture de jeune fille faite pour les pompes funèbres de Voltaire transporté au Panthéon, des bas ornés d'attributs... Voici des pièces historiques : le loto de Marie-Antoinette, les gants destinés à Napoléon Ier le jour du sacre, le hochet authentique du roi de Rome (acheté autrefois à sa nourrice et que Mme Tinthouin a donné au Musée), la robe de baptême du prince impérial...

Au milieu de la vitrine trône un sardonique Voltaire, au bonnet phrygien, curieuse maquette contemporaine de l'illustre écrivain (pl. 39), entourée de poupées vêtues à la mode de Louis XV, de peignes, d'éventails, de boutons à devises, de mille bibelots anciens... Aux murs deux bons tableaux : un portrait de Lucile Desmoulins, par Boilly, et une *lingère* attribuée à Jeaurat (don de M. Maciet) ; une rarissime épreuve avant la lettre de la *Promenade publique* de Debucourt, un pastel de Boucher, un rien exquis, « une étude de pied nu de femme se détachant, rose, sur une soierie verte, résumant en sa grâce exquise, tout l'art charmeur de ce peintre de la beauté[1] » (pl. 34).

Notons enfin d'autres pastels, d'autres tableaux de la même

---

1. G. Cain, *loc. cit.*

époque, des sanguines de Watteau, des dessins de Saint-Aubin, de Demachy, etc.

Dans la salle voisine (pl. 31), nous remarquons trois jolis Boilly : le célèbre *Départ des conscrits*, si plein de vie et si charmant de couleur (pl. 37) ; une curieuse et très fine peinture sur verre représentant le Pont royal vers 1800 ; enfin, un superbe portrait de l'acteur Chénard, habillé en sans-culotte, un drapeau à la main, à l'occasion de la fête civique de la liberté de la Savoie (pl. 36).

Deux Hubert-Robert décorent les panneaux du fond. Près de celui de gauche, un tableau d'un grand intérêt documentaire représente l'intérieur de l'atelier de David en 1804 ; il fut exposé au salon du temps ; le maître y est reconnaissable à la grosseur qui lui déforme la joue ; on y remarque aussi le *Patrocle* que copiaient les débutants.

Citons encore enfin un bon portrait de Quesnay et une belle gouache attribuée à Mallet : la *Patrie en danger* ; une extraordinaire vue du Pont-Neuf, prise d'un œil de bœuf de la colonnade du Louvre (pl. 35), etc. Sur la cheminée, une pendule révolutionnaire datée de 1795 et portant la division décimale, est une pièce à la fois curieuse et jolie.

La petite salle voisine est consacrée aux souvenirs du premier Empire. La pièce capitale est le nécessaire de campagne de Napoléon Ier légué par le général Bertrand, qui occupe plusieurs vitrines. Il est là, au complet, avec sa gaîne, et il n'est point besoin d'insister sur le prodigieux intérêt historique de ces gobelets, de ces fourchettes, de ces cuvettes, de ces casseroles, de cette cafetière, de cette bouillotte, de ces chandeliers de vermeil, qui ont accompagné l'Empereur dans sa triomphante randonnée à travers l'Europe.

Dans une petite vitrine près de la fenêtre, dons du baron

Larrey, deux masques mortuaires se font face : celui du Père et celui du Fils ; et, instinctivement, on cherche, dans les traits amaigris de l'Aiglon la ressemblance, qui d'ailleurs est manifeste, avec le profil de Napoléon, d'une impérieuse beauté dans la sérénité de la mort. Ce dernier est une épreuve de l'œuvre connue d'Antommarchi ; le masque du duc de Reichstadt est dû à la générosité de M.-E de Rosemberg ; un fragment du saule qui ombragea la tombe de Sainte-Hélène y a été joint. Des tableaux, des dessins, des gravures de grand intérêt complètent cette salle dominée par le souvenir de l'Empereur : une toile, attribuée à Gros, représente la réception à Notre-Dame des drapeaux pris à Austerlitz ; un très joli dessin rehaussé montre l'exposition des produits de l'industrie en l'an IX ; un médaillon de Chinard fait revivre Bonaparte, que représente également un biscuit, don de M. Bichet, etc.

La vaste salle de la Bastille, où nous pénétrons maintenant, fait grande impression (pl. 38) : au centre se dresse une réduction de la célèbre prison, autour de laquelle court une vitrine remplie de souvenirs du plus puissant intérêt. Trois hautes armoires l'encadrent ; elles portent sculptées sur leurs panneaux des emblèmes révolutionnaires ; sur deux d'entre elles, on remarque même des scènes entières, en particulier la prise de la Bastille.

Ça et là, des drapeaux pendent, drapeaux de sections ou drapeaux de compagnies d'émigrés, réunis côte à côte dans cette salle où aux souvenirs de 89 et de la Terreur se mêlent les trophées des gloires militaires de la Première République.

Et partout des pièces historiques uniques attirent les regards, passionnent l'historien, font penser le promeneur : voici, de la main de Louis XVI, l'ordre de cesser le feu, adressé aux Suisses le 10 août, la pièce réelle, autographe, qui consomma la chute de la royauté. A côté d'elle voici l'écriture du marquis de Sade, voici de véritables lettres de cachet, et voici le mémoire de Latude, le légendaire prisonnier de la Bastille.

De Latude, les souvenirs sont précieux et nombreux ; à droite de la haute cheminée ornée d'une panoplie et toute parsemée de souvenirs révolutionnaires, son portrait par Vestier apparaît, portrait qui fut exposé en 1789 et 1791 et eut un tel succès que l'auteur le grava (c'est le seul exemple d'une gravure de Vestier ; une épreuve figure à côté de la toile). Latude y paraît de face, désignant du doigt, derrière lui, la Bastille qu'on est en train de démolir (pl. 38). Sous le portrait, voici l'échelle authentique qui servit à son évasion ; elle fut offerte en 1791, dans la cour du Louvre, à la curiosité de la foule qui se rendait au Salon, où étaient exposés tableau et gravure.

A côté des souvenirs de ce personnage connu mais épisodique, ceux qui touchent aux premiers grands rôles de la Révolution revêtent un intérêt plus poignant. Nous touchons du doigt la tabatière de Danton, à côté d'un autographe qu'il rédigea en qualité de président du district des Cordeliers. Le livre qui s'ouvre là a été porté par Charlotte Corday, qui y a laissé quelques lignes de son écriture. La jolie femme que représente cette miniature, c'est la princesse de Lamballe. Ce portrait est celui de Marceau, peint par son beau-frère Sergent ; il fait pendant à celui de Barbaroux. Ce buste grossier, sur une armoire, est celui de Marat : une de ces œuvres populaires qu'on exposait aux carrefours. Cette table des Droits de l'Homme, pendue aux murs, a été fixée à ceux de la Convention et a présidé aux séances tumultueuses et dramatiques...

Deux vitrines contiennent des armes : ce sont des sabres de conventionnels en mission, à côté de ceux de Masséna et du général Gardanne ; le pistolet de Saint-Just fait pendant à l'épée

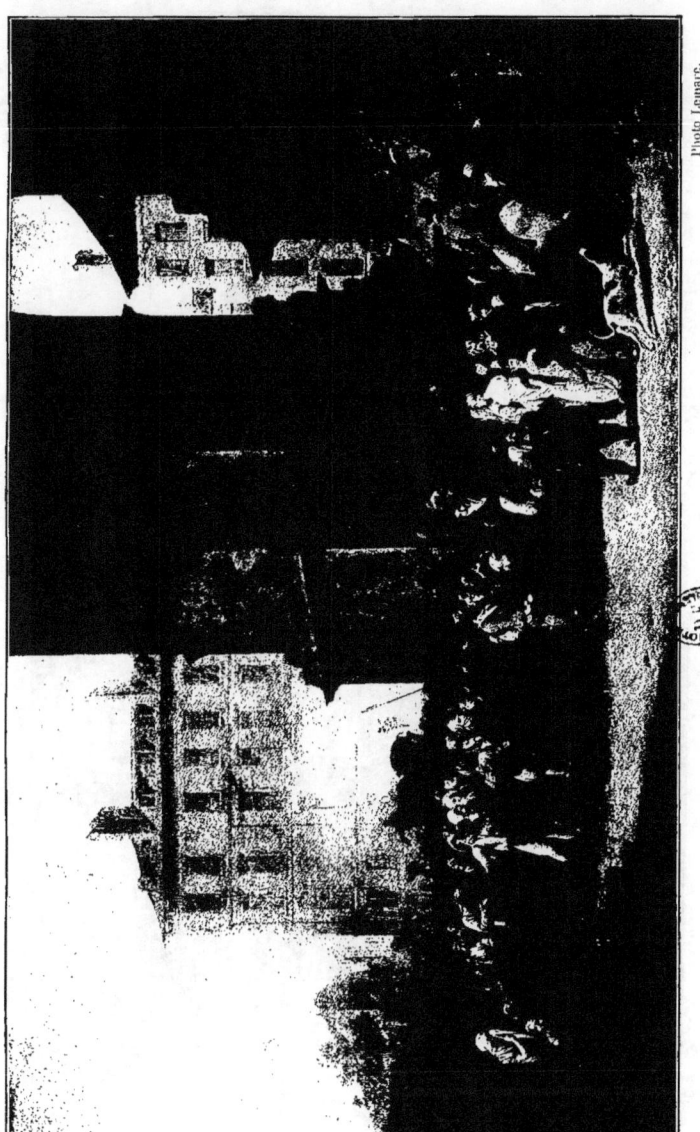

J. BOILLY. — DÉPART DES CONSCRITS EN 1807
(Page 108.)

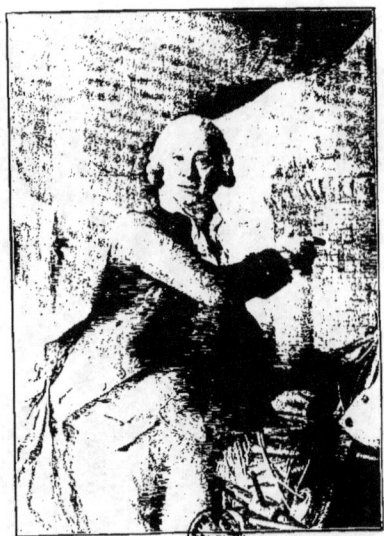

A. VESTIER. — PORTRAIT DE LATUDE
(Page 110.)

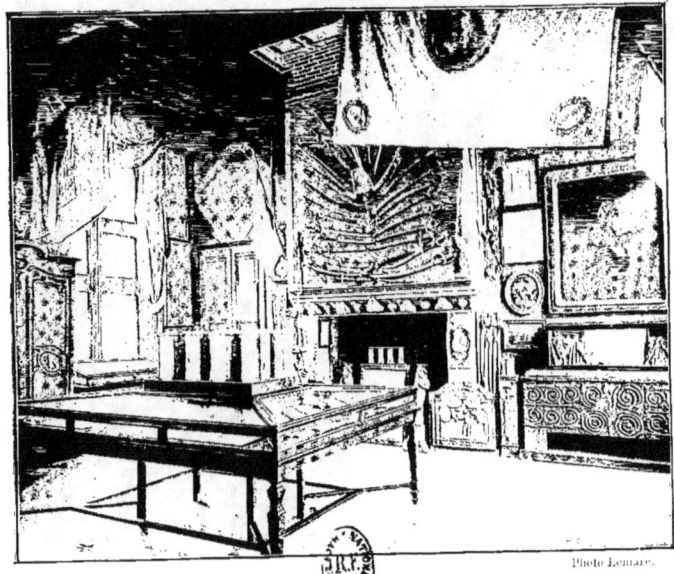

SALLE DE LA BASTILLE
(Page 109.)

de La Tour d'Auvergne. Cette autre est remplie de livres à reliures révolutionnaires ; on dit que l'une d'elle, une constitution de 93, serait faite de peau humaine...

Dans les galeries qui suivent, ce sont encore et toujours de nombreux, d'innombrables souvenirs de l'époque révolutionnaire, où des objets historiques d'un intérêt capital voisinent avec des œuvres qu'inspira l'esprit de ces heures grandioses et troublées, et qui sont de la plus haute curiosité. Nous devons presque ici nous borner à une trop sèche et trop rapide énumération.

Au mur ou dans les petites vitrines qui courent le long des fenêtres, des portraits, des bustes, des médailles, des scènes, des esquisses se succèdent, entremêlés d'insignes, de hausse-cols, de boutons, d'assiettes, d'objets multiples qui à eux seuls font revivre une époque, de souvenirs aussi extraordinaires que ceux de la salle voisine. Citons le portrait de la sœur de Marceau, joliment dessiné par son mari Sergent, celui de Théroigne de Méricourt, au physionotrace, qui, en outre du procédé curieux, a le rare mérite de la représenter de façon sûre (pl. 36).

Arrêtons-nous devant ces cheveux de Robespierre, que renferme un médaillon inscrit dans un triangle, devant ce couvert d'argent, au chiffre de Danton...

Un dessin, représentant l'exécution de Louis XVI, nous montre la place exacte où le malheureux roi fut guillotiné. Un portrait de femme est celui de la sœur de Marat. La vitrine contient ensuite tout un ensemble de souvenirs d'Hubert Robert, datant du moment où il était emprisonné ; une aquarelle, signée de lui-même, le représente dans la prison de Sainte-Pélagie.

Une puissante esquisse de David, où gît livide la tête de Marat, est une étude pour le tableau célèbre qui montre l'Ami du Peuple assassiné dans sa baignoire. Un dessin au crayon rehaussé de Wille fils mérite, par son extraordinaire intensité de vie, de sauver de l'oubli un personngae très secondaire, l'adjudant général Ghost. Un remarquable dessin gouaché de Leguay est consacré aux préparatifs de la Fête de la Fédération.

Ces galeries de la Révolution sont particulièrement riches en autographes d'hommes connus, qu'accompagnent souvent des portraits, (assez souvent des médaillons de terre cuite), des scènes où ils paraissent, des objets qui leur ont appartenu, des médailles où ils sont représentés. C'est ainsi que nous trouvons des lettres ou au moins des signatures de la main de Collot-d'Herbois, Couthon, Fouquier-Tinville, Théroigne de Méricourt, Condorcet, Mirabeau, Bailly, Manuel, Marie-Antoinette, Chaumette, Robespierre, Billaud-Varennes, Fouché, Gensonné, André Chénier, Lafayette, Fabre d'Églantine, Pache, Henriot, Guillotin, etc...

Dans la pièce suivante, toujours en forme de galerie, dont il faut remarquer les belles boiseries de style Louis XV ainsi que le plafond, en face d'une cheminée dont la garniture, du plus pur style révolutionnaire, est une curiosité rare, deux fauteuils historiques retiennent l'attention et donnent prétexte à d'infinies méditations.

Lequel est le plus plein de souvenirs pathétiques, le siège où Voltaire est mort, ou la « chaise roulante », garnie de velours citron passé, où se traînait le terrible conventionnel Couthon : « ce devait être, a écrit M. G. Lenôtre, un effrayant spectacle que ce débris d'homme, roulant avec un bruit de crécelle, les bras agités d'un perpétuel mouvement de rotation horizontal, le corps penché en avant, les jambes mortes, enveloppé de couvertures, suant, criant : « Gare ! » emporté par sa machine à travers la foule qui s'écartait stupéfaite, déconcertée du contraste entre l'aspect pitoyable de cet infirme et la terreur qu'inspirait son nom, plus redouté, peut-être, que celui de Robespierre : « Couthon ! c'est Couthon ! »...

Poursuivons notre promenade trop rapide dans ces galeries de la Révolution, au milieu desquelles se dresse le buste de M. de Liesville, à la générosité duquel le musée doit tant de ces merveilles.

De chaque côté, des vitrines contiennent des porcelaines de Sèvres portant des emblèmes ou des scènes révolutionnaires : parmi elles on remarque la fameuse *tasse à la guillotine* (pl. 39).

Et toujours des portraits, des bustes, des miniatures, des biscuits, des croquis, des scènes, des médailles, des assiettes, toujours des souvenirs, jusqu'à la porte du fond que surmonte une affiche : « Ici on se tutoie et on s'honore du titre de citoyen ». Remarquons le portrait de Robespierre, donné par M. Clémenceau ; des tableaux de Demachy et Lallemand représentant des épisodes de la Révolution ; deux très beaux crayons reproduisant les traits de Mme Roland enfant et de sa mère ; le général Doppet par Chinard ; un médaillon de cire où l'on voit la famille royale ; une jolie aquarelle ayant pour sujet la Fête de la Fédération, enfin un curieux autographe où Rousseau témoigne d'un caractère passablement maussade.

Les deux salles voisines sont les principales pièces mêmes, transportées et réédifiées au musée, de l'hôtel Daugeau, qui s'élevait place Royale (place des Vosges) ; elles présentent de fort belles peintures dues à Charles Lebrun et à François Perrier.

Parmi de beaux portraits du XVIe siècle, où l'on remarque des Clouet ainsi que des Lagneau. dus à la générosité de M. Maciet, se dresse, environnée de drapeaux, une effigie en cire d'Henri IV, exécutée à l'occasion des funérailles de ce Roi (pl. 32).

Une série de salles consacrées à la topographie parisienne nous ramènent alors à l'escalier par lequel nous sommes arrivés, au début de notre visite.

Elles contiennent d'inestimables documents sur l'histoire de Paris, qui sont souvent d'inestimables œuvres d'art. Nous les parcourerons rapidement, mais nous devrons nous borner à citer sans commentaires des pièces les plus belles, les plus curieuses ou les plus instructives. Chacune mériterait qu'on s'y arrêtât et qu'un spécialiste décrivît d'après elle l'histoire du coin de Paris qu'elle fait revivre à cent, deux cents, trois cents ans et plus de distance. Ou plutôt, il faudrait que M. Cain, l'éminent conservateur, avec le charme souriant de sa conversation et son omniscience parisienne, s'arrêtât avec nous devant l'une et devant l'autre et nous contât l'anecdote (ou les anecdotes) que chacune de ces toiles ou de ces dessins fait naître spontanément sur ses lèvres[1].

Dans la première que nous rencontrons, nous trouvons un certain nombre de vues du Paris moderne, puis d'autres remontant plus avant dans le xix⁰ siècle, comme celles du *Pont-Marie en 1825* par Mozin, du *boulevard Poissonnière en 1834*, par Dagnan ; des *Fossés de Vincennes*, par Corot ; de la place Maubert, des Carmes, de la rue Galande.

Des vitrines contiennent, les unes, une très belle collection de tabatières historiques donnée par M. Alphonse Maze, les autres de splendides porcelaines de l'époque de la Révolution et du Consulat, ces dernières décorées de curieuses vues de Paris.

Dans les salles voisines, remarquons, en passant, un projet de décoration pour l'*Éléphant de la Bastille* « sorte de fontaine

---

1. C'est ce qu'il a fait pour les lecteurs du *Figaro illustré* d'avril 1909, avec un intérêt qui ne se dément pas.

Pl. 39.

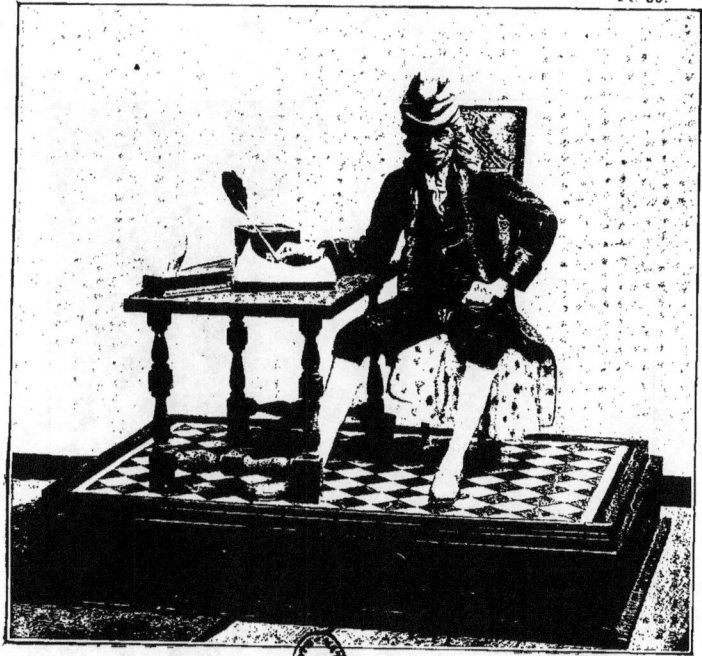

VOLTAIRE DANS SON CABINET DE TRAVAIL
(Maquette en pâte colorée. 1778). (Page 107.)

TASSE ET ASSIETTE A LA GUILLOTINE
(Page 113.)

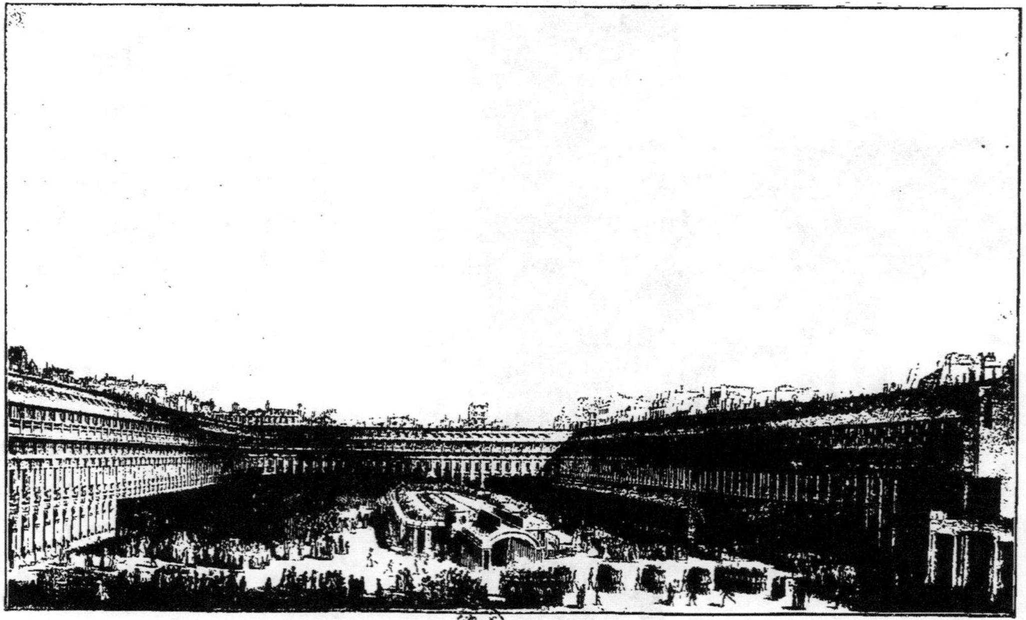

MUSÉE CARNAVALET

Pl. 40.

LE JARDIN DU PALAIS ROYAL EN 1791
(Aquarelle par le chevalier de Lespinasse).
(Page 115.)

Photo Lemare.

LES COLLECTIONS HISTORIQUES

monumentale et ridicule qui, pendant un certain temps, s'éleva sur la place de la Bastille », une belle *Vue des ruines de la foire Saint-Germain*, après son incendie, par Demachy ; puis une grande *Vue de Paris en* 1630, don de M. Sedelmeyer ; une vue de l'hôtel de Salm ; enfin une esquisse du *Décintrement du pont de Neuilly*, le chef-d'œuvre d'Hubert Robert, qui obtint un tel succès au salon de 1775.

Dans la salle suivante, une série de croquis de Gabriel et d'Augustin de Saint-Aubin sont autant de documents charmants sur le xviiie siècle : courses de chevaux aux Champs-Élysées, Pont-Neuf, Cours-la-Reine, Tuileries, Salle du jeu de Paume, la *Folie Thélusson*, la Grand'Chambre du Parlement, etc., jusqu'à l'intérieur du café Vendôme où, dit une note manuscrite, « l'auteur passait ses soirées ».

Voici une ravissante aquarelle du chevalier de Lespinasse, prise des combles du Palais-Royal et représentant le jardin en 1797, au moment où les premières scènes de la Révolution viennent de s'y dérouler (pl. 40) ; des vues des Champs-Élysées et des Tuileries vers 1808 par Norblin de la Gourdaine (pl. 41) ; une aquarelle représentant l'entrée des Tuileries par le Pont-Tournant...

La galerie où nous entrons contient maintenant une suite de documents très intéressants : c'est une série d'œuvres des Raguenet, qui, selon l'expression de M. Georges Cain, « tenaient dans la Cité (rue de la Colombe) de 1750 à 1775, une véritable fabrique de vues de Paris »; elles apportent une contribution précieuse à l'histoire de la ville ; nous remarquerons en particulier Chaillot et sa banlieue, le Cloître Notre-Dame, l'Hôtel-de-Ville avec la Place de Grève, et surtout, tableau plein de vie et de pittoresque, *La grande joute des mariniers parisiens* entre le Pont au Change et le Pont Notre-Dame.

Une importante réunion de documents sur le Louvre, la Seine, le Pont-Neuf, la place Dauphine, sur ce centre de la vie parisienne au XVIIe siècle, nous fait remonter la vie de la cité, jusqu'à l'intéressante et si vivante *Procession de la Ligue*, sur la place de Grève, le 14 mai 1590.

Notre promenade circulaire nous a ainsi ramenés au seuil des appartements de la marquise et à l'escalier par lequel nous sommes parvenus au premier étage. Sur le palier, une troisième porte, à gauche en sortant de la topographie, ouvre sur l'ancien bureau de Mme de Sévigné.

Il précède lui-même le cabinet du conservateur, et constitue, depuis cette année, une salle nouvelle consacrée à l'aérostation. Des estampes (pl. 42), des éventails, des plats, des tasses, des bonbonnières, des boîtes à poudre, des médailles, des boutons, des vases, des assiettes de faïence ou d'étain y commémorent les efforts faits par les hommes pour conquérir le domaine des airs.

La plupart de ces souvenirs sont relatifs aux essais du règne de Louis XVI. Voici pourtant, dans un angle, la carcasse du ballon *Le Géant*, et remarquons, au mur, des estampes anglaises provenant de la collection Nadar, et représentant des expériences d'aéroplanes en 1843.

Les salles du Musée Carnavalet consacrées plus spécialement au XIXe siècle ont été aménagées au rez-de-chaussée, dans le bâtiment si adroitement juxtaposé à l'hôtel de la marquise de Sévigné. On y trouve accès, soit en traversant les cours, soit en y descendant du premier étage, par un escalier tout tapissé d'anciennes plaques de cheminées, à l'extrémité des salles de la Révolution.

Une vaste et curieuse réduction du Palais-Royal tient tout

le milieu de la première pièce ; elle fut commandée par Louis-Philippe au modeleur Regnard pour être offerte à la reine Victoria. Pendues tout autour, de nombreuses estampes font revivre l'histoire de ce jardin et de ces arcades qui furent si longtemps le cœur vivant de Paris.

Près d'elle, une curieuse maquette représente Saint-Sulpice ; elle est peut-être due à Servandoni ; dans la salle voisine, nous rencontrerons aussi une coupe de la salle des Pas-Perdus du Palais de Justice.

Aux murs, des médaillons de David d'Angers, en grand nombre, représentent ses « contemporains », hommes politiques, gens de lettres, savants, médecins, etc. ; superbe collection qui joint à sa valeur artistique une si grande valeur documentaire...

D'amusants souvenirs, qui constituent déjà de précieux témoins du milieu du xixe siècle, ont été conservés et sont çà et là disposés : un piano-guéridon de l'époque Louis-Philippe, un modèle de diligence, même un fusil de garde national auquel on peut, à la place de la baïonnette, adapter un parapluie que nous voyons tout monté...

Deux masques funéraires attirent l'œil de leur blancheur crue : l'un est celui de Sainte-Beuve, l'autre a été moulé sur la face de Béranger. Du chansonnier si longtemps populaire, le Musée possède encore le fauteuil où il mourut, un fauteuil simple, au velours usé.

Dans les salles suivantes, lorsque nous avons admiré au passage une belle œuvre d'art d'une toute autre époque, le rétable de Saint-Merry (1542), une foule d'autres souvenirs nous ramènent au xixe siècle.

Autour de l'énorme collection des charges de Dantan en terre-cuite, dont nous avons parlé plus haut, différentes vitrines sont disposées.

Dans celles-ci s'entassent les pièces curieuses concernant la Restauration, boîtes, biscuits, etc. On y remarque surtout les « hommages nationaux » offerts au sergent Mercier qui refusa d'expulser Manuel de la Chambre en 1823.

A côté revivent la Révolution de 1830 et la Monarchie de Juillet, sur des boîtes également, sur des tasses, par des décorations, des emblêmes, etc. Voici le premier numéro du Temps, voici une curieuse *charge* en terre-cuite représentant le ministère Polignac, voici l'écharpe de Vidocq, le fameux policier.

Maintenant vient 1848, et les principaux personnages de l'époque sous la forme d'une collection de têtes de pipes (la gloire populaire!) ; ici encore, des cocardes, des insignes de représentants, etc. Aux murs, huit petits tableaux de Champin représentent des épisodes de la Révolution.

D'autres souvenirs complètent cette véritable histoire du XIXe siècle, parmi lesquels nous signalerons en particulier la photographie de Lamartine sur son lit de mort, un bon médaillon en cire du comte de Chambord, et un beau profil de Musset, œuvre originale de David d'Angers.

Citons enfin, parmi les nombreux portraits, ceux d'Alfred de Vigny, en mousquetaire rouge de 1814 ; d'Armand Carrel, par Henry Scheffer ; de Paul et Alfred de Musset par Dufaut ; de Béranger par Ary Scheffer ; de Ledru-Rollin, par Mme Mongez ; deux crayons représentent George Sand ; sur l'un elle figure, jeune, en costume masculin ; sur l'autre elle a été remarquablement croquée par Couture à la fin de sa vie.

Remarquons enfin une intéressante esquisse de Delacroix pour un plafond de l'Hôtel de Ville, brûlé en 1871.

Au fond des salles, apparaît le buste du président Carnot, entouré de drapeaux.

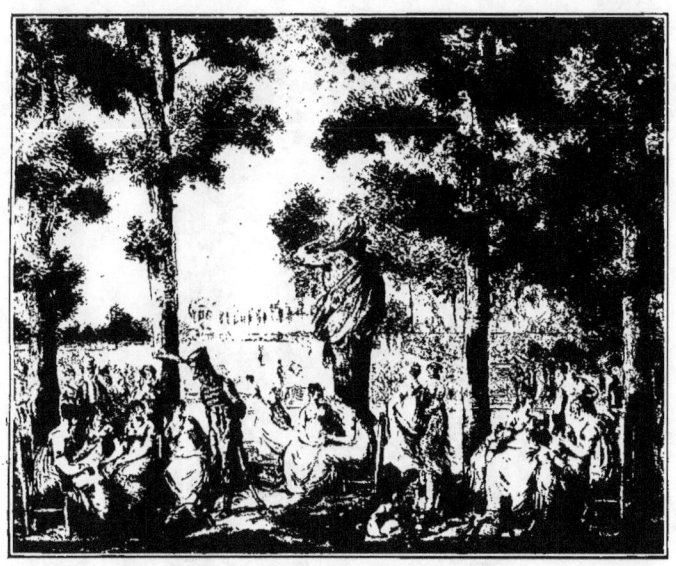

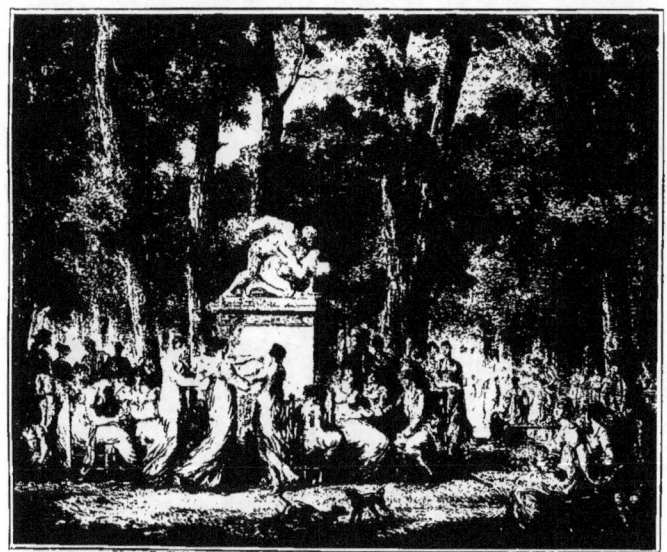

LES TUILERIES VERS 1808
(Dessins à la plume et au lavis par J.-P. Norblin). (Page 115.)

Pl. 42.   MUSÉE CARNAVALET

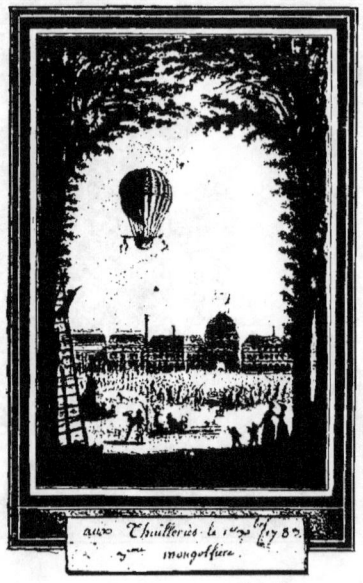

Photo Lemare.
EXPÉRIENCES AÉROSTATIQUES AUX TUILERIES EN 1783
(Dessin au lavis par le chevalier de Lorimier.) (Page 116.)

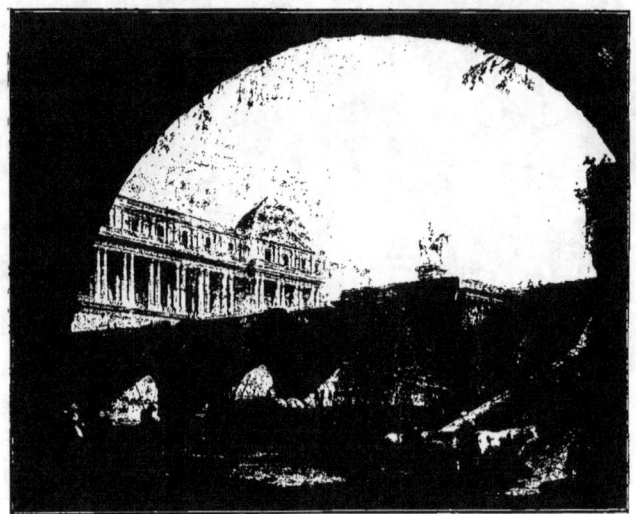

Photo Lemare.
A. DE MACHY. — LE PONT-NEUF ET LE LOUVRE
(Perspective composite). (Page 115.)

Le second étage contient plusieurs salles consacrées au siège de Paris en 1870-71 et à la Commune. Ces « salles du siège » contiennent une foule de souvenirs de toute espèce, souvent émouvants, toujours intéressants, parfois curieux et parfois d'une réelle valeur artistique. C'est tout un monde qui revit sur leurs murs et dans leurs vitrines, un monde si près de nous et déjà si lointain, déjà entré dans l'histoire ! Quelle précieuse réunion de documents inestimables offriront aux historiens de l'avenir qui voudront revivre ces heures tragiques avant de les retracer, ces quelques salles déjà si riches et qu'enrichissent encore chaque jour de généreux donateurs qui se dépouillent au profit du Musée de reliques de famille parfois bien chères.

Les « salles du siège » contiennent d'abord des tableaux, des dessins, des esquisses, des croquis dus au pinceau ou au crayon d'artistes de valeur et qui font revivre avec talent tels types de soldats ou de fédérés, tels coins de Paris, telles scènes journalières ou tel fait historique.

Plusieurs tableaux de Detaille, largement peints, frappent d'abord la vue (pl. 43) ; deux belles œuvres, relatives toutes deux au même sujet : *une cantine municipale pendant le siège,* sont signées l'une d'Henri Pille (pl. 43) et l'autre de Guillaumet ; un impressionnant dessin de Bayard montre le commandant Baroche frappé à mort ; une suite d'aquarelles de Vierge, rapidement et merveilleusement croquées font revivre des types de la Commune ; une série de croquis de Lalanne, d'aquarelles, nombreuses, de Pils, de Clerget ressuscitent toute une époque ; des croquis de Bida présentent en uniforme des personnages connus ; enfin, toute une collection de charges de Nadar, au fusain, viennent jeter une note humoristique au milieu de souvenirs attristants.

A côté des œuvres d'art, les documents : une vitrine est

consacrée au pain du siège dont elle offre de nombreux spécimens ; une autre est toute remplie d'uniformes, quelques-uns presque historiques, comme celui de Carolus Duran ou comme la houppelande de Meissonnier ; celle-ci est consacrée au service des ambulances ; celle-là, qui n'est pas la moins curieuse, aux pigeons et aux ballons ; en voici une qui contient de nombreuses pièces relatives à l'alimentation pendant le siège ; dans cette autre, ce sont des débris retirés des ruines des Tuileries et de l'Hôtel de Ville ; enfin voici des pièces, des médailles, des insignes, des écharpes, des photographies.

Les salles contiennent plusieurs masques mortuaires : Vallès, Flaubert, Victor Hugo, Gambetta, Henri Regnault. Enfin des souvenirs historiques se rapportant à des personnages connus ont été réunis ; deux vitrines sont consacrées à Gambetta ; la maquette d'un monument à Sevestre est entourée de diverses reliques, et les documents, si divers, s'accumulent, du comique au poignant, du bougeoir fait avec la baïonnette de l'acteur Lassouche au Livre d'or des défenseurs de Strasbourg, au registre ouvert au pied de la statue de Strasbourg et couvert de signatures honorant le général Uhrich et ses héroïques soldats.

De nouvelles salles, récemment aménagées[1] avec le goût qui caractérise tout ce qu'entreprend M. Georges Cain, renferment les objets très précieux que le Musée doit à des donateurs ou à des testateurs qui, ces derniers temps, ont rivalisé de générosité[2].

1. Inaugurées, le 24 mars 1911, par M. Bellan, président du Conseil municipal de Paris, en présence de M. Fallières, président de la République (N. de l'E.).
2. La liste en serait longue : citons en première ligne M. Félix Doistau et le regretté Jules Maciet, puis Mme Blavot, M. Stéphane Dervillé, le baron Edmond de Rothschild, M. Edouard Detaille, M. Lepère, Mme Carpeaux, Mme Charles Simon,

On y accède, au premier étage, par la petite salle qui renferme les souvenirs de Napoléon Ier. Dans un vestibule qui les précède, on remarque une vitrine contenant de nouvelles reliques napoléoniennes, données par le comte Beugnot, et deux très beaux bustes du XVIIIe siècle, en terre cuite, placés de chaque côté de la porte.

Celle-ci franchie, l'on est attiré immédiatement vers une sorte de petite pièce, basse et étroite, aménagée au centre du panneau qui fait face à l'entrée : sur des toiles de Jouy dont sont tendus les murs, et qui représentent des scènes de l'époque révolutionnaire, se détachent un lit très modeste, une petite poudreuse d'acajou sans sculpture, deux chaises de paille au dossier en forme de lyre, une table de nuit, de menus objets (pl. 44). Ces meubles, très précieux par les souvenirs qui s'y rattachent, proviennent du Temple ; ils appartenaient à M. Barthelémy, garde des archives de l'ordre de Malte, qui habitait la prison, et dut, dans la nuit du 13 au 14 avril 1792, déloger brusquement, en abandonnant son mobilier dont se servit la famille royale ; il rentra plus tard en la possession de son bien, et c'est sa petite-fille par alliance, Mme Blavot qui vient d'en faire don au musée.

Que de reliques aussi précieuses qu'authentiques ! Mme Elisabeth coucha dans ce lit, qui a conservé sa garniture de l'épo-

---

. Mme Bixio, Mme Deutsch de la Meurthe, M. Charvet, M. Albert Mérat, M. Simon Duplay, le baron de Mesnard, M. Grünewald, le docteur Henry Gillet, Mme Ethys de Corny, la baronne de Fredy, M. Bichet, M. Rodman-Vanamaker, M. J. Doucet, Mme Camille Groult, Mme Boittelle-Batbedat, Mme Leferme, M. Henri Cain, M. Alexandre Curmer, M. René Chauveau, le comte Beugnot, le comte de Beauchamp, M. Matza, M. Chassériau, M. Auguste Boulard, le professeur Pierre Marie, M. A. Mariani. Ajoutons à ces noms ceux de Fabre de Larche, de Mme Francisque, de Lasseux de Chambine, de Rivoire, du docteur Robinet, de Sédille, de Bonnin, dont les legs ont tant enrichi ces salles. Nous n'oublierons pas non plus que le Musée doit le berceau du Prince Impérial à la générosité de S. M. l'Impératrice Eugénie.

que ; Marie-Antoinette s'est servie de cette poudreuse ; ce loto amusait le petit Dauphin ; ce compas, ce tire-ligne, cette réglette, ce théodolite ont servi au roi pour user des heures cruelles...

Cet ensemble unique s'est complété d'un petit pupitre ayant appartenu à Mme Élisabeth (donné par M. Grünewald), d'une collerette de Marie-Antoinette (don du Dr Henri Gillet), d'un petit habit ayant appartenu au Dauphin (don de Mme Éthys de Corny et de la baronne de Fredy), enfin d'un *portrait de la veuve Capet*, signé Prieur (pl. 44).

Au milieu de la salle, un plan en relief de l'enclos du Temple avant la Révolution nous aide à comprendre où logeait la famille royale.

Parcourons maintenant la salle : sur les murs ou le long des murs, nous rencontrons un admirable *Portrait d'inconnu* de Prudhon, un splendide panneau de tapisserie des Gobelins, d'une étonnante finesse, plusieurs portraits de Vestier ; des intérieurs d'église, par Demachy ; des esquisses de Pierre Subleyras ; de beaux portraits de la Réveillère-Lepeaux, d'après Gérard ; de Bailly, maire de Paris, par Mosnier ; de Buzot, au crayon, par Le Guay ; de Maillard, crayon d'Isabey ; enfin un beau portrait de femme, par Tocqué ; puis des vues : une fête de nuit à Trianon, par Châtelet, le *Guichet du Louvre*, par Demachy.

Près de la porte, est placé en faction un garde-française grossièrement sculpté et peint : c'est une curieuse enseigne de recrutement du xviiie siècle.

De l'autre côté de la salle, remarquons un portrait au pastel de Mérimée par Mme Rochard ; deux célébrités du théâtre parisien sous le Premier Empire : Mme Duchesnois par le baron Gérard et Mme Dugazon, par Riesener ; plus loin le janséniste

MUSÉE CARNAVALET

Pl. 43.

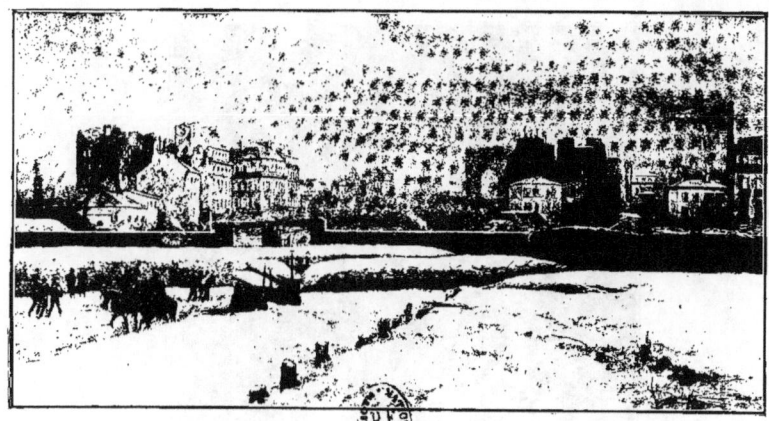

Photo Lemare.
E. DETAILLE. — VUE DE LA PORTE MAILLOT PENDANT L'HIVER DE 1870-71
(Page 119.)

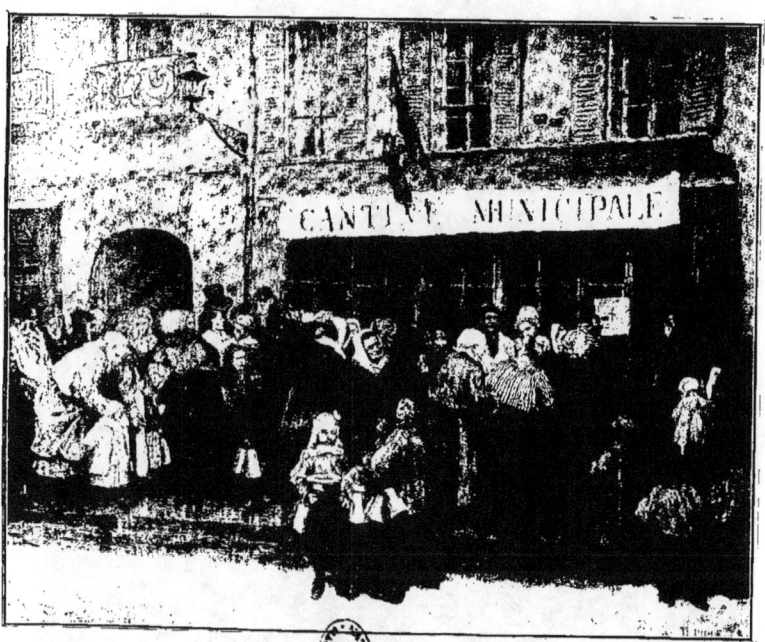

Photo Lemare.
CH.-H. PILLE. — LA QUEUE A LA CANTINE MUNICIPALE PENDANT LE SIÈGE DE PARIS
(Page 119.)

MUSÉE CARNAVALET

Pl 44.

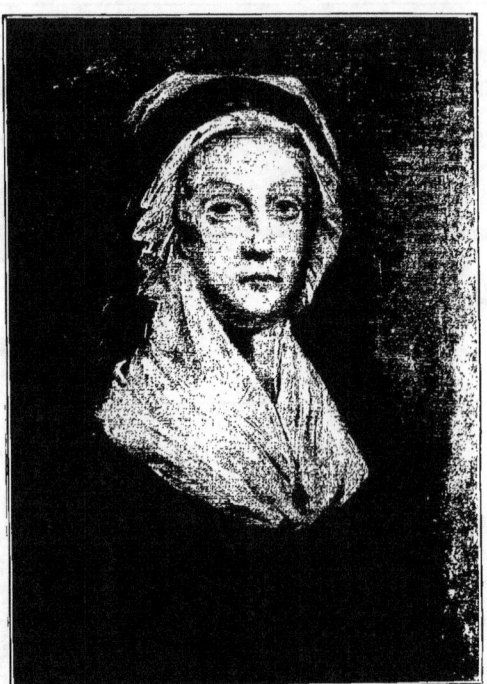

Photo Lemare.
« PORTRAIT DE LA VEUVE CAPET »
(Page 122.)

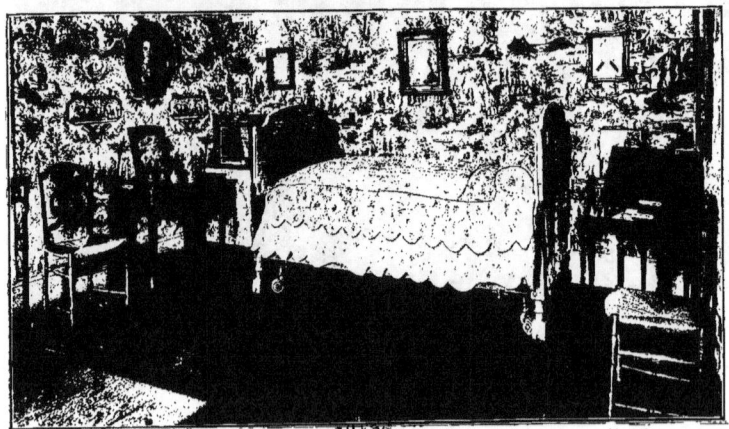

Photo Lemare.
MEUBLES AYANT SERVI A LA FAMILLE ROYALE PENDANT SA DÉTENTION AU TEMPLE
(Page 121.)

Lemaistre de Sacy voisine avec Danton et Éléonore Duplay, fille du menuisier chez qui habitait Robespierre.

Citons encore la vue du *château de Saint-Cloud*, par Troyon ; une *Plaine au nord de Paris* par Georges Michel, la *Maison du Tonnelier*, à Moret, prise par Renoux avant son transfert au Cours-la-Reine ; un joli dessin de Boilly, représentant une *rixe entre muscadins et sectionnaires*, etc.

Les vitrines, elles aussi, renferment des trésors : au fond de la salle, une superbe collection d'éventails anciens attire les yeux : c'est un simple choix parmi ceux qu'a légués Mme Francisque. Trois grandes vitrines contiennent une partie de l'importante réunion des objets et souvenirs révolutionnaires laissés par Fabre de Larche; on y remarque en particulier une paire de boucles d'oreille « à la guillotine ».

A l'extrémité de la grande salle, un escalier monumental permet de descendre au rez-de-chaussée ; il est admirablement décoré de peintures murales provenant de l'hôtel de Luynes, exécutées en 1748 par les Brunetti père et fils ; elles représentent, accoudés à des balcons qui reproduisent la rampe de l'escalier, des personnages vivants et joyeux entre de hautes colonnes qui ouvrent de larges échappées sur des jardins verdoyants et donnent à la fresque beaucoup de profondeur (pl. 45).

Ces peintures, de tout premier ordre, durent être sciées dans la pierre, pour échapper aux démolisseurs de l'hôtel dont elles décoraient l'escalier d'honneur; elles furent rapportées morceau par morceau, puis assemblées de nouveau dans ce cadre qu'on créa exprès pour elles et qui les mettra en valeur de façon parfaite quand quelques années auront donné à la pierre une patine indispensable.

Les salles du rez-de-chaussée contiennent un précieux souvenir historique : le berceau du Prince Impérial, offert par la

Ville de Paris en 1856 et dont la générosité de S. M. l'Impératrice Eugénie a enrichi le musée Carnavalet (pl. 46).

A l'autre extrémité de la pièce lui fait face un somptueux manteau de l'ordre royal de Saint-Michel et du Saint-Esprit, au chiffre d'Henri III, don du baron Edmond de Rothschild.

Trois plans en relief, représentant l'un la place de Grève, au moment où, le 31 juillet 1830, Louis-Philippe, alors lieutenant-général, la traverse pour se rendre à l'Hôtel de Ville, l'autre l'attentat de Fieschi sur le boulevard du Temple en 1835, et le dernier la mort du duc d'Orléans sur la route de la Révolte, le 13 juillet 1842, ne sont pas, en raison de la perfection minutieuse de leur exécution et des documents extrêmement précieux qu'ils fournissent sur divers aspects de Paris, une des moindres curiosités de cette partie du Musée.

On a pu se convaincre, par ce passage trop rapide au milieu des richesses accumulées, de l'intérêt que présente le Musée Carnavalet.

L'allocation importante mise chaque année à la disposition de M. Georges Cain et de ses collaborateurs par le Conseil municipal permet en outre de l'enrichir progressivement.

L'érudit conservateur qui préside à ses destinées se trouve bien dans son élément ; il y peut déployer tout à son aise ses rares qualités de fureteur, d'homme de goût et de metteur en scène. Grâce à son intelligente activité il ne se passe pas d'année que des dons importants ne soient faits.

Nous nous plaisons à reconnaître que la transformation de Carnavalet a été un grand adjuvant dans la faveur du public. C'est sous l'habile influence de M. Georges Cain que le Musée a pour ainsi dire fait peau neuve, pris cet aspect coquet et séduisant qui fait l'admiration des visiteurs.

MUSÉE CARNAVALET

Pl. 45.

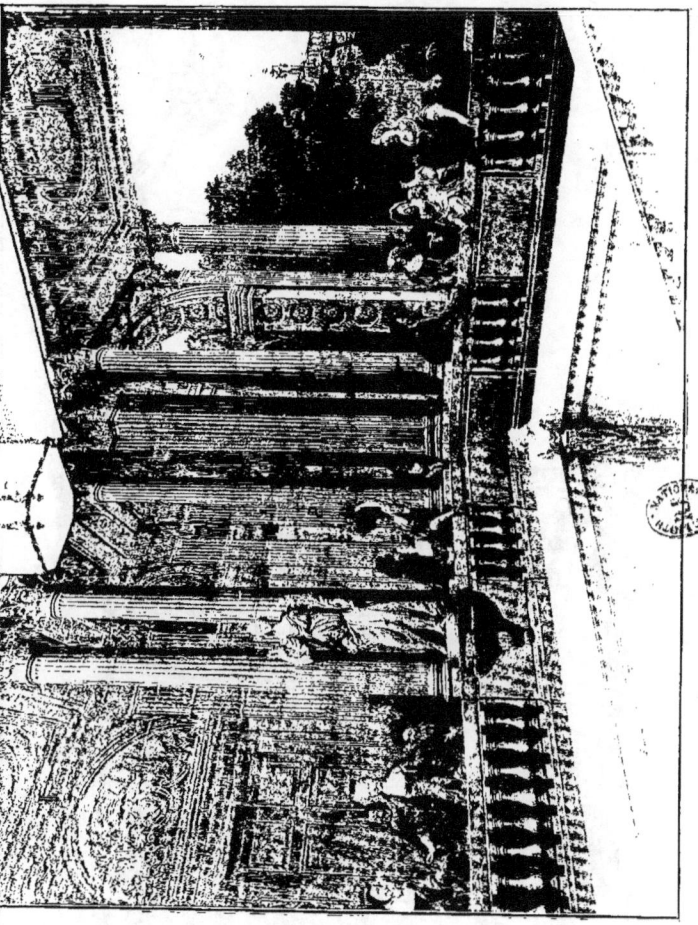

PEINTURES MURALES DU XVIIIe SIÈCLE PAR LES FRÈRES BRUNETTI
(Escalier d'honneur des bâtiments neufs).
(Page 123.)

MUSÉE CARNAVALET

Pl. 46.

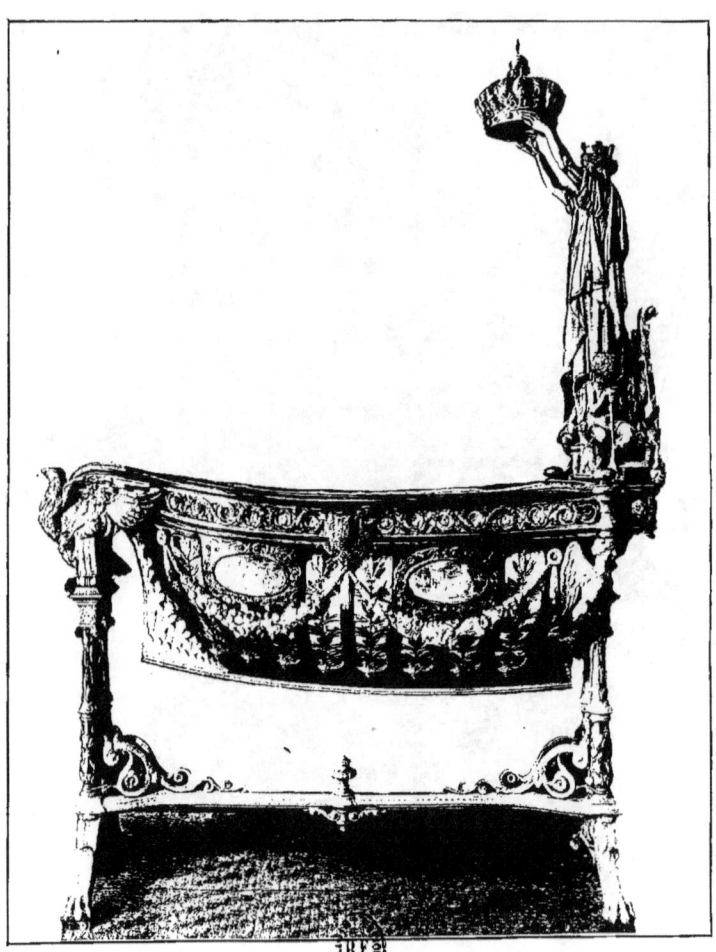

BERCEAU OFFERT PAR LA VILLE DE PARIS EN 1856
A L'OCCASION DE LA NAISSANCE DU PRINCE IMPÉRIAL
(Page 124.)

Avec raison, M. Labusquière, dans un rapport en date du 25 décembre 1899, a pu dire :

« Notre Musée a aujourd'hui sa place marquée parmi ceux qui sont cités et pris pour modèles. Les savants, les collectionneurs, les artistes, tous les épris de ce qui fait revivre le passé, le visitent et l'admirent; le public s'y porte en foule et en sort avec une admiration plus forte, un amour plus grand pour Paris, dont la vie d'autrefois, avec ses épisodes pittoresques ou navrants, ses heures grandioses, glorieuses ou tragiques, vient de passer sous ses yeux en une succession d'estampes, de toiles, de documents, d'œuvres, de souvenirs ordonnés avec art ».

II. — MAISON VICTOR HUGO

Le 21 juin 1901, M. François Froment-Meurice, conseiller municipal de Paris, montait à la tribune et donnait lecture, au milieu d'applaudissements unanimes, d'une lettre de son oncle M. Paul Meurice, l'exécuteur testamentaire et l'un des amis les plus chers de Victor Hugo.

M. Paul Meurice offrait de créer à Paris une *Maison Victor Hugo*, analogue à la maison de Shakspeare à Strafford-sur-Avon et à celle de Goethe à Francfort.

A cet effet, il faisait don à la Ville de Paris d'une collection d'objets de toutes sortes ayant appartenu ou ayant trait à Victor Hugo, s'engageant, en outre des frais d'aménagement et d'installation du nouveau Musée, à mettre à la disposition de la Ville une somme de 50.000 francs.

Il demandait en échange la disposition de la maison portant le n° 6 de la place des Vosges, maison que Victor Hugo avait habitée de 1833 à 1848 au moment de la période romantique, et où il écrivit un grand nombre de ses ouvrages.

Cette maison formait en 1901 l'un des bâtiments d'un groupe scolaire, propriété de la Ville. M. Paul Meurice offrait donc, suivant sa propre expression, « le Musée à Paris, demandant à Paris le cadre pour le Musée ».

Quelle était cette maison (pl. 47) qui allait devenir une des curiosités de la capitale ?

M. Lucien Lambeau, l'érudit archiviste du Conseil municipal, secrétaire de la Commission du Vieux Paris, nous l'a appris dans un travail très documenté qu'il fit sur la place des Vosges, — communication présentée à la Commission du Vieux Paris les 23 octobre et 18 décembre 1902.

Le n° 6 de la place des Vosges était l'hôtel de Guéménée.

Le 4 juin 1603, l'emplacement où devait plus tard s'élever cet hôtel fut cédé, au nom du roi, par Claude Pomponne de Bellièvre, chancelier de France, Nicolas Brulart, marquis de Sillery, garde des sceaux, et Maximilien de Béthune, marquis de Rosny, grand maître de l'artillerie, à Isaac Arnaud, intendant des Finances, et au sieur l'Hoste, conseiller-notaire et secrétaire du Roy.

L'Hoste bientôt abandonna sa part à Isaac Arnaud, lequel fit construire le pavillon qui nous occupe.

Le 14 août 1612, le dit Arnaud vend l'immeuble 48.000 livres à Jean de Beaumanoir, marquis de Lavardun, maréchal de France.

Le 1er mars 1621, la maison est cédée par la veuve du maréchal de Lavardun à Pierre Jacquet, seigneur de Tigery.

Après la mort de Jacquet de Tigery, l'hôtel est vendu le 23 février 1639 par sa fille, Françoise Jacquet de Tigery, et ses cohéritiers, à Louis de Rohan, prince de Guéménée, pour le prix de 120.000 livres.

Les Rohan firent d'importants travaux d'aménagement intérieur, sans oublier le jardin, « le plus grand de la place Royale », qui s'étendait du cul-de-sac Guéménée à la rue des Tournelles, et où fut construit, en 1697, un grand bassin.

La famille de Rohan-Guéménée conserva l'immeuble jusqu'en 1784. A cette époque il fut vendu à Jacques Desmary, qui le laissa par héritage à ses enfants, M. et Mlle Desmary.

Le 13 nivôse an V (2 janvier 1797) l'hôtel, toujours dénommé Guéménée, est acquis des héritiers Desmary par M. Péan de Saint-Gilles, qui le lègue à sa veuve, laquelle le laisse à son tour à son fils, M. Paul Passy, membre de l'Assemblée nationale. C'est de ce dernier que la Ville en fit l'acquisition le 23 janvier 1873.

On a dit que Marion Delorme avait reçu cette maison du duc de la Meilleraie ; on a même prétendu qu'elle y serait morte en 1650. Il n'en est rien. A cette époque l'immeuble était habité par la famille de Rohan-Guéménée.

On a écrit aussi que la comtesse de Lafayette l'avait possédé pendant toute la Révolution : la vérité est qu'en vertu du bail du 11 février 1788, un appartement y fut loué par Mme Marguerite Thorel, veuve de Allain-Pierre, comte de Fayet.

Un autre bail du 27 mars 1789 loue également un appartement à Léon Michel de Castelneau, procureur au Parlement.

Nous avons dit que Victor Hugo habita la maison de 1832 à 1848 ; elle devint ensuite la pension Jauffret en 1860 et, depuis 1873, une école municipale de filles et de garçons.

Victor Hugo écrivit place Royale : *Lucrèce Borgia, Marie Tudor, Ruy Blas, les Burgraves, les Chants du Crépuscule, les Rayons et les Ombres*, etc. Il habitait cette maison quand il fut reçu membre de l'Académie française ; il avait été nommé pair de France par Louis-Philippe. Après juin 1848, il fut élu à la Constituante.

On raconte que, cette même année, les insurgés s'emparèrent de la maison, qui avait une entrée sur l'impasse Guéménée. Apprenant qu'ils étaient chez Victor Hugo, ils visitèrent les appartements avec le plus grand respect et la plus grande déférence sans se livrer à aucun excès.

Le jardin de l'hôtel, ancien jardin de Guéménée, était décoré d'une fontaine en terre cuite du xviie ou du xviiie siècle. Victor Hugo l'emporta, dit-on, dans son exil à Guernesey.

Le 2 mars, lors de la célébration du centenaire du poète, une imposante cérémonie eut lieu place des Vosges devant la maison habitée par lui.

En présence de son petit-fils Georges Hugo et de sa petite-fille Jeanne, de nombreux musiciens firent entendre des hymnes et des chants tirés des poésies du maître. Des discours furent prononcés par MM. Duval-Arnould, vice-président du Conseil municipal, et de Selves, Préfet de la Seine.

Une statue en plâtre, de Bareau[1], avait été dressée; au crépuscule, pendant l'exécution d'un hymne triomphal, des enfants défilèrent en jetant des fleurs, tandis qu'une jeune ouvrière, élue par ses compagnes et figurant *la muse* de Paris, vint couronner la statue.

Puis des illuminations surgirent : et la muse de la Poésie apparut en une éclatante projection sur l'immeuble.

Par une délibération en date du 25 décembre 1902, le Conseil municipal a définitivement voté l'organisation de la Maison Victor Hugo et créé, suivant le désir de M. Paul Meurice, une Commission de contrôle qui est composée de : 1° les donateurs : MM. Georges Hugo, Jean Charcot, Paul Meurice ; 2° six membres du Conseil municipal : MM. Chautard, Dausset,

---

1. Cette statue, exécutée en marbre, se trouve aujourd'hui parmi les collections du Petit Palais.

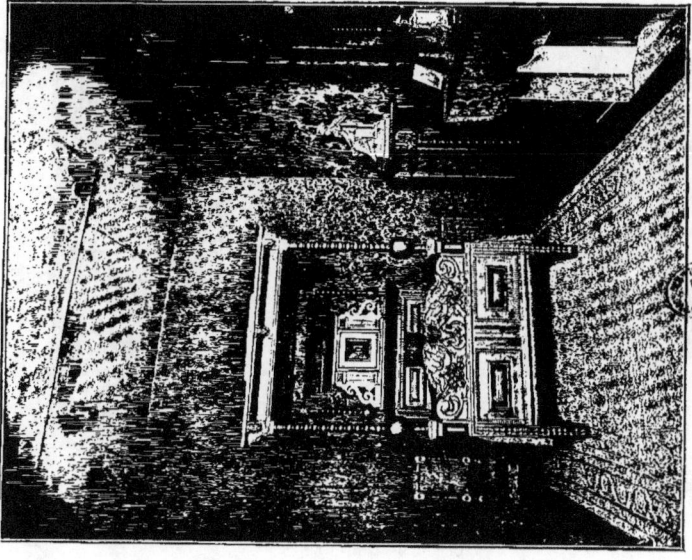

CHAMBRE MORTUAIRE DE VICTOR HUGO
(Reconstituée telle qu'elle était avenue d'Eylau).
(Page 132.)

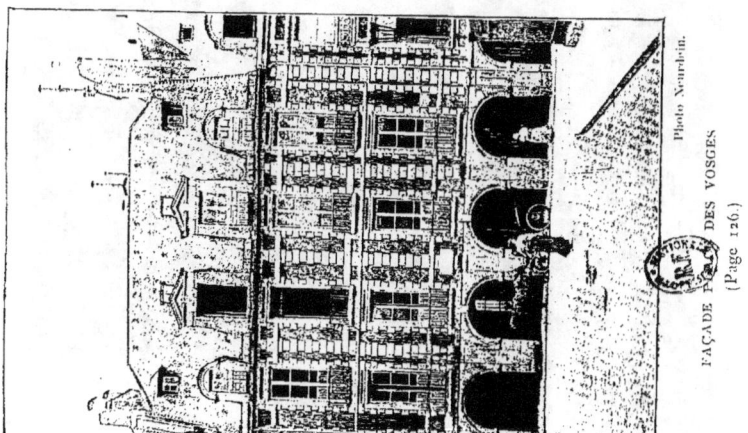

Photo Neurdein.

FAÇADE DES VOSGES
(Page 126.)

MAISON VICTOR HUGO

Pl. 48

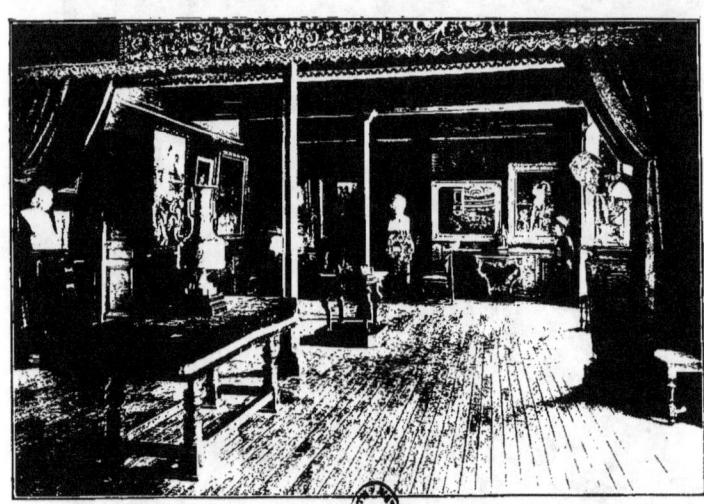

SALLE DES PEINTURES
(Premier étage).
(Page 132.)

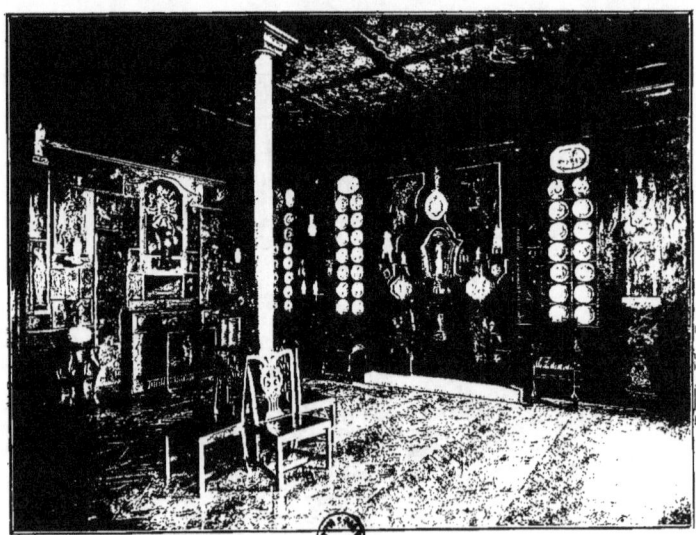

SALLE DES PANNEAUX SCULPTÉS ET PEINTS PAR VICTOR HUGO
(Décoration de la salle à manger de Guernesey) (Page 131.)

Henri Galli, Froment-Meurice, Pannelier, Quentin-Bauchart ; 3° deux délégués de l'Administration : MM. Brown et Veyrat ; 4° six membres spéciaux : MM. Bonnat (tableaux), Arsène Alexandre (dessins), Jules Claretie (livres), Béraldi (estampes) Catulle Mendès (Musée intime), Adolphe Brisson (Musée populaire) ; 5° Quatre membres de l'ancien Comité du monument : MM. Ed. Lockroy, Gustave Rivet, Emile Blémont, Gustave Simon ; 6° M. Lucien Pallez ; 7° l'architecte du Musée [1].

La Maison Victor Hugo, ainsi appelée suivant le désir pieux de M. Paul Meurice, fut inaugurée officiellement le 30 juin 1903.

Cette inauguration donna lieu à une nouvelle et touchante cérémonie. Si celle-ci n'eut pas l'éclat de l'apothéose du 2 mars 1902, elle n'en fut pas moins émouvante dans sa simplicité voulue.

Autour des invités, groupés dans la grande salle du 1er étage, M. Paul Meurice, en quelques paroles vibrantes, remit au nom des petits-enfants de Victor Hugo, présents, et au sien, la maison du poète « au conseil municipal qui représente Paris, à Paris qui représente la France ! ».

Après quelques mots de remerciement prononcés par M. Deville, président du Conseil municipal, le Préfet de la Seine, M. de Selves, prit la parole : il déclara qu'il recevait le Musée comme un précieux dépôt pour la grande ville, ajoutant que « Paris en veillant sur lui honorerait non seulement la mémoire du grand homme, mais s'honorerait aussi lui-même aux yeux du monde civilisé ».

Puis ce fut le tour de M. Jules Claretie qui, au nom de

---

1. Il faut aujourd'hui supprimer les noms de MM. Paul Maurice, Catulle Mendès, Chautard, Adolphe Brisson, et Quentin-Bauchart, et remplacer ceux de MM. Brown et Veyrat par ceux de MM. Falcou et Laurens (N. de l'E.)

l'Académie française, évoqua tous les souvenirs de la maison.

Ce n'avait point été un mince travail que l'aménagement de cette demeure où presque rien ne subsistait plus de l'installation du poète. Pour ne citer que deux détails : le cabinet de travail dont la fenêtre donnait sur la petite cour intérieure, cette pièce où Victor Hugo conçut tant de chefs-d'œuvre, avait été remplacée par un escalier de service ; (c'est aujourd'hui la chambre mortuaire de l'avenue d'Eylau reconstituée).

Grâce à la ténacité de M. Paul Meurice, jointe au zèle dévoué du sculpteur Lucien Pallez, en quelques mois l'aménagement fut terminé.

M. Paul Meurice, dans les lettres qu'il écrivait au Conseil municipal, avait promis l'œuvre dessinée, peinte et sculptée de Victor Hugo lui-même. Il tint parole. Une des salles les plus connues contient en effet plus de 300 dessins, aquarelles et sépias sortis du pinceau du poète : conceptions bizarres, d'une exagération romantique extraordinaire, mais d'une fécondité d'imagination, d'une virtuosité d'exécution sans égale et parmi eux ce fantastique *Burg à la croix* dessiné en 1848 et donné à Paul Meurice.

« Il prenait, dit Gustave Simon[1], le premier bout de papier venu : une enveloppe de lettre, une invitation à dîner, une bande de journal, un coupon de théâtre, une carte de visite, et, en quelques traits de plume, il traçait un portrait, un profil, ébauchait une caricature d'une expression singulière, une figure vivante, touchante, amusante ou effrayante : c'était un oiseau, une fleur, un bateau, la mer, un château, un académicien, un enfant ou un bouffon. Il avait inventé une fleur à lui, bien à lui,

---

1. Gustave Simon, *Visite à la maison de Victor Hugo*. Paul Ollendorff 1902.

une fleur étrange, synthèse de fleurs variées, mélange de dahlia, de pensée, de chrysanthème, de marguerite et de clématite, la fleur de Victor Hugo, que l'on retrouve dans ses paysages, ses motifs décoratifs ou ses fantaisies.

« Le dessin avait été pour lui, tout d'abord, un délassement, un amusement comme il l'écrivait lui-même au poète Charles Baudelaire, le 29 août 1860 : — « J'ai fini par y mêler du crayon, du fusain, de la sépia, du charbon, de la suie, qui arrivent à peu près à rendre ce que j'ai dans l'œil et surtout dans l'esprit, cela m'amuse entre deux strophes » — mixture bizarre en effet, puisqu'il versait parfois sur son crayon ou sa sépia du thé, du café, de la farine ou de la cendre ».

Voilà pour l'œuvre dessinée (pl. 49).

L'œuvre peinte et sculptée se trouve dans la salle voisine.

« Ici, dit encore M. Gustave Simon, Victor Hugo n'est pas seulement arrangeur, il est créateur. Ici, boiseries, portes, consoles, les deux cheminées, tout, jusqu'aux caissons du plafond, tout est de sa main, tout est son ouvrage. Tous ces panneaux d'une si extraordinaire fantaisie, d'une si belle harmonie de couleur, d'une si étonnante invention, ont été taillés, sculptés, peints, dorés par lui.

« Il prenait une planche de sapin, il traçait un dessin : arabesques, fleurs, caricature, chimère au gré de sa verve et de sa fantaisie. Puis il le creusait avec un canif, et le peignait ensuite, réussissant, grâce à une intuition étonnante de couleurs, à donner à des tons crus une harmonie saisissante. »

Ces panneaux, qui ornaient l'habitation de M. Drouet à Guernesey, ont été cédés par son neveu M. Kock au Musée.

Ces deux salles, qu'il faut avoir vues (pl. 48), et dont on ne peut autrement se faire une idée, étaient l'ancienne salle à manger et l'ancien salon du poète ; elles se trouvent au 2ᵉ étage (la maison en possède trois). A ce même étage, à l'emplacement du cabinet de travail, a été reconstituée fidèlement la chambre mortuaire de l'avenue d'Eylau, avec le lit à colonnes de style Renaissance dans lequel mourut le poète, la haute table, également en chêne sculpté, sur laquelle il écrivait debout, enfin tout ce qui ornait la pièce et qui avait été religieusement conservé (pl. 47).

En outre une très belle œuvre de Bonnat, représentant Victor Hugo mort, est accrochée au mur.

Le second étage de la maison actuelle était donc l'appartement qu'habita le poète de 1833 à 1848.

Si M. Paul Meurice a demandé à la Ville la concession de la maison entière, c'est qu'il prévoyait que celle-ci ne serait pas trop grande dans son ensemble pour abriter tout ce qu'il comptait offrir.

C'est ainsi que le 1ᵉʳ étage a été transformé en un véritable musée de peinture et de sculpture consacré aux œuvres du grand homme (pl. 48). C'est toute une collection de tableaux et de dessins inspirés par ses poésies, ses romans et ses drames, signés : Raffet, Decamps, Louis Boulanger, Paul Baudry, Cabanel, Jean-Paul Laurens, Benjamin Constant, Fantin-Latour, Maignan, Frémiet, Roll, Rochegrosse, Henri Pille, Tony-Robert Fleury, Daniel Vierge, Willette, etc. : ajoutons aussi le buste en marbre de Victor Hugo jeune, par David d'Angers, le buste en bronze de Victor Hugo vieux, par Rodin, le masque de Victor Hugo mort, par Dalou.

Au même étage a été aménagée la bibliothèque ; elle contient, suivant la description faite par M. Paul Meurice lui-même, *toutes* les œuvres du poète dans *toutes* les éditions, comprenant les éditions originales avec dédicaces, vignettes, variantes — trente et un de ces volumes en épreuves avec corrections, additions, et bons à tirer de l'auteur — les traductions en toutes langues, tous les ouvrages et biographies relatifs à Victor Hugo. La collection d'estampes qui y est jointe comprend plus de 5.000 pièces avec états divers, dont 900 portraits de Victor Hugo, sans compter les charges et les photographies.

Cette réunion, tant des livres que des estampes, est donc absolument sans rivale. Est-il besoin d'ajouter que certains de ces volumes sont devenus d'une rareté extrême ? M. Paul Meurice me racontait qu'il avait payé récemment 2.000 francs l'édition originale de Notre-Dame de Paris en deux volumes in-8°; en collectionneur avisé, M. Paul Meurice n'avait pas voulu se contenter de la petite édition en quatre volumes in-12 portant cependant la même date, parce que cette édition n'était pas la *véritable* édition originale reconnue par les amateurs !

Si nous pénétrons à présent au 3me étage, nous y trouvons le musée *intime* et le musée *populaire*.

Le « musée intime », ce sont tous les souvenirs chers à l'écrivain, les portraits de ses filles Léopoldine et Adèle, celui de Mme Victor Hugo par Louis Boulanger, ceux de Charles et de François Victor Hugo, de Charles Vacquerie, le mari de Léopoldine. Ce sont les photographies, les petites reliques familiales ayant appartenu au poète ou à ses proches.

Le « musée populaire », c'est le bibelot, les souvenirs à bon marché, les mille riens dus à la popularité. Ce musée populaire, recueilli par M. Paul Beuve, comprend des milliers de pièces rangées, étiquetées, cataloguées, pièces introuvables, sans valeur intrinsèque, mais précieuses en raison de leur réunion. Ce sont des chenets, des rideaux, des modèles de tapisserie, des broches, des épingles de cravate, des pommes de canne, des assiettes, des articles de fumeur (blagues, boîtes d'allumettes, papier à cigarettes, pipes, pots à tabac) : c'est toute l'imagerie populaire, les almanachs, calendriers, cahiers d'écolier, cartes postales, papier à lettres, les étiquettes pour la parfumerie ou la confiserie, les verres, les bouteilles, les cartes, les prospectus, les affiches, enfin la série innombrable des chansons.

N'est-ce pas avec tout cela que se fabrique la gloire?...

MAISON VICTOR HUGO

Pl. 49.

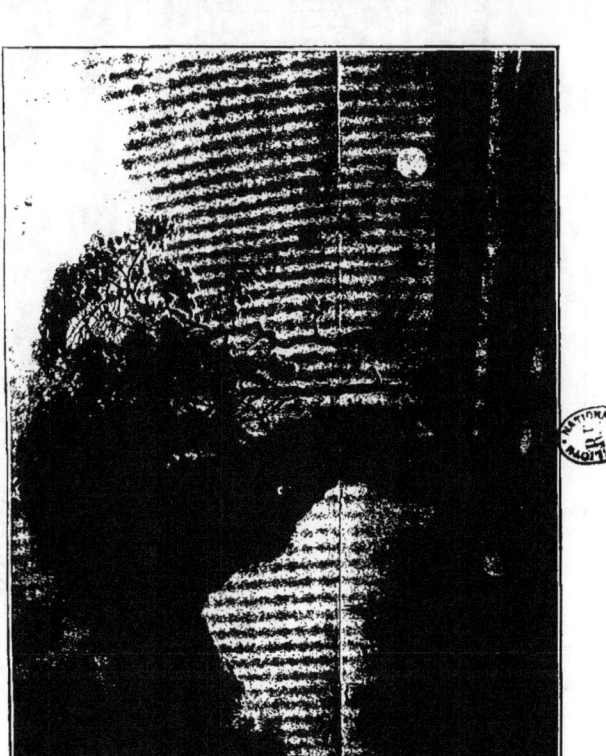

CHATEAU (LE SOIR)

LE PHARE D'EDYSTONE
(Phare du XVIIe siècle).

(Dessins originaux de Victor Hugo).
(Page 131.)

MUSÉE GALLIERA

Pl. 50.

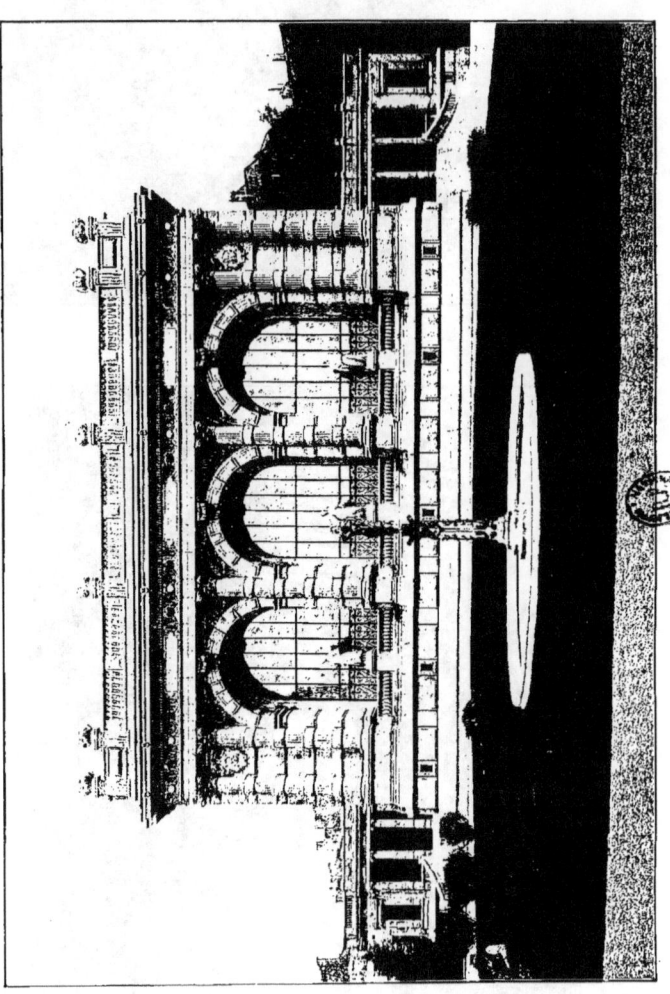

FAÇADE DU MUSÉE SUR LE SQUARE
(Page 139.)

CHAPITRE IV

L'ART INDUSTRIEL : LE MUSÉE GALLIERA

Le Parisien connaissait peu avant ces dernières années le Musée Galliera, ce bijou d'architecture dans le goût de la Renaissance, construit il y a quelque vingt-cinq ans par l'architecte Ginain, et situé à deux pas du Trocadéro, sur la limite du XVIe et du VIIIe arrondissement.

Des Expositions renouvelées d'art industriel le firent peu à peu apprécier du gros public.

Ces Expositions, qui eurent un succès sans cesse grandissant, attirent plus particulièrement en ce moment sur lui l'attention des artistes et des gens de goût.

HISTORIQUE DU MUSÉE. — Les origines du Musée Galliera sont peu connues : elles n'en sont pas moins intéressantes.

Ce fut en 1878, par un mémoire en date du 27 juin, que M. Ferdinand Duval, alors Préfet de la Seine, annonça au Conseil municipal de Paris que son Administration avait été saisie, par une note en date du 15 avril, d'une proposition de Mme la duchesse de Galliera, manifestant l'intention de laisser par testament à la Ville de Paris une collection de tableaux, statues, objets d'art et curiosités, à la condition que cette collection fût exposée au public dans un Musée spécial.

Mme la duchesse de Galliera ajoutait qu'elle se proposait de faire construire à ses frais pour cette destination un édifice sur une partie d'un vaste terrain qu'elle possédait et qui était situé avenue du Trocadéro, entre les rues de Morny (aujourd'hui rue Pierre-Charron) et Freycinet.

Ce Musée devait être entouré d'un square : de chaque côté on ouvrirait une voie de 12 mètres de large ; ces deux rues devaient prendre les noms de Brignole et de Galliera, qu'elles ont encore.

En outre, la Ville s'engagerait à fournir les plantations nécessaires à la création du futur square Galliera. Le Musée devait prendre le nom de Brignole-Galliera.

Telles étaient les intentions de la donatrice.

Ces intentions semblaient mûrement réfléchies, puisque le plan approuvé par la signature autographe de la duchesse, que possède la Ville de Paris, porte la date du 10 avril 1878, cinq jours avant celle où elle transmettait officiellement sa proposition à la Préfecture de la Seine.

La réponse du Conseil municipal ne se fit pas attendre.

Le 11 juillet de la même année, sur le rapport verbal de M. Jobbé-Duval, au nom de la 5ᵉ Commission, le Conseil municipal acceptait avec reconnaissance la donation, conformément au mémoire préfectoral.

Le 5 septembre, un arrêté du Préfet de la Seine approuvait la délibération du Conseil. Le 31 octobre, Mme la duchesse de Galliera ratifiait devant notaire sa proposition par une donation en règle. Cependant il fut spécialement stipulé que la duchesse jouirait sa vie durant de l'édifice à usage de Musée et des bâtiments de service qu'elle s'engageait à faire élever, la Ville de Paris ne pouvant entrer en jouissance qu'à partir du décès de la donatrice.

Le terrain sur lequel devait s'élever le futur Musée appartenait à la duchesse de Galliera, comme lui provenant de la succession de son mari, Raphaël, marquis de Ferrari, duc de Galliera, sénateur du royaume d'Italie, décédé à Gênes le 23 novembre 1876.

Voici de quelle façon le duc de Galliera en était devenu propriétaire :

Une société « Thome et Cie », dont il était commanditaire, s'était constituée en 1865, ayant pour objet l'ouverture de l'avenue de l'Empereur (aujourd'hui avenue du Trocadéro), entre l'avenue Joséphine (aujourd'hui avenue Marceau) et la place du Roi de Rome, ainsi que l'achèvement de l'avenue d'Iéna entre la rue du Chemin-de-Versailles (aujourd'hui rue Galilée) et la rue Sainte-Marie.

Le terrain qui nous occupe appartenait donc à la Société Thome et Cie, comme ayant été mise au lieu et place de la Ville de Paris pour diverses opérations de voirie exécutées par elle, indépendamment de celles énoncées ci-dessus, aux termes d'un traité passé en 1864 entre ladite société et le Préfet de la Seine.

Plus tard, en 1868, le duc de Galliera devint seul propriétaire du terrain par suite d'une attribution qui lui fut faite lors de la liquidation de la Société Thome et du partage qui suivit entre les différents commanditaires.

Cette origine de propriété nous a semblé assez curieuse pour mériter d'être rapportée.

La duchesse, qui s'était réservé la jouissance du Musée durant sa vie, ne devait point le voir terminer : elle mourut en effet le 9 décembre 1888.

Cependant des événements politiques (l'expulsion des princes par le gouvernement de la République) avaient modifié ses premières intentions en ce qui concernait son dessein de transmettre après sa mort ses collections artistiques à la Ville de Paris.

Par son testament olographe du 7 octobre 1884, elle léguait en effet toutes ses collections à la Ville de Gênes, tout en maintenant les fonds nécessaires à l'achèvement du Musée de Paris.

Voici les termes mêmes de ce testament en ce qui concerne Paris ; nous croyons devoir les reproduire en raison de leur intérêt :

« Je rappelle ici que, par acte passé devant Me Duluard, notaire, le 31 octobre 1878, j'ai donné à la Ville de Paris un terrain de 9.529 m. 62, situé à Paris, avenue du Trocadéro, rue Pierre-Charron, rue Brignole et rue Galliera, et que, par ce même acte, je me suis engagée à créer dans ce terrain un square, et à élever, au milieu de ce square, un bâtiment à usage de Musée, et des bâtiments de service.

« Dans le cas où, à mon décès, les travaux ne seraient pas terminés, je charge la Ville de Paris de mener à bonne fin mon entreprise. Elle devra en poursuivre l'exécution, suivant les plans arrêtés par moi, et n'y apporter aucune modification.

« Pour faire face à ces travaux, je fais à la Ville de Paris le legs conditionnel suivant :

« J'évalue le montant total des travaux, pour la création dont il s'agit, au prix maximum de six millions cinq cent mille francs, terrain, frais et accessoires compris, sur lesquels j'ai dépensé à ce jour 3.835.430 francs.

« Dans le cas où la différence de 2.664.570 francs, restant à dépenser, laisserait un reliquat, j'entends que le reliquat profite à ma succession.

« Je renonce formellement à user du droit, que je m'étais réservé dans l'acte de donation du 31 octobre 1878 à la Ville de Paris, de lui léguer un certain nombre de tableaux, statues,

MUSÉE GALLIÉRA

Pl. 54.

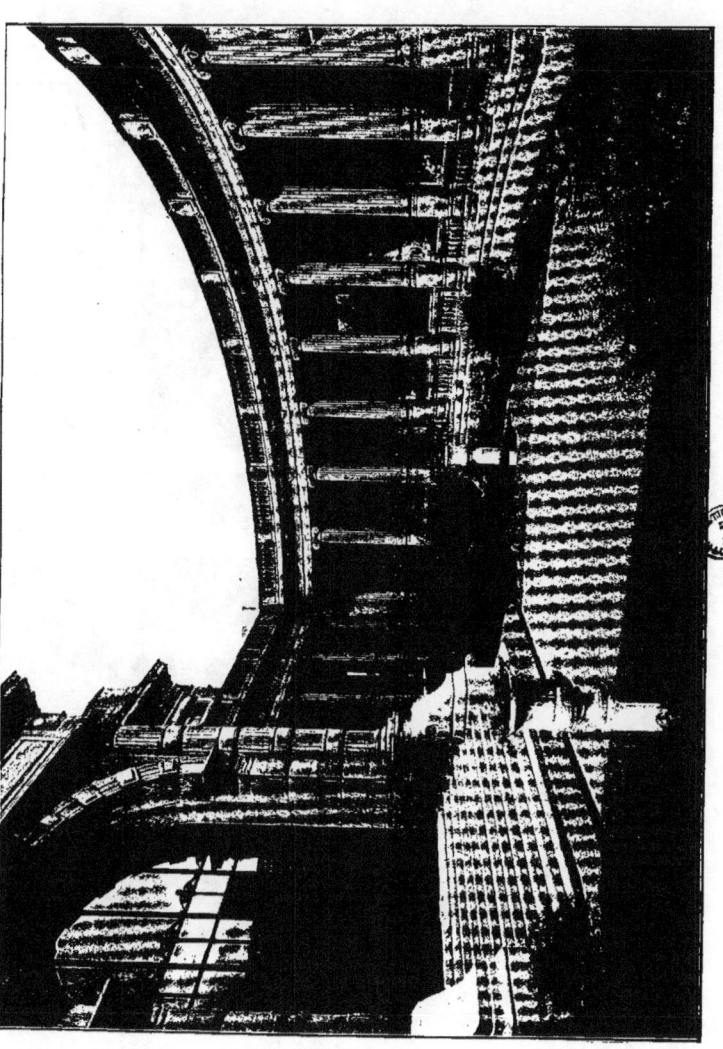

COUR INTÉRIEURE — ENTRÉE DU MUSÉE
(Page 139.)

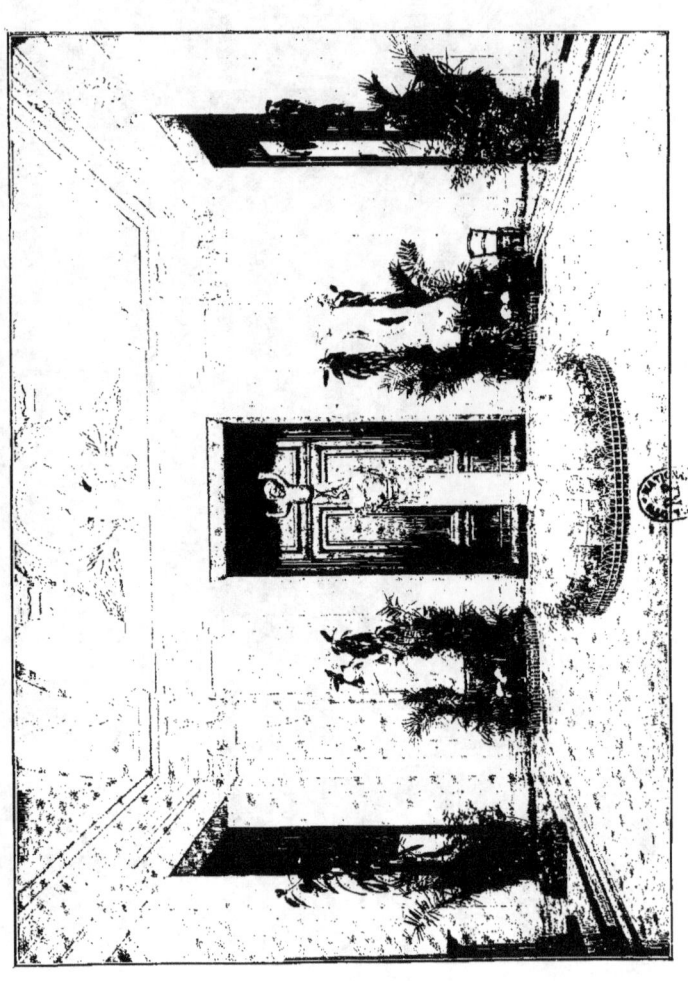

MUSÉE GALLIERA — Pl. 52.

VESTIBULE DE L'ENTRÉE
(Page 142.)

objets d'art et de curiosité, provenant de mes collections, pour les placer dans le Musée.

« En conséquence, la Ville de Paris pourra prendre possession du susdit Musée au moment déterminé par nos conventions pour l'affecter à l'usage qu'elle croira convenable ».

Forcément la mort de la duchesse arrêta les travaux qui se trouvaient déjà fort avancés.

Ils reprirent sous la direction de l'habile architecte Ginain jusqu'au complet achèvement de l'édifice en 1894.

La Ville de Paris se trouvait en possession d'un palais élégant (pl. 50, 51) « qu'elle pouvait affecter à l'usage qu'elle jugerait convenable », mais ce palais était vide ! C'était cet usage qu'il s'agissait de déterminer.

La situation semblait d'autant plus regrettable que si la construction dans le goût de la Renaissance italienne, une fois terminée, était des plus réussies, ses proportions exiguës, conçues dans un but spécial, pour abriter des collections déterminées, ne permettaient pas l'installation d'œuvres nombreuses.

La question se posa devant le Conseil municipal, qui décida que le nouveau Musée serait affecté à l'art industriel (pl. 59).

Mais avant la réalisation de ce projet, diverses expositions privées y furent organisées, notamment celle des œuvres de Corot.

Les Tapisseries. — Un certain nombre de tapisseries appartenant à la Ville y trouvèrent place dans la suite : ces tapisseries y figurent encore et ne sont pas un des moindres attraits (pl. 53, 54).

Les plus anciennes et les plus rares sont celles qui font partie de la série dite : *les Chasses de Maximilien*. Parmi celles-ci la plus belle sans contredit, « le mois de mars », qui possède une délicieuse bordure où alternent sous le signe du zodiaque des figures de satyres et de nymphes émergeant du feuillage, représente des cavaliers, montés sur des chevaux blancs, regardant passer une chasse; au fond, la ville de Bruxelles en amphithéâtre se déroule dans toute la largeur du dessin, avec ses principaux monuments. Cette tapisserie, un pur chef-d'œuvre, est placée bien en lumière dans la galerie vitrée du fond, qui donne sur le jardin.

La grande salle possède une suite complète : les *tapisseries de Saint-Gervais*.

« Les cinq pièces dont se compose la tenture de Saint-Gervais — dit l'inventaire général des œuvres d'art de la Ville de Paris de 1889 — sont classées parmi les plus remarquables exécutées sous le règne de Louis XIII, dans un des meilleurs ateliers de l'époque, peut-être par J. Laurent, aux ateliers du Louvre, et d'après les cartons de maîtres tels que Lesueur, Philippe de Champagne et Sébastien Bourdon. Elles n'ont jamais été reproduites. Si l'on en croit Diderot, elles auraient été données à l'église Saint-Gervais par Marie de Médicis ; mais il se trompe probablement puisque cette reine est morte en 1642 et qu'il est établi qu'à cette époque l'un des tableaux, d'après lequel elles ont été tissées, n'était pas commencé. D'autre part, les fabriciens de l'Église croient qu'elles lui ont été données par Mme de Maintenon. Quoiqu'il en soit, l'église Saint-Gervais les a possédées jusqu'en 1874 sans que la fabrique parût prendre le moindre souci de leur conservation.

« Un trait suffira pour donner une idée de son incurie.

« Un des architectes de la Ville, M. Daviand, appelé par son service dans le clocher de l'église, y trouva ces tapisseries abandonnées aux maçons qui s'en servaient... pour gâcher du plâtre ! Sans doute il en fit l'observation à quelque sacristain pour

L'ART INDUSTRIEL. — LE MUSÉE GALLIERA

qui ce fut une révélation. Par délibération du 26 janvier 1874 le conseil de fabrique en autorisa la cession à un marchand de curiosités, M. Récappé, qui en devint propriétaire moyennant une somme de 8.000 francs. Celui-ci ne tarda pas à en céder les bordures à M. de Camondo. Mais ces négociations ne pouvaient se poursuivre sans que le bruit s'en répandît. M. Collin, chef des ateliers de tapisserie des Gobelins, membre du Conseil municipal, en fut informé; il se hâta d'en prévenir le Préfet.

« Une saisie-revendication fut opérée le 9 décembre 1874 contre M. Récappé, et les 15 et 18 du même mois contre M. de Camondo. Le 8 février 1876 le Préfet demanda au tribunal de déclarer nulle la vente consentie par le conseil de fabrique, sans l'autorisation préfectorale.

« Le 29 juin 1877, le tribunal de la Seine rendit un jugement par lequel il déclara que les tapisseries appartenaient à la Ville. La fabrique fut condamnée à rembourser à M. Récappé le prix de la vente.

« Quand à M. de Camondo, il interjeta appel. Dans un arrêt du 12 juillet 1879, la Cour rejeta l'appel, mais admit que les bordures resteraient à M. de Camondo, parce qu'il est établi, dit l'arrêt, que par suite de leur morcellement et des transformations qu'ils ont subies, les fragments des tapisseries achetées par M. de Camondo à M. Récappé ne pourraient plus être employés. »

Ce jugement bizarre remettait la Ville en possession des tapisseries, mais *sans bordures*[1]; elles n'en sont pas moins de toute beauté.

[1]. Depuis le moment où l'auteur exprimait ce regret, le comte Moïse de Camondo, renonçant à se prévaloir d'un jugement qui rendait hommage à la bonne foi de son père, a, par un geste aussi élégant que généreux, voulu rétablir ces œuvres admirables dans leur intégrité, et a offert à la Ville les magnifiques bordures. (N. de l'E.)

Ce sont la Décollation de saint Gervais et de saint Protais, d'après Sébastien Bourdon, (1656) ; l'Apparition de saint Gervais et de saint Protais à saint Ambroise (1655) ; le Transport des restes de saint Gervais et saint Protais à la cathédrale de Milan (1650) ; l'Inventaire des reliques de saint Gervais et saint Protais (1651), ces trois dernières tapisseries d'après Philippe de Champagne (les originaux sont au musée du Louvre); enfin la Flagellation, d'après un carton de Lesueur.

Nous devons également citer parmi les tapisseries du Musée Galliera deux de la même série avec bordures, d'après Mignard : *L'Automne et l'Été* ; elles se trouvent dans les deux petites galeries de gauche et de droite, occupées par les travaux des écoles professionnelles et par l'exposition de la Manufacture de Sèvres.

Un admirable panneau, *La Levée du camp*, d'après Casanova (dans la grande salle), *Le Campement des Bohémiens*, également d'après Casanova, exécuté à Beauvais en 1763, les *Scènes de bivouac*, enfin deux tapisseries, *Achille et Thétis*, tissées à Bruxelles et envoyées, dit-on, par les troupes françaises en 1794 après l'occupation de Bruxelles, complètent cet ensemble.

On voit par cette rapide nomenclature que les murs du nouveau Musée avaient pu être richement garnis. Il n'en était pas de même de l'intérieur des salles.

Cependant un certain nombre de marbres quittèrent le dépôt d'Auteuil et vinrent orner l'hémicycle de la cour d'entrée et le vestibule (pl. 52). C'est ainsi qu'au centre de ce vestibule le *Daphnis et Chloé* de Guilbert émerge au milieu de plantes vertes heureusement disposées.

Le Musée fut inauguré le 19 décembre 1895, en présence de M. Combes, alors ministre de l'Instruction publique et des

Beaux-Arts. Le même jour avait lieu au Pavillon de la Ville, aux Champs-Élysées, l'inauguration du Musée des collections artistiques.

Cette double inauguration se fit sans éclat, à en juger par le compte rendu du *Bulletin municipal officiel de la Ville de Paris*. Aucun discours ne fut prononcé. Le *Bulletin* porte seulement « qu'un grand nombre de membres du Conseil municipal, M. le Préfet de police, MM. les secrétaires généraux des deux préfectures, de nombreux artistes et les principaux chefs des services de la Ville de Paris y assistaient »...

Le Préfet de la Seine ne s'était même pas dérangé...

Pendant cinq années, le Musée Galliera, malgré des achats importants (je citerai par exemple la vitrine si curieuse de M. Carabin où des femmes nues sculptées en plein bois soutiennent de leurs épaules le meuble lui-même, la fontaine en étain finement ciselée de M. Carpentier, un coffret d'Armand Point, des grès aux formes bizarres de Carriès, de Damousse, de Delaherche et de Dalpayrat, les étains de Baffier, et les verreries de Gallé et de Tiffany, un beau heurtoir en fer forgé de Dampt, etc.), demeura quelque peu désert.

Les Expositions d'Art Industriel. — Telle était la situation lorsque, sur ma proposition, le Conseil municipal décida la création d'expositions périodiques d'art industriel (séance du 30 novembre 1900).

La première de ces expositions eut lieu au mois de mai 1901 : elle fut très remarquée.

Elle comportait un ensemble de produits d'art industriel, et se singularisait par ce fait que seuls les artistes signaient leurs œuvres, et que le nom des maisons de commerce en étaient exclus.

Cette particularité, qui est l'essence même des expositions du Musée Galliera, distingue celui-ci des expositions organisées par les Musées d'art industriel étrangers, surtout allemands, que l'on cite souvent comme exemple, dont la réputation est universelle, et qui ne sont en somme que des bazars déguisés.

Le Musée Galliera devint de la sorte un Musée d'une véritable originalité, qui, comme le faisait très justement remarquer M. Louis Dausset, alors président du Conseil municipal, dans son discours d'inauguration de la première exposition, « répondait à un incontestable besoin ».

Il serait peut-être présomptueux de déclarer que la transformation de Galliera en Musée d'art industriel fut le point de départ d'une renaissance artistique ; il n'en est pas moins vrai que jusqu'alors l'art appliqué à l'industrie semblait considéré comme d'essence inférieure.

Dans les Salons annuels on le tenait à l'écart, sous une rubrique spéciale, comme s'il n'eût pu être digne de figurer à côté des œuvres des peintres et des sculpteurs ; cette délimitation peu justifiée de l'art existait encore à la dernière Exposition universelle.

Or, voici qu'avec les expositions de Galliera l'art industriel reprend sa place dans le domaine du beau. Désormais on n'osera plus l'assimiler aux simples produits du commerce et de l'industrie.

L'ouvrier du bois, du fer, du cuivre, du verre, le ciseleur de cuir, le joaillier qui, dans le dessin d'un bijou réalise son rêve, l'émailleur, le céramiste, qui donnent à leurs œuvres la forme et la couleur laborieusement choisies, le graveur qui sculpte la pierre fine, le brodeur dont l'aiguille accomplit souvent des prodiges, le doreur sur maroquin, le relieur qui habille les livres de si riche façon, tous ces travailleurs jusqu'alors relégués dans l'ombre, sont enfin remis à leur rang et traités comme de véritables artistes.

La Ville de Paris aura puissamment contribué à cette réhabilitation tardive.

Exposition de la Reliure (1902). — En présence du succès remporté par la première exposition d'art industriel, et pour interpréter d'une façon plus étroite la délibération du Conseil municipal — laquelle portait que ces expositions devaient être essentiellement renouvelables — le jury d'organisation, nommé par arrêté préfectoral du 1er mai 1901 et que j'eus l'honneur de présider, se demanda s'il ne serait point préférable d'organiser chaque année une exposition particulière d'une *branche spéciale* de l'art appliqué à l'industrie.

La question fut longuement discutée dans le sein du jury, qui se prononça pour l'affirmative. Il fut donc décidé qu'une exposition de la *reliure artistique moderne* aurait lieu en 1902.

Cette idée était des plus heureuses : l'art de la reliure traversant une phase toute nouvelle, il y avait grand intérêt à présenter au public les meilleurs spécimens des dernières productions.

L'organisation de cette exposition fut confiée à M. Henri Béraldi, le bibliophile éminent, membre du jury.

Les artistes répondirent en foule à son appel. Les envois furent si nombreux qu'ils dépassèrent les prévisions.

Cependant la réception avait été des plus sévères, et un grand nombre de pièces intéressantes durent être écartées.

Cette sévérité s'expliquait par le désir qu'avait le jury de faire tout à fait bien, et de ne présenter que des choses de premier ordre.

Tous les grands relieurs modernes adhérèrent au programme : les Marius Michel (pl. 55), les Mercier, les Gruel, les Ruban, les Canape, les Lortic, les Cuzin, les Chambolle, les Carayon, les Kieffer, les Lemale, jusqu'aux si curieux velins de Pierre Roche et aux cuirs incisés de l'admirable artiste Lepère dans ses heureuses collaborations avec Marius Michel, Mercier et Carayon.

Ce fut un véritable éblouissement ; partout surgirent les dorures éclatantes, les mosaïques lumineuses, les doublures étincelantes.

Jamais à aucune époque le luxe n'avait habillé le livre avec cette profusion de recherches ; d'ailleurs, cette orgie de richesses est bien la caractéristique du mouvement de l'art de la reliure à la fin du XIXe siècle et au commencement du XXe.

Ce mouvement, qui se continua, est dû en grande partie au Musée Galliera.

Certes, dans cette renaissance véritable, nous sommes loin des grands classiques, de l'austérité janséniste de Boyet, même des dorures plus chargées de Padeloup ou de Derôme ; nous avons abandonné les traditions reprises par les grands relieurs du XIXe siècle, les Thouvenin, les Simier, les Purgold, les Capé, les Chambolle-Duru, les Bauzonnet, les Trautz-Bauzonnet, les Cuzin..., et l'on ne peut songer sans un mélancolique regret que Trautz-Bauzonnet, le plus illustre d'entre eux, exécuta à peine une vingtaine de mosaïques, quand aujourd'hui la mosaïque est la monnaie courante de nos relieurs.

Tous ces artistes du siècle dernier procédaient directement de leurs aînés ; ils copiaient pour ainsi dire avec une sûreté de main merveilleuse, les classiques des siècles précédents, évitant une originalité parfois dangereuse.

Et peu à peu, dans les dernières années, une évolution se pré-

MUSÉE GALLIÉRA

Pl. 53

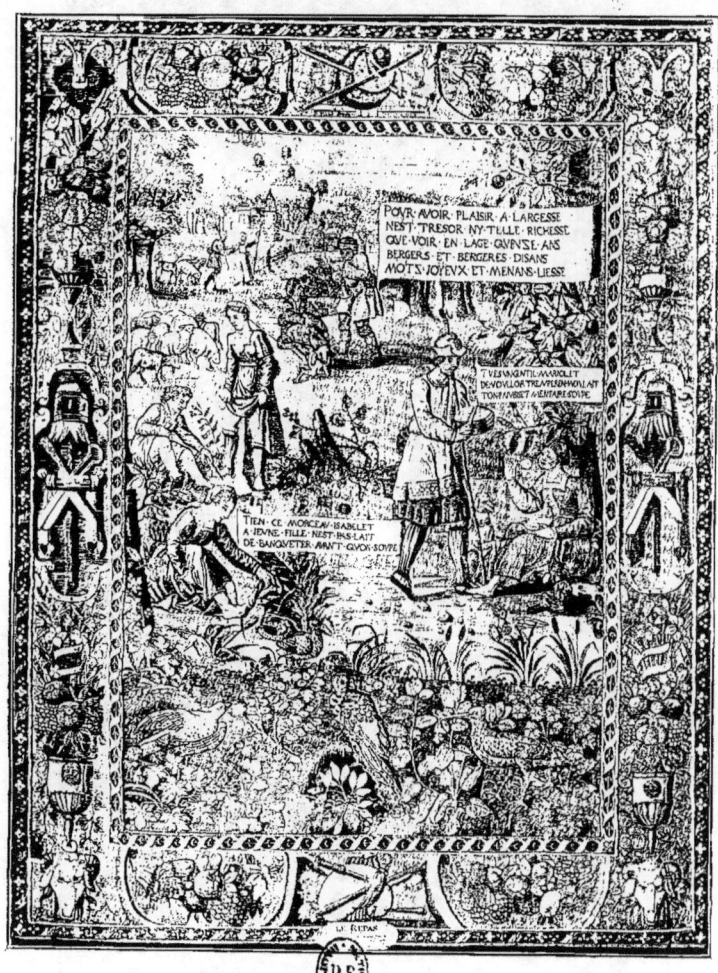

TAPISSERIE TISSÉE DANS LES ATELIERS DU FAUBOURG SAINT-MARCEL VERS 1600
(Cette tapisserie « Le Repas » est une des huit pièces d'une suite composée par L. Guyot
et ayant pour titre : « Les Noces de Gombaut et de Macé. »)

(Page 139)

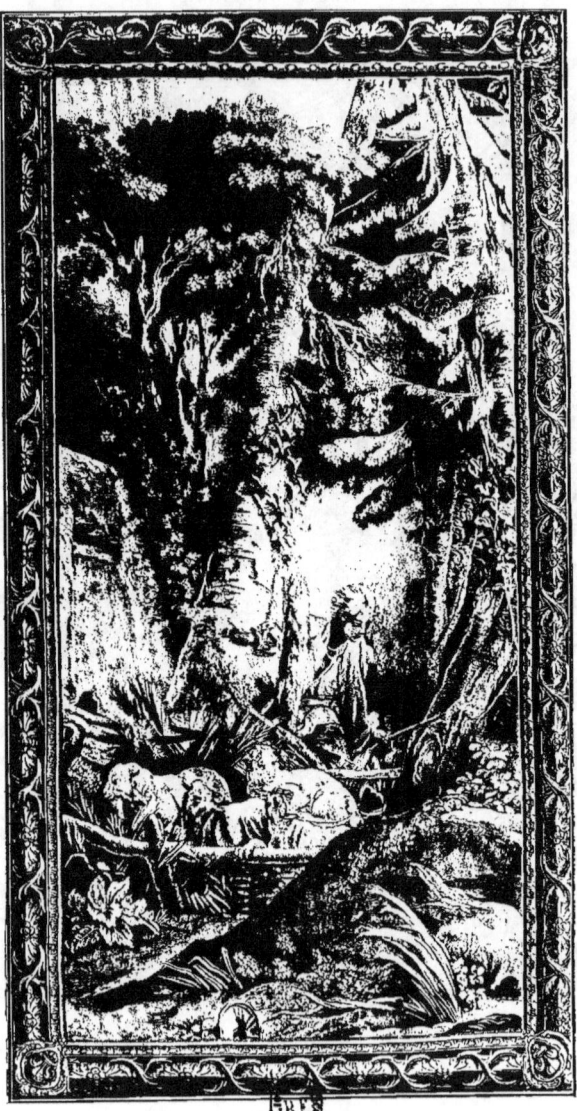

« LA PASTORALE », TAPISSERIE DES GOBELINS EXÉCUTÉE VERS 1760
(D'après Boucher). (Page 139.)

parait, évolution dont Lortic et Marius Michel furent les promoteurs.

Ce furent ces derniers qui triomphèrent : et c'est à eux que nous avons dû l'éclatante manifestation du Musée Galliera.

Cette exposition si brillante — que sans doute on ne reverra jamais — aura eu également pour résultat de prouver que les exagérations inévitables d'un genre nouveau ont disparu. L'art de la reliure s'est assagi pour ainsi dire ; l'évolution s'est terminée ; tout fait présager un progrès incessant et un avenir heureux.

Telle fut cette exposition qui ouvrit si brillamment le cycle des exhibitions spéciales décidées par le jury du Musée Galliera.

Exposition de l'Ivoire (1903). — L'année suivante, ce fut, avec un succès égal sinon plus considérable, l'*Ivoire* qui eut les honneurs du Musée.

Mais auparavant, concurremment avec la reliure, une exposition de modèles due à l'initiative de M. Carabin, membre du jury, se tint sous les galeries extérieures du Musée. Cette exposition, si elle fut moins éclatante que sa voisine, n'en eut pas moins une incontestable utilité. Elle prouva, par le choix et le nombre des modèles apportés, que l'art décoratif n'a aucun besoin de s'inspirer de l'étranger pour obtenir d'heureuses trouvailles.

Pour en revenir à celle de l'ivoire, il est incontestable qu'elle provoqua en quelque sorte une renaissance de cet art si français, lequel porta jadis dans le monde entier la grande renommée de notre pays, art tombé jusqu'à ces derniers temps — il faut bien se l'avouer — dans un quasi-oubli ; qui, nouveau phœnix, devait renaître de ses cendres, et sur les débris du passé, se raviver dans un éclatant renouveau.

L'art moderne de l'ivoire était cependant assez ignoré pour que la décision du jury de Galliera ne fût point acceptée sans appréhension par quelques-uns ; on craignait de n'avoir à remplir que quelques vitrines : et la surprise fut grande parmi le public d'élite appelé à l'inauguration, lorsqu'il constata que la grande salle semblait presque trop petite.

C'est que, en dehors des envois si intéressants des ivoiriers de Dieppe, — la seule ville de France qui eût conservé à travers les siècles avec les Garcin, les Graillon, les Souillard, le culte fidèle de cette importante industrie — en dehors des curiosités soumises au jury par nos colonies d'outre-mer, l'Indo-Chine ou le Congo, c'est que les artistes avaient répondu en foule à l'avance qui leur était faite. Citerai-je des noms : Moreau-Vauthier, Barrias, Allouard, Théodore Rivière, Dampt, Armand Point, Gardet, Caron, Léonard, Madrassi, Scailliet, et tant d'autres.

Parcourez un instant le catalogue et vous verrez que les amateurs eux-mêmes avaient tenu à honneur de prendre part à cette manifestation, et parmi ces amateurs la première place doit être réservée au regretté M. Corroyer, membre de l'Institut, qui depuis longtemps avait le culte de l'ivoire moderne, qui avait sû discerner de véritables artistes, et qui, pour le Musée Galliera, dégarnissait ses vitrines de leurs plus merveilleux trésors.

Puis c'était l'application de l'ivoire à l'art industriel : Vever, Falize, Susse, Boucheron, Froment-Meurice rivalisèrent, en des vitrines adorablement présentées, de goût et de richesse.

Citerai-je aussi les éventails, les peignes, les glaces, les coupe-papier, les manches d'ombrelle, tout l'art industriel pur, si je puis m'expliquer ainsi, choisi avec discernement et méthode ?

L'art religieux eut également sa place avec des christs finement sculptés, dont l'un d'eux, d'une longueur de plus d'un mètre, semblait un prodigieux tour de force.

La rétrospective, mais une rétrospective discrète qui ne comprenait que la seconde moitié du XIXe siècle, permit de présenter au public le merveilleux nécessaire d'armes prêté par le duc de Chartres et exécuté autrefois par Fauré Le Page, ainsi que la *Vénus sortant de l'onde* et la *Bacchante dansant* exécutées en 1854 pour le prince Demidoff par la maison Froment-Meurice.

Tous ces éléments s'unirent pour la réussite finale — réussite telle que le Musée dut conserver ses portes ouvertes à l'admiration des visiteurs pendant plusieurs mois, alors que dans l'esprit des organisateurs l'exposition ne devait durer que quelques semaines.

L'exposition de l'ivoire fut donc un grand succès ; celle de la *Dentelle* devait être un triomphe, surpassant presque sa devancière.

Exposition de la Dentelle (1904). — L'exposition de la dentelle fut, en effet, une sorte de révélation.

Elle arrivait, il est vrai, bien à son heure : à l'époque même où le jury de Galliera la décidait (avril 1903), le Parlement votait une loi qui devait assurer l'apprentissage de la dentelle dans les écoles communales des régions intéressées. Cette loi fut à la Chambre l'œuvre de M. Engerand, l'érudit député du Calvados, secondé par son collègue M. Vigouroux, député de la Haute-Loire.

C'est ainsi que les esprits politiques les plus extrêmes s'étaient rencontrés pour aider à la renaissance de cet art, éveillant la pensée de la parure la plus exquise qu'ait portée la femme depuis les temps les plus reculés.

La Ville de Paris ne se devait-elle pas d'encourager cette rénovation industrielle ; n'était-ce point demeurer fidèle à ses traditions d'élégance raffinée, en même temps que donner une marque de sympathie à cette industrie, qui occupe d'un bout à l'autre de la France des milliers de femmes.

Pendant six mois les centres dentelliers de la France entière unirent leurs efforts, travaillèrent avec une ardeur sans égale aux envois qu'ils devaient faire à Paris.

Aussi, au milieu des merveilles accumulées, aux côtés des chefs-d'œuvre des Lefébure, des Marescot, des Georges Martin, des Laurent Pagès, etc., une vitrine plus modeste, celle de l'*art rustique*, ne semblait nullement déplacée.

Cette vitrine, due à l'initiative des dames de l'Union centrale des Arts décoratifs, offrait d'autant plus d'intérêt qu'elle renfermait le travail de petits groupes d'ouvrières aussi bien du Nord que du Calvados, des Vosges, de la Manche ou du Finistère.

Cet art, l'art des humbles, l'art des ouvriers, l'art des paysans, avait sa place marquée dans la manifestation parisienne : il fut à juste titre l'un des éléments du succès.

La dentelle eut comme l'ivoire sa rétrospective, mais aussi discrète que la précédente, et ne remontant comme elle qu'au XIXe siècle. Nous signalerons dans cette rétrospective le *rochet du pape Léon XIII*, une merveille exécutée à l'occasion de son jubilé en 1887 à Bayeux par les soins de la maison Lefébure, et gracieusement prêté par le Musée du Vatican ; le *bavoir* en point d'Alençon ayant appartenu au roi de Rome ; le *manteau de cour* (toilette de mariée de l'impératrice Marie-Louise), en blonde lamée d'argent ; la *robe en point d'Alençon* de l'impératrice Eugénie, qui appartient à la duchesse de Mouchy ; le *voile de mariée en point d'Alençon* de la reine de Portugal ;

l'admirable *point d'Argentan*, de l'époque du premier Empire, exposé par Mme Jean Casimir-Périer ; le *voile de mariée en point de France*, de la comtesse Boni de Castellane; tous ces *clous* devinrent un puissant appui pour le succès de l'exposition qui fut — je le répète — considérable.

Près de cent mille visiteurs passèrent à Galliera : le seul jour du Grand Prix (12 juin) on en compta plus de dix-huit cents, et l'Exposition était ouverte depuis près de six semaines !

Cette vogue consacra définitivement les expositions du Musée Galliera.

Exposition du fer forgé, du cuivre et de l'étain (1905). — L'année suivante, par une alternance voulue, ce fut au fer forgé, au cuivre et à l'étain que le jury fit appel.

Cette exposition préparée avec soin put réunir dans un cadre délicieusement aménagé les ferronniers les plus notoires : elle permit de constater que nos modernes artistes ne le cèdent en rien à ceux de jadis en talent, en technique, en originalité.

Il faut d'abord citer Émile Robert, qui a sû élever son art à un point de perfection absolue, soit qu'il expose comme en 1905 un important balcon, à la décoration largement traitée, une grille, une porte, soit qu'à côté de ces travaux robustes, il présente un porte-musique d'une infinie délicatesse, ou des fleurs du travail le plus léger.

Brosset triomphe aussi dans d'admirables chenêts exécutés d'après des dessins de Bracquemond pour le baron Vitta.

F. Marrou de Rouen se révéla comme l'un des plus habiles techniciens. Le sous-secrétaire d'État aux Beaux-Arts, le jour même de l'inauguration, consacra la maîtrise de ce bel artiste, en lui achetant un très important et très original lampadaire à la décoration de pavots, qui depuis cette époque a été donne par l'État au Musée (pl. 56).

Parmi les artistes du fer on doit encore citer Edgar Brandt, dont la grande habileté évoque la consciencieuse minutie des Japonais; Pigeat, Morlet, Husson, Régius, Bergue, Michel, etc., ainsi que les ensembles présentés par M. Lucien Magne pour résumer la partie de son enseignement si fécond du Conservatoire des Arts et Métiers.

Tel fut, rapidement énuméré, le bilan du fer forgé.

Plusieurs noms dominèrent les envois des artistes de l'étain : Baffier, Brateau, Pierre Roche, Carabin, Desbois... Du premier, Pierre Roche a dit excellemment dans son rapport sur cette exposition :

« Pour Baffier, la plante est l'âme même du décor et il lui subordonne avec passion son vigoureux tempérament de sculpteur. Un fruit, une fleur, prennent pour lui l'importance d'une figure et comme pour ses statues il s'est fait praticien, avec la même sincérité pour l'objet d'art, il veut faire profession d'un métier, il est potier d'étain. Mais ce potier d'étain est d'une espèce rare, cet homme de métier ne peut cesser d'être un maître, et ses vases, ses chandeliers, ses services de table sont des œuvres irréductibles, profondément originales et dédaigneuses de toute concession (pl. 57).

« Brateau, ajoute Pierre Roche, dans le même rapport auquel nous empruntons ces lignes, novateur par son observation sagace de la nature, traditionnel par sa science pleine de goût des anciens styles, est avant tout le restaurateur de l'industrie de l'étain.

« Aucune des pièces sorties de son atelier ne sent le travail hâtif; tout est parfait dans les nombreux modèles qu'il tire des matrices gravées avec une scrupuleuse perfection. »

Pierre Roche, qui se montra dans ce rapport si bienveillant envers ses émules, artiste d'une si étonnante originalité qui depuis longtemps a su approfondir et assouplir toutes les techniques, avait également apporté à l'exposition un grand nombre d'objets en étain tout à fait intéressants, comme un carrelage *Hippocambes*, un autre carrelage *Sirène et Tritons*, des statuettes représentant *Adam et Ève*, une théière *Têtard* qui appartient actuellement au Musée, etc.

Du vigoureux et probe artiste qu'est Ruppert Carabin, nous citerons trois panneaux de salle à manger : la *Viande*, le *Pain*, le *Blé*.

Desbois exposait également d'admirables pièces en étain, merveilleusement patinées par Hébrard, à côté de statuettes et de plats en cuivre de l'art le plus raffiné. Citons encore les étains de Lelièvre qui a su tirer des effets décoratifs si curieux de l'ombelle; Fourain, Vibert, Blache, Louis Boucher, Alexandre Charpentier, représenté par la charmante fontaine achetée depuis longtemps par le Conseil municipal et appartenant au Musée.

L'exposition du cuivre n'était pas moins brillante. Bonvallet, avec ses beaux vases rehaussés d'une exécution si parfaite et d'une composition si sobre (pl. 58). Brindeau avec ses lustres, ses frises, ses bougeoirs, ses fleurs, ses clefs ; Alexandre Charpentier avec ses boutons de porte, ses serrures et plaques de propreté ; Pierre Roche avec son aigle pour l'église Saint-Jean de Montmartre, ses mascarons pour projections lumineuses, et Brandt, et Rault, et Kann, et Rambaud, et Daguet, et Morlet ; et les cuivres découpés de Tois et Gallerey et tant d'autres... Tout cela formant un ensemble inoubliable et d'une variété des plus amusantes.

Ajoutons que les maisons Siot-Decauville, Susse et Blot

avaient apporté au milieu de cette exposition d'art décoratif des statuettes qui l'égayaient de la façon la plus vivante, statuettes signées de Larroux, de Larche, de Lefèbvre, de Ledru, de Max Blondat, etc.

Exposition de la Soie (1906). — A l'exposition du Fer forgé succéda l'exposition de la Soie, comme avait succédé l'exposition de la Dentelle à celle de l'Ivoire.

Ici l'exposition fut divisée en deux sections : celle de l'ameublement et celle du vêtement.

Dans la section de l'ameublement, les formules classiques furent exposées à côté des formules modernes, afin que le public, encore peu préparé à ces dernières, pût comparer les unes et les autres. C'est que, pour la soie, il était impossible de ne pas admettre les dessins de style.

« Est-ce à dire que nous devions combattre obstinément tout ce qui en art décoratif est la répétition de l'ancien ? s'écrie M. Roger Milès dans son rapport.

« Là nous nous heurtons à une grosse difficulté : en voulant paralyser l'effort des copistes d'autrefois, on risquerait de n'aller qu'à un non sens ; ce n'est pas d'aujourd'hui que le goût moderne s'est attaché avec une fureur qui va jusqu'à la folie aux meubles anciens. Les meubles du xviiie siècle, qu'ils soient de la Régence, de Louis XV ou de Louis XVI, qu'ils soient authentiques ou issus de truquages ou de contrefaçons, qu'ils soient des chefs-d'œuvre, ou de vulgaires imitations, sont disputés, et dans les appartements où ils se tiennent imposent des lignes générales de style.

« Or, les industriels qui fabriquent des tissus d'ameublements ont pour but principal de vendre ces tissus, et leurs clients qui se meublent en style hésiteraient certainement à

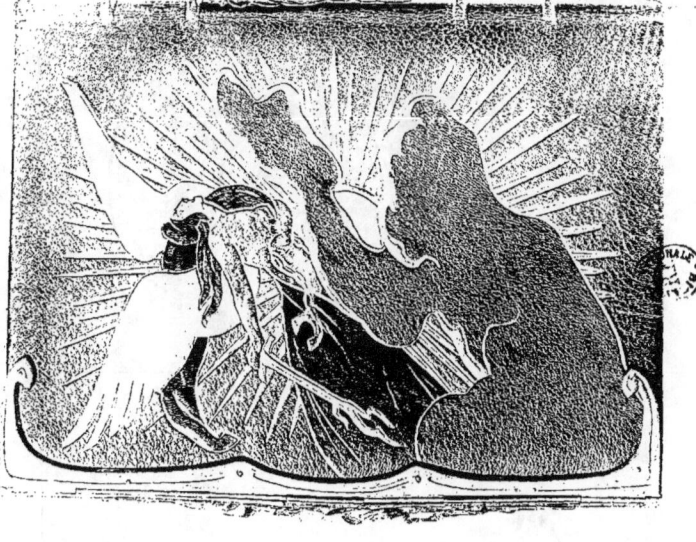

LA BASTILLE
(Reliure d'art par Victor Prouvé).

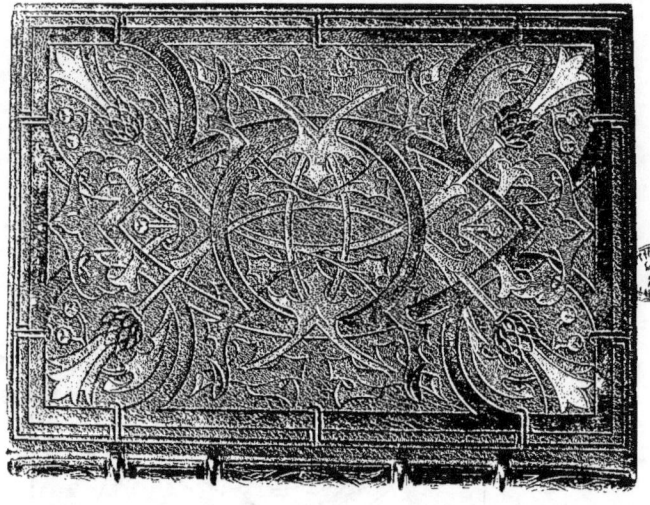

LE LIVRE DES MÉTIERS
(Reliure d'art par Marius Michel).

(Page 146.)

MUSÉE GALLIÉRA

Pl. 56.

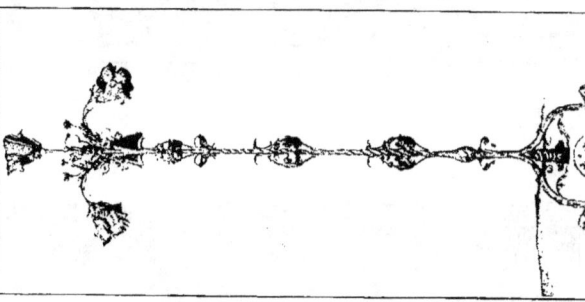

PLAT TERRE VERNISSÉ
par Methey.

LAMPADAIRE FER FORGÉ
par Marion.
(Page 152.)

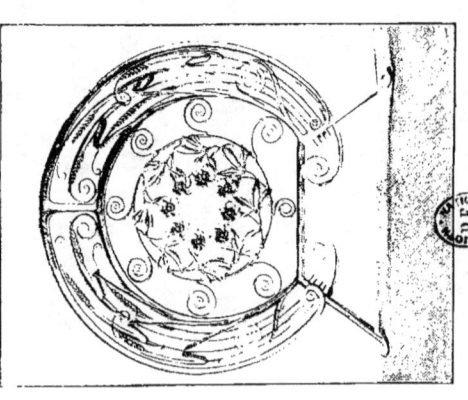

DEVANT DE FEU FER FORGÉ ET VERRE GAUFRÉ
par Szabo.

essayer la symphonie d'un meuble ancien orchestrée de tentures modernes. Force est donc à ces fabricants de créer des imitations de décor ancien pour accompagner ces meubles anciens ou soi-disant tels. Que l'on déplore la dépense d'une technique sûre et d'une riche matière pour ces rééditions du passé, rien de plus logique ; mais il faut l'admettre cependant et se donner la peine d'en comprendre les causes : et si l'on se sent porté vers les efforts modernes que MM. Cornille, Chatel et Tassinari, pour ne citer que ceux-là, ont si magnifiquement réussi, on ne peut nier sans injustice la valeur du travail manifesté par ceux qui ont répété avec une incroyable et décevante habileté les dessins des styles ressuscités. »

Cette explication était indispensable pour expliquer la tendance de l'exposition de la Soie qui semblait sortir du programme édicté par le jury de Galliera : M. Roger Milès l'a excellemment dit, mais, ces réserves faites, il faut reconnaître impartialement que la section de l'ameublement contenait de véritables merveilles et que la vitalité de l'industrie de la soie en France s'y affirmait puissamment.

Les maisons Cornille frères, Hamot, Bouix, Boutard, Bouvard, la maison Chatel, Tassinari et Cie, la maison Henry, la maison Combé et Delaforge, la maison Lamy et Gautier offrirent à l'admiration des visiteurs les plus beaux modèles, copies de tissus anciens, et les compositions modernes les plus séduisantes.

Plusieurs de ces étoffes avaient été tissées pour des souverains : la maison Henry (de Lyon) par exemple, exposait un brocard créé pour la décoration d'une grande salle du Palais du Schah de Perse ainsi qu'une robe de brocart d'or fin à reflets changeants tissée pour le couronnement de la reine Alexandra.

Quant aux étoffes modernes, les dessins d'une richesse si variée, si harmonieuse, et d'un effort si intéressant, étaient dus à des artistes tels que Bohl, Lengauer, Alexandre Sandier, Gillet, Lucien Magne, Giraldon, Félix Aubert, etc.

Pour ce qui est de l'exposition des tissus pour vêtements, c'était une féerie, un éblouissement, un véritable enchantement pour les yeux.

Les satins et taffetas imprimés de Coudurier, Fructus et Descher, les gazes et mousselines de Brunet-Leconte, Devay et Paule, d'Henri Bertrand; les moires et crêpes de Bornet, les pékins et les voiles de Chavent père et fils (toutes maisons établies à Lyon), les voiles imprimés et décorés de fleurs de velours, d'Atuyer, Bianchini, Férier et Cie, de Paris, offraient à l'envi les coloris les plus suaves, les dispositions les plus séduisantes. Les tons les plus délicats de la rose et du camélia semblaient vaincus.

Et quel charme dans les décorations achevées au pinceau, dans ces caresses du dessin et de la couleur!

Dans un art moins raffiné, plus populaire, la chambre syndicale des tissus de Saint-Étienne avait réuni la plus somptueuse et la plus chatoyante exposition de rubans de satin aux sujets tissés.

La chalcographie du Louvre elle-même présentait des gravures imprimées sur satin d'une finesse et d'un rendu incomparables.

Enfin, parmi les artistes isolés, il faut citer Mme Marie Gautier et ses peintures sur soie, Mme Gaston Lecreux et ses gardes de livres, M. Ferekenne et son curieux coussin de soie ceint de dentelle d'argent.

Enfin, selon la tradition, une section rétrospective limitée au XIXe siècle avait été adjointe. Elle fut composée en grande partie par les soins du très érudit directeur du Musée historique des tissus de Lyon.

Ce ne fut pas un des moindres attraits de la manifestation. Toute l'histoire anecdotique du xixe siècle étant évoquée sur quelques mètres carrés de soie ou de velours, sur des gilets, des rubans, des foulards, etc.

M. Delard, l'habile conservateur, avait eu, en outre, pour la présentation de cette exposition, si difficile à organiser, l'initiative d'une très heureuse idée, qui fut reprise par la suite dans des expositions similaires : ce fut de semer les vitrines d'objets précieux, ivoires délicats ou grès aux coloris rares qui faisaient valoir les envois des exposants, donnant à chaque vitrine une originalité propre, et sauvait l'ensemble de toute monotonie.

Exposition de la Porcelaine (1907). — L'exposition de la Porcelaine put réunir en 1907 dans les vitrines de Galliera les plus grands noms de la céramique, aussi bien de la céramique d'art pur que de la céramique industrielle.

Parmi les artistes ce sont : les Chaplet, les Decœur, les Lachenal, les Dammouse, les J.-M. Michel Cazin, les Delaherche, les de Feure, les Ernest Carrière, les Thesmar, etc., toute cette pléiade qui honore si grandement l'art moderne français. On y ajouta un nom illustre entre tous : Auguste Rodin.

On ne soupçonnait guère que Rodin se fût appliqué à la décoration de la porcelaine : et cependant, à l'époque où il fut attaché à la manufacture de Sèvres, il composa quelques pièces d'une grande beauté : certaines d'entre elles furent exposées en 1907 à Galliera. Ce fut pour le public comme une révélation.

A côté de ces artistes d'une si puissante originalité, un certain nombre de manufactures et d'associations participèrent à l'exposition : il convient de mentionner particulièrement la maison Haviland et Cie, la maison Théodore Haviland, toutes deux de Limoges ; la maison Pillivuyt et Cie de Mehun-sur-Yèvre, la maison E. Gérard de Limoges, l'école nationale d'Art décoratif de Limoges, l'association des Arts limousins, enfin la manufacture nationale de Sèvres qui se surpassa.

L'exposition de la Porcelaine obtint, auprès du grand public, le plus franc succès et permit à plusieurs artistes de se révéler. Au point de vue matériel elle donna des résultats excellents et provoqua de nombreuses ventes.

C'est que la céramique, au contraire de la soie, est de tous les arts appliqués celui où se sont le plus fait sentir les efforts des novateurs et qui a accompli le plus de progrès réels dans le sens de la recherche de formules originales, de techniques nouvelles. Il convenait donc, pour que l'on pût jeter un regard d'ensemble sur ce progrès, de lui consacrer une exposition ; c'est ce qu'a compris alors le jury de Galliera. Mais celui-ci n'a sagement désiré présenter au public qu'une partie de la céramique, réservant de consacrer une exposition ultérieure au grès, à la faïence et à la terre cuite[1].

C'est pourquoi la porcelaine seule fut choisie. Le très vif et très franc succès de cette exposition servit d'ailleurs à démontrer surabondamment que l'art décoratif peut être orienté dans une voie franchement moderne.

Ce qui a pu se réaliser pour la porcelaine, ce qui se réalisera certainement pour l'autre partie de la céramique, peut sans tarder l'être également pour la plupart des autres branches de l'art appliqué.

---

1. Cette exposition a eu lieu à Galliera en 1911 (N. de l'E.)

Et ce grand résultat, si gros de conséquences au point de vue de la prospérité et de la suprématie industrielles artistiques de la France, c'est au Musée Galliera et par conséquent à la Ville de Paris qu'on le devra.

L'importance de l'exposition de la porcelaine a été judicieusement mise en lumière par l'excellent rapporteur M. Gaston Stiegler.

« Cette exposition, écrit-il, arrivait à son heure avec d'autant plus d'opportunité que l'industrie de la porcelaine s'est notablement élargie pendant ces dernières années. Les modifications qu'elle a traversées sont si profondes que l'ancienne définition du mot porcelaine, qui supposait parmi les qualités de la matière celle de la translucidité n'est plus guère applicable à un très grand nombre de produits exécutés aujourd'hui. Ces produits en effet, s'ils sont toujours fabriqués avec les mêmes sortes d'argiles n'en subissent pas moins des préparations qui souvent les rendent opaques, leur enlevant certains aspects devenus depuis longtemps familiers par une habitude très ancienne et lui donnant parfois celui de la faïence ou du grès. »

Un fait entre autres montrera quelle a été la répercussion à travers les milieux d'art, aussi bien en France qu'à l'étranger, de cette exposition.

L'envoi de M. Taxile Doat ayant été remarqué par les délégués de *The Lewis Publishing Company*, cet artiste a été ultérieurement nommé par cette association, qui possède cent millions de revenus annuels, directeur de l'Institut céramique *d'Universal City* à Saint-Louis, aux appointements fort rémunérateurs de cinquante mille francs par an.

Ainsi, grâce au musée Galliera, un artiste français enseigne les traditions de notre art national en Amérique.

Exposition de la Parure précieuse de la femme (1908). — L'exposition de la parure précieuse de la femme offrait de très graves difficultés d'exécution.

Réunir, grouper, présenter, choisir de façon intelligente une sélection de tous les objets dont la femme se pare, dans le cadre, délicieux il est vrai, mais plutôt restreint du musée Galliera, cela n'offrait-il pas des difficultés insurmontables, n'était-ce point courir à un échec presque certain ?

Il n'en fut rien cependant et, sans pouvoir être taxé d'exagération, on peut affirmer que la manifestation de 1908 ne le céda en rien aux précédentes et même étonna les visiteurs par la variété inattendue des pièces exposées, l'éblouissante richesse des vitrines, la nouveauté et l'originalité des formes décoratives.

Et loin de ressembler comme on pouvait le craindre à une boutique de bijouterie, le musée sortit victorieusement de cette épreuve un peu hardie.

C'est que non seulement on y admira des bijoux : peignes, broches, pendentifs, épingles, sautoirs, colliers, bagues, boucles, bracelets, etc., mais aussi des ceintures, des écharpes, des voiles, des ombrelles, des glaces à main, des flacons de sels, des éventails, des broderies, des boutons, des boîtes à poudre, des cols de dentelles, des rabats, des mouchoirs de Chantilly ou d'Alençon, des missels,... jusqu'aux coiffures de théâtre !

Cette grande diversité d'objets choisis avec soin, dans une note très moderne, jointe à la multiplicité des matières employées, sauva l'exposition de la monotonie, lui communiqua une vie propre, une sorte de vie multiple frémissante et quelque peu versicolore.

Les envois les plus remarqués furent ceux de la maison Boucheron, qui exposa des merveilles, de M. Lucien Gaillard, où triomphaient à la fois la forme et la somptuosité ; de M. Lionel Le Couteux, qui sait si bien marier l'or à la nacre ; de M. Charles Rivaud, aux vigoureuses harmonies ; de la maison Vever aux émaux admirables, du comte du Suau de la Croix avec ses émaux translucides, de M. E. Lelièvre, de Henri Hamm, un spécialiste de la corne.

C'est encore Edgard Brandt et les frères Nics, créateurs des bijoux forgés, Feuillâtre et Paul Bonnaud et leurs émaux ; ce sont les belles expositions de Charles Boutet de Monvel, d'Edmond Becker, R. Bouvet, Henri Dubret, G. Fouquet, A. Fourain, Jorel, Mme Lecreux, Ch. Lefebvre fils, Paul Liénard, Franck Scheidecker, Vernier, etc., etc.

Il faudrait citer tout le catalogue pour ne pas commettre d'injustice.

Je n'ai pas encore parlé de Lalique le réservant pour la bonne bouche...

C'est qu'une fois de plus, Lalique montra son incomparable talent, sa maîtrise parfaite, son goût personnel, son originalité féconde, qui le placent à la tête de l'art décoratif contemporain.

Ajoutons que les éventails étaient brillamment représentés par la maison Faucon, qui en outre exposait la collection du peintre Demidoff de San Donato ; par Duvelleroy, par Lefébure et par Georges Martin. En outre, Lefébure et Georges Martin avaient apporté un choix de délicieuses dentelles.

Exposition des papiers et toiles imprimés et pochés. Cartonnages, reliures industrielles (1909). — Après la féerie noire et blanche de la *dentelle*, après les rudes magies du *fer forgé*, après les ruisselantes caresses de la *soie*, les joyaux de la *porcelaine*, la floraison incomparable de la *parure précieuse*, cela semblait une idée paradoxale de tenter une exposition d'une matière aussi peu riche que le *papier peint*.

Comment réaliser avec elle les merveilles des manifestations d'art antérieures ? Comment lutter, à l'aide de papiers plus ou moins bien coloriés, avec les gemmes, avec la dentelle, avec les somptueux grès flammés ou les coroles délicates du fer forgé ?

Cela fut cependant, grâce au goût délicat et ingénieux de M. Delard : l'exposition du papier ne fut pas au-dessous de ses devancières.

Une sorte de plancher recouvert d'un tapis uni régnait tout autour de la salle principale du musée. Au-dessus de ce tapis couraient des plinthes, de sorte que les papiers étaient présentés collés sur un mur, arrêtés par une corniche, absolument comme s'ils avaient été présentés dans un appartement.

Pour que l'illusion fût plus complète, des meubles appropriés au genre de papier exposé se trouvaient placés sur le tapis circulaire : sur chaque meuble, divers objets d'art.

En sorte que la manifestation semblait à la fois une exposition de papiers peints et une exhibition d'agencements modernes. Et l'on admira tour à tour, les frises, les panneaux, les décors des maisons J. Petitjean et Follot, J. Grantil, Ernest Duru, L'Homme, de la Société anonyme des anciens établissements Desfossé et Karth, de MM. Jules Coudyser et Maurice Dufrène, tous présentant un effort considérable au point de vue de leurs qualités décoratives, tous du coloris le plus fin, le plus doux, le plus harmonieux...

Mais cette exposition ne fut pas le triomphe du seul papier peint, n'apporta pas seulement par l'ingéniosité toujours renouvelée des artistes qui s'y adonnaient, la preuve manifeste de la vitalité d'une industrie dont les derniers efforts avaient été un

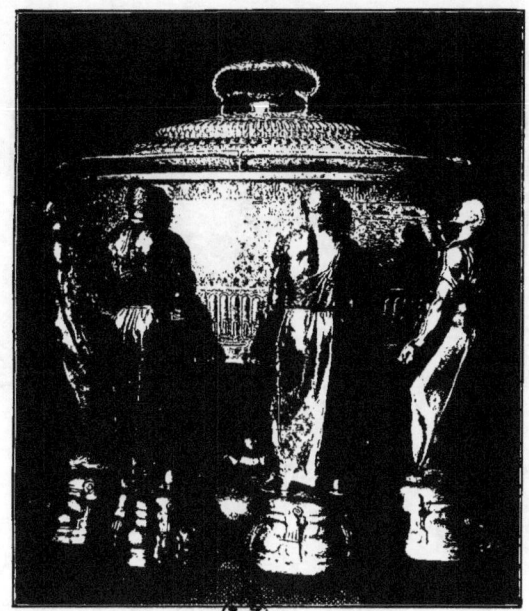

GRANDE SOUPIÈRE ÉTAIN ET CUIVRE
par Jean Baffier. (Page 152.)

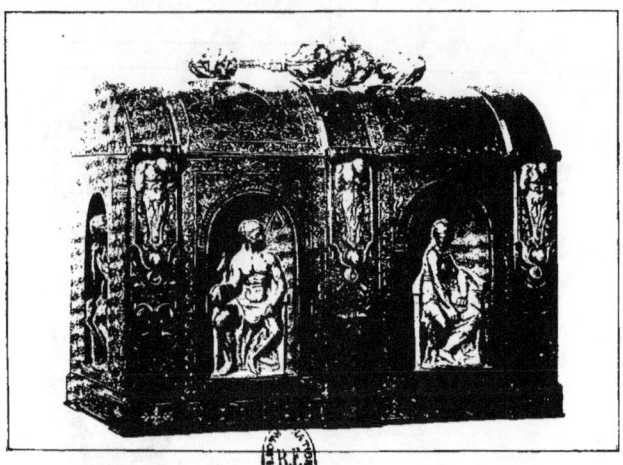

« LES SEPT PÉCHÉS CAPITAUX »
(Coffret fer damasquiné or et argent par Gauvin). (Page 152.)

MUSÉE GALLIÉRA

Pl. 58.

VERRERIE D'ÉMILE GALLÉ
(Page 164.)

CUIVRE DE VALLET
(Page 153.)

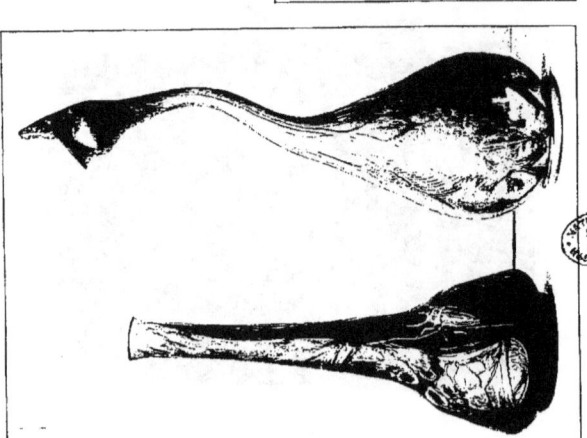

VERRERIE DE DAUM — VERRERIE DE TIFFANY
(Page 164.)

peu dédaignés : ce fut la victoire des petites industries secondaires.

Quoi de plus délicieux en effet que la collection d'éventails en papier dessinés par Louise Abbema, Bac, Chéret, Georges Redon, Robida, Roubille, Willette, Besnard, Boutet de Monvel, Abel Faivre, de Feure, etc., et présentés par Duvelleroy et Piver.

Que de goût, de charme, de fraîcheur dans les cartonnages de Piver composés par Félix Aubert, Eugène Belville, Maurice Dufrène, René Lalique, etc., dans ceux des maisons Lubin, Masson, C. Caron, V. Delahaye, A. Leblond, etc.

Les cartonnages de théâtre donnaient miraculeusement au carton l'apparence de la pierre, du bronze, de la porcelaine... Et quel fini ! Quelle justesse de proportions !

Parmi les reliures il faut citer les belles plaques de MM. Ch. Magnier et fils, Hachette et Cie, les originales toiles de Franz, de Vermorel; parmi les papiers de garde les curieuses pièces de Chudant, les papiers d'Hersaint, d'Hermand, de Keller-Dorian et Silvin, d'Edmond Koch, de Putois, les papiers pour cartonnages et gaînerie des maisons Evette et Albert Motelet.

Enfin, pour les projets de frises, citons les beaux travaux de René Berthommier, de Laugier, de Jacques Bille, d'André Hellé.

Une rétrospective discrète accompagnait l'exposition. Je n'insisterai pas sur ce point, ayant moi-même présenté une importante collection de boîtes à bonbons et à ouvrages du xixe siècle ; mais je dois également citer les belles reliures industrielles apportées par l'érudit bibliophile Henri Béraldi, la collection de toiles imprimées donnant l'ensemble de la production française jusqu'en 1870, le paravent Empire présenté par M. Alexis Godillot, etc.

Cet ensemble fit courir une fois de plus tout Paris au musée Galliera.

Exposition de la Verrerie et de la Cristallerie artistiques (1910). — L'Expositien de la verrerie et de la cristallerie qui vient de fermer ses portes au mois de novembre dernier ne le cède en rien comme intérêt aux expositions précédentes (pl. 58).

Cette manifestation a affirmé la très grande prospérité de l'industrie du cristal si brillamment représentée par Baccarat, ainsi que la maîtrise véritablement admirable de l'école de Nancy, de feu Gallé, en particulier, qui rénova en quelque sorte l'art appliqué contemporain.

La réputation de Baccarat est universelle; rien en effet n'est plus beau, plus riche, plus pur que la matière employée par notre grande manufacture française. Les merveilleux cristaux, gravés, taillés, décorés et montés avec goût, les services de table destinés aux Souverains de tous les pays du monde, les grands vases décoratifs dans le goût de la Renaissance, cette superbe torchère pompéienne, pièce monumentale ornée de bronzes ciselés et dorés, enfin les beaux vases modernes d'après Douy-Pascault et François Moreau ont prouvé une fois de plus que Baccarat gardait la noble tradition qui a fait sa réputation, je dirai presque sa gloire. Toutefois pourrait-on formuler un désir : que sans s'éloigner, sans délaisser cette tradition dont elle s'enorgueillit à juste titre, la manufacture de Baccarat cherche un peu plus à se rapprocher des formes nouvelles, des conceptions plus modernes et plus originales.

C'est ainsi qu'à côté de Baccarat, la maison Toy a exposé deux vitrines de Léveillé-Rousseau, un chercheur, curieux à la fois comme formes et comme coloris.

Les verreries, cristalleries de Saint-Denis de MM. Pannier frères (Escalier de cristal), de la cristallerie de Pantin (cristaux gravés de M. de Vez) offraient aussi des qualités de décoration remarquables.

Puis c'est Lalique et auprès de lui les Dammouse, les Georges Despret, les Decorchemont, qui ont exposé de merveilleuses pâtes de verre. C'est Ringel d'Illzach, qui s'inspire de la plante, c'est Alphonse Giboin, dont la technique est si sûre, Muller, aux paysages savoureux, E. Michel, mort il y a quelques années, admirable par la netteté de la gravure, Jean Cros, qui présente d'intéressantes pâtes de verre à côté de celles de son père Henri Cros qui fut un si curieux artiste.

Puis c'est le musée des Arts Décoratifs qui a prêté de belles pièces de Brocard et de Rousseau.

Quant à Lalique il s'est contenté de mettre sous les yeux du public quatre pièces seulement, trois coupes et un devant de corsage d'une haute noblesse d'inspiration et d'une merveilleuse virtuosité d'exécution. Lalique a ainsi prouvé une fois de plus qu'il est le maître naturel de l'art appliqué.

Quant à l'œuvre de Gallé, ce fut à coup sûr le clou de l'exposition.

Gallé! et déjà apparaissent ces formes de rêve inconnues jusqu'à ce jour, cette richesse de la matière, cette puissance admirable de recherche et d'originalité qui font de ce novateur hardi un des plus grands artistes de notre époque. A Galliera on put admirer un ensemble de l'œuvre comme on n'en a jamais vu sans doute et comme on n'en verra plus jamais. C'est que Mme Gallé s'était dépouillée des richesses de sa collection particulière et les présentait dans le cadre de meubles sortis également du cerveau de son mari; à côté d'elle, les plus grands collectionneurs avaient apporté les pièces les plus riches de leurs collections, qui, jointes à celles qui appartenaient au musée, formaient une réunion et un ensemble absolument uniques.

« Ce fut un triomphe posthume pour le grand Gallé, écrit M. Henrivaux, dont la compétence est bien connue [1], Gallé le chef d'école qui en créant le genre a multiplié ses créations artistiques, a rendu ses productions célèbres et d'une célébrité mondiale, Gallé dont le mérite comme verrier, céramiste, ébéniste, écrivain, poète et comme sentimental devrait être chanté par un Lamartine, un Victor Hugo, Gallé qui après avoir émerveillé ses contemporains ne comptait que des fidèles et des admirateurs, a disparu en plein talent, ne laissant que des regrets, nous quittant trop tôt, mais pour entrer dans l'immortalité. »

C'est que, comme Lalique, Gallé fut un poète, un poète qui sut chanter la mystérieuse beauté de la matière comme celle plus difficile encore à réaliser de la ligne.

Les œuvres de ces deux maîtres, presque l'évocation de la vie intellectuelle, la réalisation du rêve, c'est quelque chose que non seulement on admire, mais qui fait penser.

Voici l'exemple à suivre, qui sera et qui est déjà suivi.

L'exposition de Daum au musée Galliera en fut la preuve. On y admira par dessus tout l'habileté, la recherche de la présentation. Les vitraux de pâte céramique transparente, d'une tonalité douce quasi immatérielle, enveloppaient la présentation d'un effet charmant de forme, de délicatesse, de captivante beauté. C'est que la maison Daum est bien celle qui succède à Gallé, dont les progrès sont incessants et qui demain l'égalera.

Faut-il parler également des vitraux qui se trouvaient aussi dans le programme de l'exposition ?

Ils étaient brillamment représentés par Jacques Gruber, par Bettannier, par Henri Carot, par Chigot, par Fargue, par

---

[1]. *Art et Industrie*, n° de juillet 1910.

Guillemin, Armand Pâris, Em. et Ch. Tournel, Gaudin, Laumonnerie, Marcel Delon.

Citons enfin les mosaïques de pâte de verre de René Martin, de Ringel d'Illzach, de Bapterosses, etc.

Telle fut cette exposition de la verrerie qui marque en quelque sorte comme l'apothéose des expositions d'art industriel du musée Galliera.

Le cycle est encore loin d'être épuisé, on annonce pour l'an prochain l'exposition de la poterie. Peut-être le jury se décidera-t-il également à organiser des décennales ; j'en suis pour ma part très partisan : la décennale de la reliure par exemple montrerait bien les progrès véritables réalisés par nos relieurs depuis dix années.

En tout cas la preuve est faite à présent : le musée Galliera, autrefois désert, inconnu de la plupart des Parisiens, est aujourd'hui une des curiosités de la capitale : grâce à l'art industriel, cet art traité autrefois avec mépris comme le Musée lui-même.

J'ai déjà dit qu'en dehors des époques fixées pour les expositions renouvelées chaque année, le Musée ne demeurait pas moins ouvert, offrant aux visiteurs suffisamment d'éléments pour ne pas être oublié. C'est que, en dehors des admirables tapisseries que j'ai décrites et du cadre charmant dans lequel elles sont exposées, le fonds même du Musée n'est pas sans attraits.

Grâce au Conseil municipal, il s'enrichit chaque année d'objets achetés soit aux salons annuels, soit aux expositions particulières, soit aux artistes eux-mêmes.

De plus, un grand nombre de ces derniers, imitant l'exemple du South-Kensington de Londres, ont adopté les salles du Musée pour y installer une exposition permanente de leurs œuvres, exposition qu'ils renouvellent et modifient à leur gré.

Parmi ces expositions on peut citer les verreries de Gallé, de Nancy, les émaux d'Armand Point, et surtout la salle réservée aux porcelaines de Sèvres.

Cette salle en longueur, située à l'ouest, admirablement éclairée, offre un intérêt constant par l'ensemble des plus récentes productions de notre grande manufacture nationale.

A l'autre extrémité du Musée une salle similaire abrite les productions des écoles professionnelles de la Ville de Paris.

Ce sont les travaux des élèves de ces écoles que le Conseil municipal a désiré mettre sous les yeux du public, aussi bien pour montrer leurs progrès que pour entretenir parmi eux une noble émulation.

La critique fut quelquefois sévère pour cette salle. J'oserai dire que cette sévérité fut parfois injuste. Le voisinage des œuvres exécutées par les artistes est, il est vrai, bien dangereux pour les modestes essais des écoles professionnelles, mais l'on aurait grand tort d'établir entre eux une comparaison.

En mettant sous les yeux du public quelques résultats de l'enseignement pratique donné aux écoles Boulle, Estienne, Bernard Palissy, Germain Pilon, Dorian, etc., on a voulu simplement prouver que ces écoles professionnelles n'étaient pas inutiles, et que, si elles ne produisent pas toujours des artistes éminents, elles donnent à l'industrie parisienne de bons ouvriers. C'est là encore l'un des buts atteints par le Musée Galliera.

Pour en revenir aux expositions renouvelées et spéciales, qui sont en somme la note très personnelle du Musée, est-il besoin de rappeler que tout un programme demeure en perspective ?

La réalisation de ce programme sera la gloire de la Ville de

Paris : elle aura de la sorte créé un Musée unique au monde.

Les Musées d'art industriel étrangers — pour la plupart d'ailleurs institutions d'État — n'ont en effet rien de commun avec Galliera.

Ceux-ci sont presque tous — surtout les allemands — des Musées d'enseignement et pas autre chose.

Ce sont des réunions intelligemment présentées d'objets d'art anciens ; ce sont des rétrospectives, des reconstitutions pleines d'intérêt, excellentes pour l'instruction de l'ouvrier d'art ; ce ne sont pas des *résultats*.

C'est ce que vous trouverez à Munich, où le Musée national passe pour l'un des plus curieux de l'Allemagne, à Dresde, à Vienne, à Berlin, où l'effort est considérable, à Nuremberg, à Hambourg, à Amsterdam.

Si exceptionnellement les Musées de Nuremberg et de Vienne possèdent des sections modernes, ce sont des expositions de fabricants et non d'artisans : si à Hambourg il existe une petite section d'art industriel moderne due à des artisans, cette exposition est purement *française*, la plupart des achats ayant été faits à l'Exposition de 1900 !

On est dès lors en droit de se demander d'où provient l'enthousiasme débordant et exclusif de certains admirateurs de ces Musées. Ceux-ci n'ont qu'un avantage à mon avis, c'est de réunir, de concentrer toutes leurs richesses.

Voilà sans doute ce qui étonne et séduit : c'est de trouver dans un même et immense local toute l'histoire artistique d'un pays ou d'une ville. En France nous y mettons plus de coquetterie et nous disséminons nos trésors.

Si nous passons en Angleterre, nous nous trouvons en présence du fameux South-Kensington, ce Musée qui a provoqué en France, chez certaines personnes, un enthousiasme presque égal à celui des Musées d'art industriel allemand. Certes le Kensington est un Musée admirable renfermant toutes les branches de l'art, sous n'importe quelles formes, représentées par des modèles de haute valeur artistique : mais l'amoncellement de ces richesses mal coordonnées, souvent disparates, ne flatte guère l'œil, et ne saurait soutenir la comparaison avec nos Musées français, surtout avec Galliera.

MUSÉE GALLIÉRA

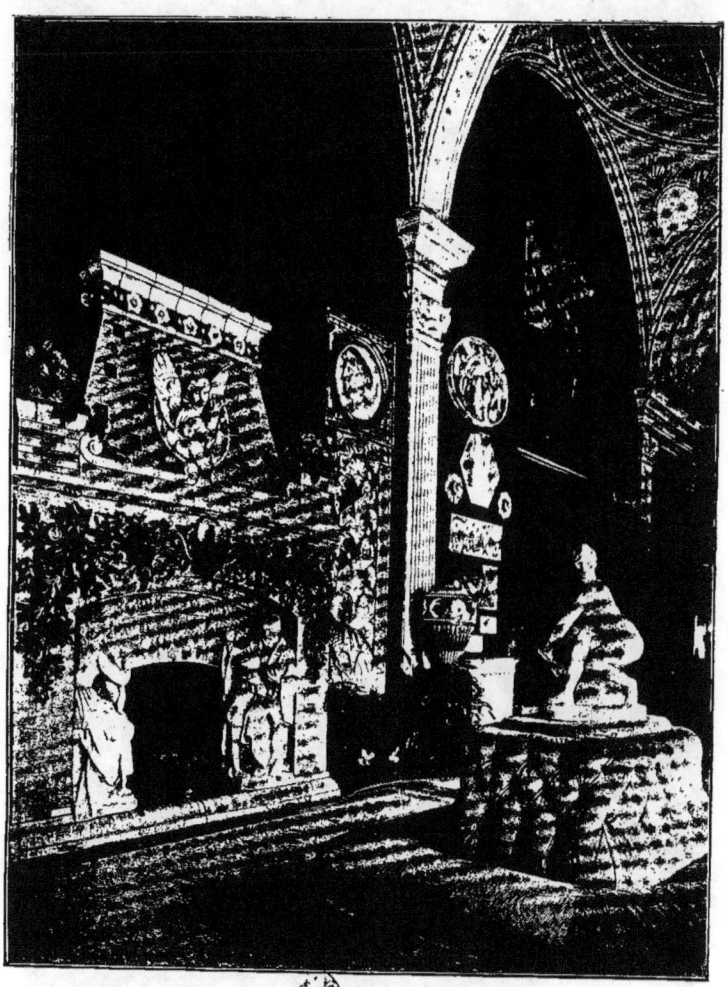

GRANDE SALLE DU FOND. CHEMINÉE TERRE CUITE ET FAIENCE
par Paul Sédille : Allard, sculpteur ; Lœbnitz, faïencier.

MUSÉE CERNUSCHI

Pl. 60.

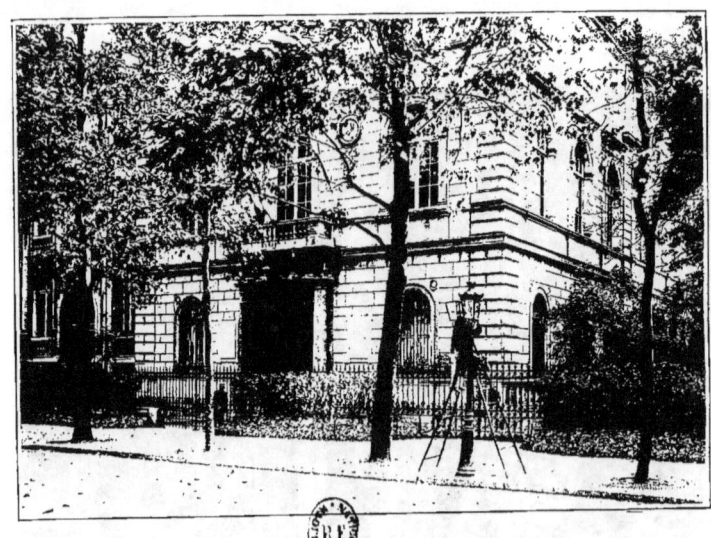

FAÇADE DU MUSÉE
(Page 171)

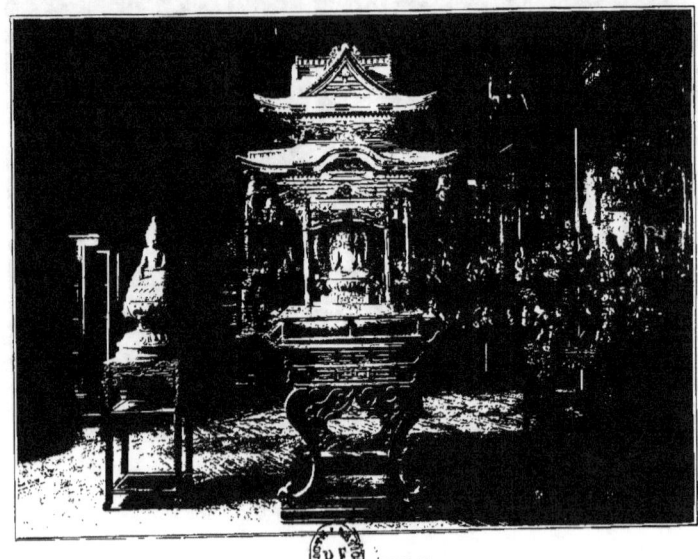

SALLE RELIGIEUSE
(Page 171)

CHAPITRE V

LE MUSÉE CERNUSCHI

Le Musée Cernuschi, inauguré le 26 octobre 1898, sous la présidence de M. Léon Bourgeois, ministre de l'Instruction publique et des Beaux-Arts, est un Musée d'art oriental qui fut légué à la Ville de Paris par un généreux collectionneur, M. Henri Cernuschi.

Il contient une série de pièces précieuses et rares d'une inestimable valeur, formant un résumé de l'art chinois et de l'art japonais à toutes les époques, choisies avec un goût parfait.

Il est installé dans l'hôtel qu'habitait Henri Cernuschi, avenue Velasquez (pl. 60), au parc Monceau, et qui fut légué par lui à la Ville de Paris en même temps que les collections qu'il renfermait.

L'acceptation du legs fut faite sur un rapport verbal de M. Levraud par le Conseil municipal à la séance du 3 juillet 1896.

Dans le discours qu'il prononça à l'inauguration du Musée, M. Navarre, président du Conseil municipal, nous donna quelques détails sur le généreux donateur.

Henri Cernuschi naquit à Milan en 1820 et ne fut naturalisé Français que par le gouvernement de la Défense nationale en 1870. Patriote ardent, Cernuschi prend part dès sa jeunesse, en 1848, au soulèvement de Milan contre la domination autrichienne ; mais les Piémontais étant intervenus sous la conduite de Charles-Albert, il quitte la Lombardie et va proclamer à Rome la République.

Arrêté par les amis du pape, jeté au château Saint-Ange, puis réclamé par l'autorité française, il est traduit devant un Conseil de guerre et condamné à l'internement en France.

Bientôt libéré, il est autorisé à venir habiter Paris. Il se trouvait alors sans ressources.

Entré comme petit commis au Crédit mobilier, il ne tarde pas à acquérir une grande réputation dans le monde financier en même temps qu'une immense fortune.

Resté fidèle à ses idées révolutionnaires, il fait parvenir en 1870 au Comité de la rue de la Sourdière, constitué pour lutter contre l'Empire, à l'époque du plébiscite, une somme de 100.000 francs; cette souscription lui valut d'être expulsé de France par le ministère Ollivier.

Rentré en France après le Quatre-Septembre, il obtient sa naturalisation, prend part à la Commune et manque d'être fusillé par les troupes de Versailles.

« Profondément attristé par cette terrifiante suite de catastrophes, ajoute M. Navarre, Cernuschi résolut de partir pour un grand voyage en compagnie de M. Théodore Duret, qui fut pendant de longues années son collaborateur dévoué.

« Les deux voyageurs visitèrent d'abord les États-Unis d'Amérique, puis ils se rendirent au Japon par San Francisco et le Pacifique.

« Un jour, au cours d'une de leurs promenades à travers les rues d'une ville japonaise, un marchand leur proposa de leur vendre des bronzes. Frappés de la beauté des pièces qui leur étaient offertes, ils acceptèrent, et l'idée leur vint de tenter de réunir une collection. Lorsque la possibilité de réaliser cette pensée leur fut démontrée, ils résolurent de la poursuivre avec méthode, de façon à constituer un ensemble présentant vraiment une histoire complète de l'art chinois et japonais. Telle fut l'origine de l'intéressant Musée que nous inaugurons aujourd'hui.

« Non seulement il contient les pièces les plus rares et les plus précieuses au double point de vue de la perfection artistique et de la valeur historique et documentaire, mais encore on y trouve une série ininterrompue de bronzes représentant l'art chinois et l'art japonais à toutes les époques. Il n'y a pas de lacune dans cette collection ; et, tandis que l'artiste et l'ouvrier d'art peuvent y admirer les formes les plus pures et les procédés de fabrication les plus savants, l'érudit et l'historien peuvent y recueillir les renseignements les plus complets et les plus intéressants sur l'évolution esthétique, philosophique et sociale des grands peuples de l'Extrême-Orient.

« Après le Japon, la Chine fut visitée par Cernuschi, et de Pékin, de Canton, de Yang-Tu, partaient incessamment d'immenses caisses qui rapportaient en France les dépouilles de marchands, des maisons de particuliers et même des temples des dieux.

« De retour à Paris, Cernuschi, ayant jusqu'alors habité un appartement relativement modeste, songea à construire pour sa collection un monument où elle pût être mise en valeur dans tout son éclat. Il se mit à l'œuvre et, avec une rapidité extraordinaire, le magnifique hôtel que nous admirons fut édifié. C'est là, au milieu des objets familiers, qu'il finit ses jours, entouré du respect et de l'affection de tous les hommes de cœur, après avoir fait dès longtemps le projet de léguer à la Ville de Paris l'incomparable Musée dont nous ouvrons aujourd'hui les portes, afin que ses artisans et ses artistes puissent venir y puiser une inspiration, ses savants un enseignement, son peuple tout entier contempler les vestiges des civilisations antiques. »

N'oublions pas de rappeler qu'une exposition générale de tous les objets rapportés par M. Cernuschi avait été organisée au Palais de l'Industrie, du mois d'août 1873 au 31 janvier 1874. Ce fut comme une révélation de l'art chinois et japonais dont jusqu'alors on n'avait jamais vu de spécimens aussi nombreux et aussi riches.

« Tel qu'il est, dit M. Pierre Despatys, aujourd'hui conservateur-adjoint du Musée, dans son intéressant ouvrage sur les « Musées de Paris », le Musée Cernuschi est un admirable Musée dont la municipalité doit se montrer fière au point de vue esthétique d'abord et beaucoup aussi au point de vue pratique.

« On ne se doute guère en effet du nombre d'objets que nous voyons chez des fabricants français qui ont été inspirés par des modèles chinois et japonais. A l'heure actuelle, on vient encore constamment se documenter auprès de ces merveilleux créateurs qui savent si bien réunir la hardiesse dans la conception et la conscience dans l'exécution.

« La conservation de ces curieuses collections est de toute façon assurée aux Parisiens.

« Car si la Ville avait jamais l'intention de s'en dessaisir, elle ne peut le faire, aux termes des conditions imposées par M. Cernuschi, qu'en les donnant au Musée du Louvre avec tous les frais d'aménagement à sa charge. »

Comme je l'ai signalé plus haut, les principales richesses du Musée Cernuschi consistent en bronzes chinois et japonais d'une très grande rareté.

La série chinoise plus particulièrement offre des objets d'une telle valeur d'art qu'aucun Musée ne semble pouvoir présenter un ensemble de bronzes rituels antiques approchant, même de loin par le nombre et par la beauté, des bronzes qui y sont exposés (pl. 60).

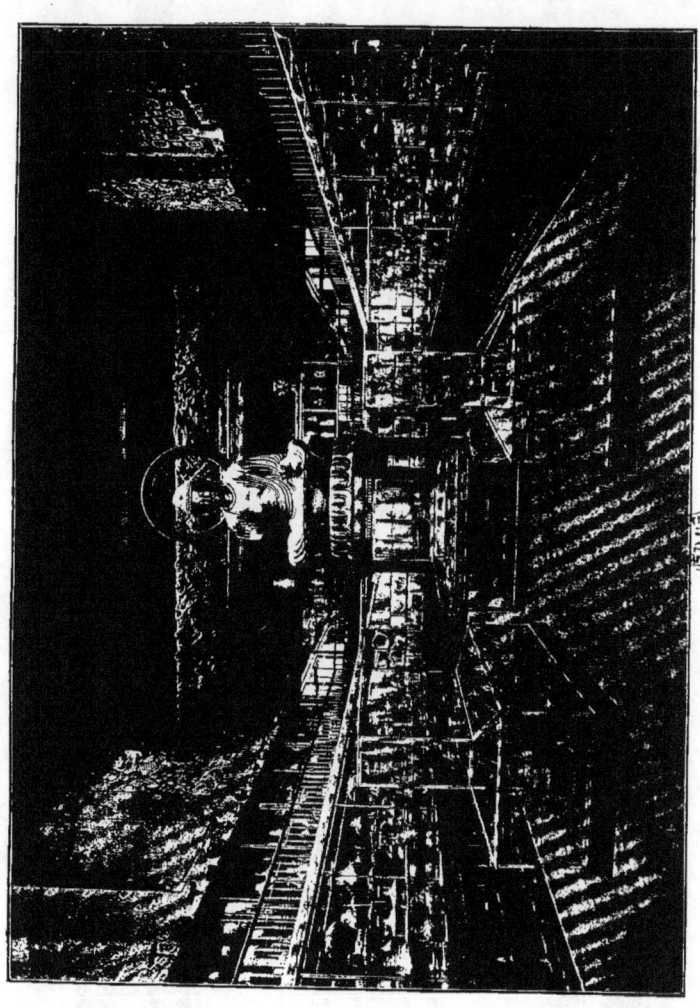

SALLE DU GRAND BOUDDHA
(Page 177.)

Pl. 62.   MUSÉE CERNUSCHI

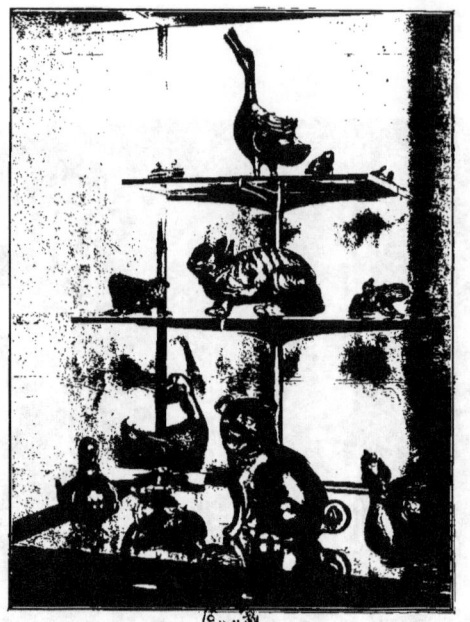

BRULE-PARFUMS JAPONAIS
(Animaux xvɪᵉ et xvɪɪᵉ siècles). (Page 177.)

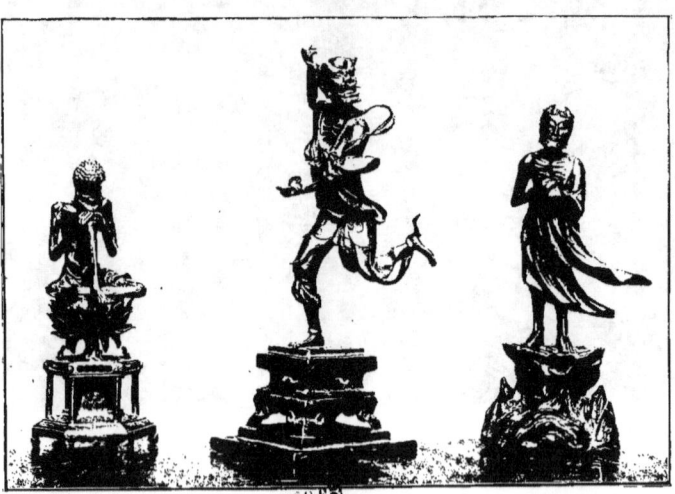

BOUDDHA PÉNITENT   KONG-TSEUNG   BOUDDHA PÉNITENT
(Chine xvᵉ siècle).   (Dieu de la littérature).   (Chine, xvɪᵉ siècle).
(Bronze doré et laqué). (Chine, xvɪᵉ siècle, bronze).   (Bronze).
                         (Page 177.)

Tel est du moins l'avis de l'érudit conservateur du Musée Cernuschi, M. d'Ardenne de Tizac, qui a bien voulu mettre à la disposition du service des Beaux-Arts, lequel nous les a communiquées, quelques notes d'un puissant intérêt, que nous allons résumer.

Il faut signaler en première ligne, parmi les antiquités chinoises, une vaste cuve de bronze, d'un mètre de diamètre, décorée de patines naturelles rouge, bleue et vert malachite. Cette cuve paraît remonter à la dynastie des Chang, ce qui lui donnerait une antiquité d'environ quatre mille ans.

Elle porte, sur la panse, la plupart des ornements-types de l'art chinois ancien : le *lei ouen* (la grecque) le *t'ao-t'ie* (masque d'animal fantastique « le glouton »), les palmettes, et cet ornement très particulier, en forme de ligne onduleuse, que l'on définissait ainsi quelques siècles plus tard sous la dynastie des Tcheou : « Le Serpent entoure ce vase de ses replis. »

Il y a quelques mois, le représentant du comité archéologique de Tokio, visitant avec le conservateur du Musée de Boston les collections européennes d'Extrême-Orient, a été vivement frappé par cette pièce incomparable. Il a fait prendre des photographies en grandeur naturelle tant de l'ensemble que des détails en se proposant de les soumettre à des érudits chinois. Il doit même tenir au courant du résultat de ses recherches le service des Beaux-Arts de la Ville de Paris, en même temps que le conservateur du Musée.

A côté de cette cuve, qui doit être classée absolument à part, il faut citer la série à peu près complète des vases rituels pré-bouddhiques, tous antérieurs à l'ère chrétienne, et divisés en deux catégories : les *tsouen*, vases à vin et les *yi*, vases à mets. Ces vases servaient à la présentation des offrandes aux âmes des ancêtres ; ils sont au nombre de trois cents environ.

Parmi les *tsouen* (vases à vin) (pl. 64), il faut signaler : (catégorie *tchou-tsouen*) le magnifique vase dont les flancs portent l'empreinte de deux mains dorées, étudié d'abord par M. Jacquemart lors de l'exposition de la collection Cernuschi au Palais de l'Industrie, puis par M. Paléologue dans son volume, l'*Art chinois ;* une haute jarre à la forme élancée, patine verte sans ornement (catégorie des *taï-t'souen*) ; la série tout entière des *kou*, des *tsio*, et, dans celle des *neï-yen-you*, les trois spécimens permettant de suivre l'évolution de ce type depuis l'antique dynastie des Chang jusqu'au XVIIIe siècle de notre ère ; enfin, la série des *hi tsouen*, presque tous incrustés d'argent et d'or.

Parmi les *yi* (vases à mets), à côté des *ting* (chaudrons), il faut donner une place à part à un exemplaire très rare de *yen*, vase servant à cuire les mets du sacrifice par le procédé de la vapeur d'eau. Il faut mentionner encore les *san-hi-ting* (chaudrons des trois victimes), les *fou* et les *koueï* qui servaient pour les viandes et les grains bouillis, une série complète de cloches (*tchoung*), depuis le modèle antique à arêtes rectilignes jusqu'à la forme ronde qui se rapproche du type occidental, et un tambour de guerre de la dynastie des Han.

Un très grand nombre de pièces portent des inscriptions qui n'ont point toutes été encore déchiffrées. M. Chavannes, professeur au Collège de France et membre de l'Institut, a pu en déchiffrer quelques-unes.

Une vitrine a reçu quelques-unes des pièces les plus délicates datant de la grande époque Ming (1368-1628). Ce sont, pour la plupart, des bronzes incrustés ou cloisonnés, d'une très grande valeur. On y a joint une pièce de jade vert et un vase de cristal taillé. Comme objets de bronze il faut encore citer, dans la série des pièces religieuses, une grande statue en partie dorée de Bouddha debout, et surtout une curieuse statuette, remontant au vi° siècle, représentant Maitreya, le Bouddha futur; cette statuette avait perdu ses deux bras qui ont été grossièrement remplacés ; l'une des mains est même en bois.

Plusieurs miroirs de bronze sont d'une belle époque ; certains ont fait l'objet d'études spéciales particulièrement de la part de M. Chavannes.

Parmi les cloisonnés deux méritent une mention particulière; ils datent de la période Kien-long (xviii° siècle).

Le Musée Cernuschi possède également, dans la section chinoise, un certain nombre de pièces de céramique et un ensemble de céladons d'une belle matière.

Dans le grand escalier, un panneau de très grande taille, broché or et argent sur soie bleue doit dater de la fin du xvii° siècle.

Il faut également ne pas oublier un bois sculpté représentant un personnage assis (Koan-ti, dieu de la guerre).

La collection japonaise, plus nombreuse, présente cependant moins d'intérêt que la section chinoise, sinon comme valeur, du moins comme rareté. Il faut tout d'abord signaler le grand Bouddha de Megouro qui mesure 4^m,5o environ de hauteur et fait partie des Daïbouts ou Bouddhas colossaux du Japon (pl. 61).

L'histoire de l'acquisition de cette statue dans la banlieue d'Yeddo a été contée par M. Théodore Duret dans son *Voyage en Asie*.

Je ne m'attarderai pas à la série des grands vases de temple, me bornant à signaler ceux qui portent les armes du Taïcoun ou des Tokougawa, ni aux brûle-parfums en forme d'animaux (pl. 62) : il faudrait s'arrêter à chaque pièce pour noter soit l'ingéniosité de son invention, soit la qualité de sa matière. Cet ensemble est d'autre part un des plus complets que l'on puisse réunir.

Parmi les pièces importantes je signalerai trois grands

masques de bronze du xv° siècle : les bronzes japonais de cette époque sont fort rares. L'un d'eux porte la date de 1480.

Plusieurs pièces de grande dimension paraissent remonter au xvii° siècle, tels un cerf et une biche aux lignes souples et aux mouvements accusés (pl. 64).

Parmi les très nombreuses statues du xviii° siècle, voici un Koan-ti et un portrait de Bankoroubé, « bienfaiteur du peuple » (pl. 63), exécuté par Mourata Kounihissa de Kioto en 1783 : ces deux statues sont de grandeur naturelle ; la seconde offre cette particularité d'être l'un des rares portraits civils de la statuaire japonaise.

Un brûle-parfums, composé d'un vase rond qu'entoure un dragon colossal, retient justement l'attention : il fut fondu au début du xix° siècle.

Si la collection Cernuschi contient peu de laques, du moins possède-t-elle l'un des plus considérables spécimens de cet art précieux avec un grand tigre en bois laqué or de l'école de Zingoro (fin du xvi° siècle).

A citer également de nombreux spécimens de céramiques japonaises classés par catégories d'origine.

Un classement récent effectué sous l'habile direction de de M. d'Ardenne de Tizac a eu pour but d'amener le public à comparer chaque section de l'art chinois avec la section correspondante de l'art japonais. Il permet ainsi de discerner plus facilement l'un et l'autre, que l'on confond malheureusement trop souvent.

Je cite enfin pour mémoire la collection d'objets russes du baron de Baye longtemps exposée au Musée Galliera et qui fut transportée et aménagée récemment dans une salle spéciale du Musée qui nous occupe.

Elle comprend notamment des séries de bijoux russes cauca-

Pl. 63.

MUSÉE CERNUSCHI

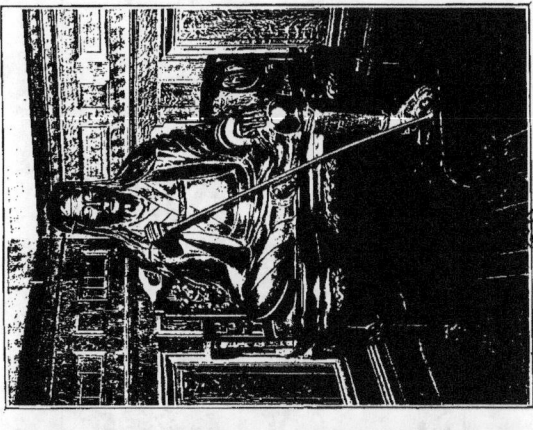

BANKOROURÉ (BIENFAITEUR DU PEUPLE)
(Par Mourata Kounihissa 1783. Bronze japonais).

KANNON BOSATSU ou KOUANN-IN P'OU-SA
(Bronze en partie dorée. XVᵉ ou XVIᵉ siècle).
(Page 178.)

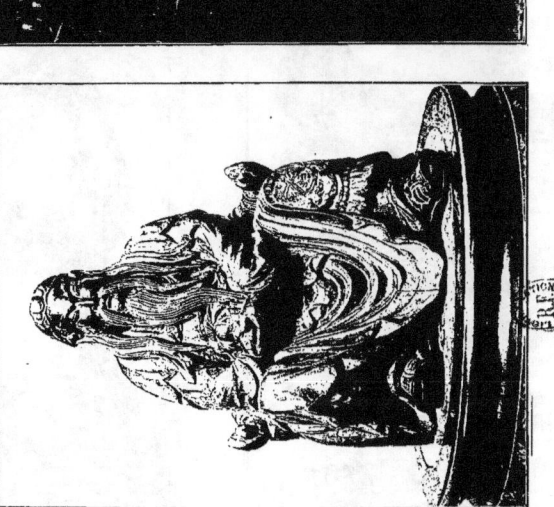

KOAN-TI (DIEU DE LA GUERRE).
(Bois. Chine XVIᵉ siècle).

MUSÉE CERNUSCHI Pl. 84.

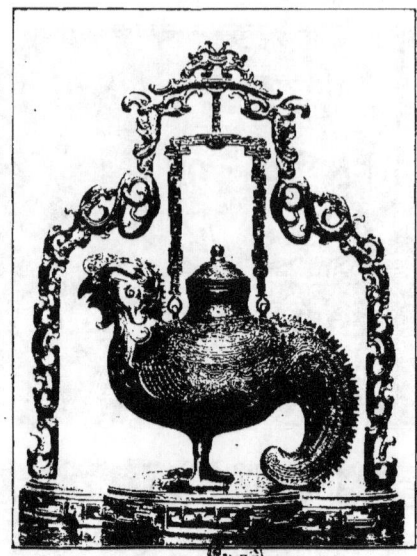

VASE NI YEN YOU
(VASE RITUEL POUR L'OFFRANDE DU VIN)
Bronze frotté d'or, Chine, XVe siècle.
(Page 176.)

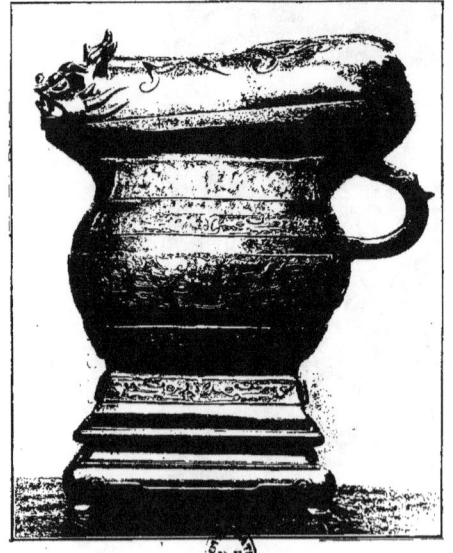

VASE (TS'OUEN) POUR L'OFFRANDE DU VIN
Bronze incrusté d'or et d'argent, Chine, Dynastie Tcheou
(Page 176.)

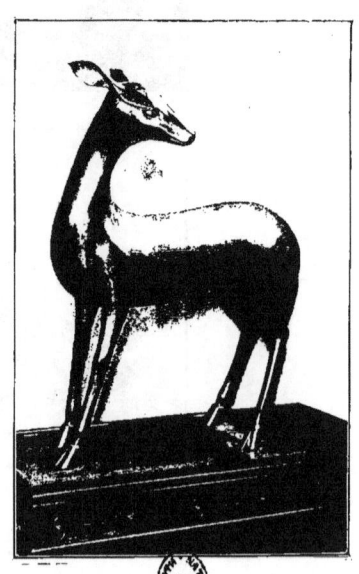

Bronze japonais, XVIe siècle.
(Page 176.)

siens et sibériens anciens et modernes; des dentelles, des broderies, et divers échantillons de brocards ; tous ces objets recueillis avec peine nous initient à cet art oriental plus voisin de nous que l'art chinois ou japonais. Il offre par cela même une transition intéressante.

Tel est le Musée Cernuschi ; enfoui sous les verdures du parc Monceau, il est malheureusement trop peu connu et trop peu suivi par le public. Il n'en est pas moins d'un puissant intérêt pour les érudits et pour les passionnés de cette branche toute spéciale de l'art.

Peut-être serait-il utile d'en rappeler l'existence au gros public par des conférences. Il appartiendrait au Conseil municipal de le galvaniser en quelque sorte et de le faire sortir de l'oubli où il s'enlise depuis un certain nombre d'années [1].

1. Ce vœu a reçu, depuis l'époque où l'auteur le formulait, un excellent commencement d'exécution par la belle exposition qu'a organisée M. d'Ardenne de Tizac et qui a ouvert ses portes le 8 mai 1911 (N. de l'E.)

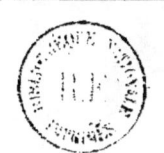

INDEX DES NOMS CITÉS[1]

A

ABBÉMA (Louise), 163.
Achille et Thétis, 142.
ADAM, 153.
ADLER, 69.
AGAURY (d'), 91.
ALBERT, 76.
ALBERTI, 56.
ALDES, 48.
Alençon, 150, 160.
ALEXANDRA, 155.
ALEXANDRE (Arsène), 59, 129.
Alexandre III (avenue), 77, 82.
ALLAIN, 127.
Allemagne, 163.
ALLOUARD, 36, 148.
ALPHAND, 14, 40, 92.
Alsace, 66.
AMAN-JEAN, 70.
AMBROISE (Saint), 142.
Amérique, 159, 172.
Amsterdam, 169.
ANDRIEU, 79, 80.
ANGUILLER (d'), 7.
Angleterre, 169.
ANNE D'AUTRICHE, 48.
ANNE DE BRETAGNE, 45, 55, 56.
Annecy, 42.
ANTOMMARCHI, 109.
ARDENNE DE TIZAC (d'), 175, 178, 179.

Argentan, 151.
ARGOUGES (Florent d'), 91.
ARNAUD (Isaac), 126.
Asie, 177.
ATUYER, 156.
AUBÉ, 36.
AUBERT (Félix), 156, 163.
Austerlitz, 109.
Auteuil, 24, 25, 27, 28, 29, 39, 40, 142.
AVED, 104.

B

BAC, 163.
Baccarat, 164.
BACCIELLI, 106.
BAFFIER, 143, 152.
BAHUET, 39, 77.
BAIL (Joseph), 40, 70.
BAILLY, 112, 122.
BALTARD, 12, 14.
BANKOROUBÉ, 178.
BAPTEROSSAS, 167.
BARBAROUX, 110.
BARBIER, 13.
Barbizon, 63, 64.
BARBOTIN, 77.
BARREAU, 128.
BAROCHE, 119.
BARRE, 80.
BARRIAS, 37, 73, 77, 148.
BARRIAS (Mme), 73.
BARRIÈRE, 12.
BARTHÉLEMY, 121.

BARCHE, 72, 80.
BASCHET, 70.
Bastille, 100, 109, 110, 114, 115.
BAUDELAIRE, 131.
BAUDIN (Pierre), 99.
BAUDOT, 12, 13.
BAUDOUIN, 84.
BAUDRY (Paul), 132.
BAUZONNAT, 146.
BAYARD, 119.
BAYE (Baron de), 178.
Bayeux, 150.
BEAUCHAMP (Comte de), 121.
BEAUMANOIR (Jean de), 126.
Beauvais, 142.
BECKER, 61.
BÉGUINE, 36.
BEHAM, 50.
BELLAN, 41, 120.
BELLERY-DESFONTAINES, 70.
Belleville, 41.
BELTRAND, 67.
BELVILLE, 163.
BENOIT-LÉVY, 67.
BERALDI, 74, 76, 129, 145, 163.
BÉRANGER, 117, 118.
BÉRAUD, 70.
Bercy, 41.
BERGHEM, 52.
Bergues, 152.
Berlin, 169.
Bernardins, 103.

---

1. Les noms géographiques sont en italique.

INDEX DES NOMS CITÉS

BERTAUX (Léon), 36.
BERTHOLDI, 56.
BERTHOMMIER, 163.
BERTRAND (Général), 108.
BERTRAND (Henri), 77, 156.
BESNARD, 35, 37, 70, 71, 77, 78, 83, 163.
BÉTHUNE (Maximilien de), 126.
BETTANNIER, 166.
BEUGNOT (Comte), 121.
BEUVE (Paul), 133.
Beyrouth, 63.
BIANCHINI, 156.
BICHET, 109, 121.
BIDA, 119.
BILLAUD-VARENNES, 112.
BILLE (J.), 163.
BILLOTE, 41, 70.
BIXIS (Mme), 121.
BLACHE, 153.
BLANCHE, 41, 67, 70, 71.
BLAVET (Mme), 120, 121.
BLÉMONT, 129.
BLONDAT, 154.
BLOT, 153.
BLUMENTHAL, 72.
Bobèche, 106.
BOCCACE, 46.
BOCHOLT (de), 50.
BOHL, 156.
BOILLY, 38, 105, 107, 108, 123.
BOISSY D'ANGLAS, 77.
BOITTELLE-BATBEDAT (Mme), 121.
BOILVIN, 76.
BOISLÈVE (Claude), 91.
BOLL, 19.
BONAPARTE, 109.
BONNAT, 18, 29, 37, 39, 69, 73, 77, 78, 129, 132.
BONNAUD, 161.
BONNIN, 121.
BONVALLET, 153.
BORGIA (Lucrèce), 56, 127.
BORNET, 156.
BORREL, 80.
BOSIO (Baron), 10.
BOSSE (Abraham), 45.
BOSSUET, 103.

Boston, 175.
BOTTICELLI, 49.
BOUCHER, 44, 53, 107, 153.
BOUCHERON, 148.
BOUDDHA, 176, 177.
BOUIX, 154.
BOULANGER, 132, 133.
BOULARD, 121.
BOULLE, 168.
BOURDALOUE, 103.
BOURDON (Sébastien), 140, 142.
BOURGEOIS, 16.
BOURGEOIS (Léon), 171.
BOUTARD, 155.
BOUTET DE MONVEL, 161, 163.
BOUVARD, 22, 31, 102, 155.
BOUVET, 161.
BOVY, 80.
BOYET, 146.
BRACQUEMOND, 77, 151.
BRANDT, 152, 153, 161.
BRATEAU, 152.
BRESLAU (Mlle Louise), 58, 62.
BRIFFE (Armand de la), 91.
BRIGNOLE, 136, 138.
BRINDEAU, 153.
BRISSON (Adolphe), 129.
BROCARD, 165.
BROSSET, 151.
BROUSSE (Paul), 64.
BROWN (Mlle), 76.
BROWN (Ralph), 14, 16, 24, 25, 26, 34, 88, 129.
BRUANT (J.), 102.
Bruges, 51.
BRULARD, 125.
BRUNET DE RANCY, 91.
BRUNET-LECOMTE, 151.
BRUNETTI, 123.
BRUTUS, 55.
Bruxelles, 140, 142.
BUFFET, 12, 13.
BUGATTI, 72.
BUHOT (Mme), 76.
BULAND, 77.
BULDUNG (Hans), 50.
Burgraves (les), 127.

BURNEY (Mme), 76.
BUZOT, 122.

C

CABANEL, 18, 132.
CABANEZ, 70.
CAIN (Aug.), 72.
CAIN (Georges), 24, 25, 26, 31, 32, 34, 42, 46, 90, 98, 99, 106, 107, 114, 115, 120, 124.
CAIN (Henri), 121.
CALAMATTA, 76.
CALLOT, 45, 52.
CALVADOS, 149, 150.
CAMERÉ, 67.
CAMERÉ (Mme), 67.
CAMONDO (de), 141.
CAMPAGNOLA, 49.
CANAPPE, 146.
CANEVARIUS, 47.
Canton, 173.
CAPÉ, 146.
CAPET (Veuve), 122.
CAPUCINS (Eglise des), 6.
CARABIN, 143, 147, 152.
CARAYON, 146.
CARLUS, 23, 83.
CARMES (Couvent des), 114.
CARNAVALET, 13, 14, 16, 25, 84, 89, 90, 97, 98, 99, 100, 116, 124.
CARNOT, 118.
CARO-DELVAILLE, 70.
CAROLUS-DURAN, 27, 29, 120.
CARON, 148, 163.
CAROT (H.), 166.
CARPEAUX, 37, 80.
CARPEAUX (Mme), 120.
CARPENTIER, 143.
CARREL (Armand), 118.
CARRIER-BELLEUSE, 41, 67.
CARRIER-BELLEUSE (Mme), 67.
CARRIÈRE, 40, 76, 78, 157.
CARRIÈS, 57, 58, 59, 60, 61, 62, 74, 143.
CARS (Laurent), 53.
CASANOVA, 142.

INDEX DES NOMS CITÉS

Casimir-Périer (Mme Jean), 151.
Castellan, 12.
Castellane (Comtesse Boni de), 151.
Castellus, 55.
Catherine de Médicis, 56.
Caunois, 80.
Cavilier, 80.
Cazin, 40.
Cazin (Michel), 157.
Céard (H.), 98.
Cernesson, 19.
Cernuschi, 170-173.
César, 55.
Chabas, 70.
Chabrol de Volvic (Comte de), 9.
Chaillot, 115.
Chaix d'Est-Ange, 19.
Chambord (Comte de), 118.
Chambolle, 146.
Chambolle-Duru, 146.
Chamillart (Mme de), 47.
Champagne (Philippe de), 140, 142.
Champ-de-Mars, 5.
Champigny, 39.
Champin, 118.
Champollion, 77.
Champs-Élysées, 19, 21, 22, 28, 82, 115, 143.
Chang (Dynastie des), 175, 176.
Chantilly, 160.
Chaplain, 80.
Chaplet, 157.
Chaplin (Mme), 75.
Chapu, 80.
Charcot, 128.
Chardin, 53, 104.
Charles-Albert, 172.
Charles IX, 47.
Charpentier (Alexandre), 153.
Chartran, 70, 71, 78, 84.
Chartran (Mme), 72.
Chartres (Duc de), 149.
Charvet, 121.
Chassaigne de Néronde, 70.

Chassériau, 121.
Chatel, 155.
Châtelet, 122.
Chaumette, 112.
Chaumié, 61.
Chautard, 128, 129.
Chauveau, 121.
Chavannes, 176, 177.
Chavent, 156.
Chavigny (D. de), 91.
Chénard, 108.
Chénevières, 41.
Chénier (André), 112.
Chéret, 41, 67, 71, 163.
Chifflart, 38.
Chigot, 166.
Chinard, 109, 113.
Chine, 42, 45, 173.
Choiseul (Paullon de), 102.
Chudant, 163.
Cicéron, 48.
Clairin, 78.
Claretie, 129.
Clémenceau, 113.
Clément, 52.
Clerget, 119.
Clodion, 46, 80.
Clouat, 113.
Cluny, 95, 96.
Cochin, 53.
Cogniet (Léon), 18.
Colbert, 48.
Colins (Gustave), 70.
Collin, 19, 141.
Collot d'Herbois, 112.
Combé, 155.
Combes, 142.
Comus, 105.
Concorde (Place de la), 105.
Condé (Prince de), 103.
Condorcet, 112.
Conflans, 41.
Congo, 148.
Constant (Benjamin), 29, 37, 79, 132.
Constantinople, 63, 64.
Contat (Mlle), 106.
Convention (la), 4, 7.
Convers, 22, 23, 82.
Coquard (abbé), 19.

Corday (Charlotte), 110.
Cordeliers (Couvent des), 110.
Cormou, 67, 84.
Cornille, 155.
Corny (Mme Ethys de), 121, 122.
Cornu (Vital), 36.
Corot, 114, 139.
Corroyer, 148.
Cortot, 10, 12.
Cottet, 69.
Couturier, 156.
Coudyser, 162.
Coulanges (Abbé de), 106.
Courbet, 38, 66, 68, 69, 73, 74, 77.
Courbet père, 73.
Courbet (Mlle Juliette), 68, 73, 74.
Courbet (Mlle Zélie), 73.
Cours-la-Reine, 21, 22, 57, 86, 115.
Cousin (Jules), 90, 96, 97, 98.
Couthon, 112, 113.
Couture, 33, 118.
Coysevox, 100.
Crauck, 80.
Creil (Elisabeth de),
Cros (Henri), 165.
Cros (Jean), 165.
Culture Sainte-Catherine, 6, 90.
Curmer, 121.
Cuvilier, 36.
Cuyp, 44.
Cuzin, 146.

D

Dagnan, 114.
Dagnan-Bouveret, 70, 72, 78.
Daguet, 153.
Daïbouts, 177.
Daillon, 36.
Dalou, 36, 61, 62, 64, 71, 132.
Dalpeyrat, 143.
Damouse, 143, 157, 165.

INDEX DES NOMS CITÉS

DAMPT, 143, 148.
DANGEAU (Hôtel), 98, 113.
DANTAN, 80, 105, 117.
DANTON, 110, 111, 123.
DAPHNIS et CHLOÉ, 142.
DAUM, 166.
DAUMET, 69.
DAUMIER, 38.
DAUPHIN (le), 122.
Dauphine (Place), 116.
DAUSSET, 128, 144.
DAVIAUD, 140.
DAVID, 12, 53, 108, 111.
DAVID D'ANGERS, 37, 80, 117, 118, 132.
DEBUCOURT, 107.
DEBUREAU, 106.
DECAISNE, 12.
DECAMPS, 132.
DECŒUR, 157.
DECORCHEMONT, 165.
DEGAS, 72.
DEGEORGE, 80.
DEGUERRY (Abbé), 19.
DÉJAZET, 106.
DELACROIX, 53, 74, 77, 79, 118.
DELAFORGE, 155.
DELAHAYE, 163.
DELAHARCHE, 143, 157.
DELARD, 157, 162.
DELAROCHE (Paul), 12.
DELAVIGNE (Casimir), 12.
DELHOMME, 19, 86.
DELLA-ROBBIA, 46.
DELON (M.), 167.
DELORME (Marion), 127.
DELOYE, 80.
DELZANT, 19.
DEMACHY, 108, 113, 115, 122.
DEMIDOFF, 149, 161.
DENON, 51.
DEPAULIS, 80.
DEROME, 32, 48, 146.
DERVILLÉ (Stéphane), 120.
DESBOIS, 152.
DESBOUTIN, 76.
DESCHER, 156.
DESFOSSÉS, 152.
DESMARY, 127.

DESMOULINS (Lucile), 107.
DESPATYS (Pierre), 24, 26, 174.
DESPLAS, 61.
DESPRET, 165.
DESVALLIÈRES, 70.
DESVERGNES, 22, 23, 83.
DETAILLE, 29, 37, 70, 78, 119, 120.
DEUTSCH DE LA MEURTHE, 121.
DEVAY, 156.
DEVÉRIA, 76.
DEVILLE, 129.
DIAZ, 44, 68.
DIDIER-POUGET, 41.
Dieppe, 148.
DIEU, 76.
DINET, 69.
DOAT (Tanile), 159.
DOIGNEAU, 68, 70.
DOMARD, 80.
DONNAT, 70.
DOPPET, 113.
DORBEC, 90.
DORIAN, 168.
DOUBLE, 46.
DOUCET (J.), 121.
DOUY-PASCAULT, 164.
Dresde, 169.
DREVET (Pierre), 52.
DREVET (Pierre-Imbert), 52.
DROLLING, 12.
DROUET, 131.
DU BARRY (Mme), 105.
DUBOIS, 80.
DUBOIS (Paul), 66.
DUBRET, 161.
DUBUFE, 68.
DUCHESNOIS, 122.
DUCLOS (Mlle), 106.
DUCLOS-DUTUIT, 30.
DUFAU (Mlle), 70.
DUFAUT, 118.
DUFRÊNE, 162, 163.
DUGAZON (Mme), 122.
DUJARDIN, 52.
DUJARDIN-BEAUMETZ, 74, 80.

DULUARD, 138.
DUMAS, 106.
DUMONT, 80.
DUMONT père, 10.
DUPLAY (Éléonore), 123.
DUPLAY (Simon), 121.
DUPRÉ (Augustin), 79.
DUPRÉ, 55.
DUPRÉ, 56.
DUPRÉ (Guillaume), 79.
DUPRÉ DE SAINT-MAUR, 91.
DURER (Albert), 45, 49, 50.
DURET (Théodore), 69, 72, 172, 177.
DURU, 162.
DUSART, 52.
DUTUIT (Auguste), 29-31, 33, 34, 36, 41, 45, 46, 49-51, 53, 54, 56, 57, 62, 69.
DUTUIT (Eugène), 42, 46, 47, 52.
DUTUIT (Mme), 32, 56.
DUVAL, 39.
DUVAL (Ferdinand), 135.
DUVAL-ARNOULD, 128.
DUVELLEROY, 161, 163.
DUVET, 52.
DUVIVIER, 79.

E

EARLOM, 54.
EDELYNCK, 53.
EDWARDS (Mme), 68.
ELIOT, 70.
ELISABETH (Mme), 121, 122.
ENGERAND, 149.
Epremesnil (Château d'), 34.
ESTE (Marquis d'), 55.
ESTIENNE, 168.
EUGÉNIE (Impératrice), 121, 124, 150.
EVE, 153.
EVE (Les), 47.
EVETTE, 163.
Eylau, 130, 132.

F

FABRE D'EGLANTINE, 112.
FABRE DE LARCHE, 121, 123.

INDEX DES NOMS CITÉS

FAGEL, 22, 23, 82.
FAITHORME, 54.
FAIVRE (Abel), 70, 163.
FALCOU, 16, 129.
FALIZE, 148.
FALLIÈRES, 120.
FANTIN-LATOUR, 40, 68, 132.
FANTIN-LATOUR (Mme), 68.
FARGUE, 166.
FAROCHON, 80.
FAUCHIER-MAGNAN, 70.
FAUCON, 98, 105, 161.
FAURE (Félix), 99.
FAUST, 68, 77.
FAYET (Comte du), 127.
FEREKERME, 156.
FÉRIER, 156.
FERRARI (Marquis de), 137.
FERRARY, 22, 23, 82.
FERRIER (Gabriel), 70.
FERRIER DES TOURETTES, 13.
FEUARDENT, 32.
FEUILLATRE, 161.
FEURE (De), 157, 163.
Fez, 63.
FICQUET, 53.
FIESCHI, 124.
Finistère, 150.
FLAMENG (François), 70.
FLANDRIN (Hipp.), 18.
FLAUBERT, 120.
FLEURY (T. Robert), 18, 132.
Florence, 52.
FOLIE-THÉLUSON (La), 115.
FOLLOT, 162.
FONTAINE, 12
Fontainebleau, 63.
FOUCHÉ, 112.
FOULD, 56.
FOUQUET (G.), 161.
FOUQUET (Surintendant), 47, 91.
FOUQUIER-TINVILLE, 112.
FOURAIN, 153, 161.
FOURNES, 70.
FRAGONARD, 44.
FRAIPONT, 77.
FRANCIA, 49.
Francfort, 125.
FRANCISQUE (Mme), 121.

FRANÇOIS Ier, 47, 48, 56.
Francome, 106.
Francs-Bourgeois (rue des), 101.
FRANZ, 163.
FREDY (Baronne de), 121, 122.
FREMIET, 29, 35, 69, 80, 132.
FRESNOY (Du), 47.
FREY (De), 52.
FREYCINET, 136.
FRIANT, 69.
FROMENT-MEURICE, 148, 149.
FROMENT-MEURICE (François), 125, 129.
FRUCTUS, 156.

G

GAGLIARDINI, 41.
GAILLARD, 160.
GALLI, 129.
GALLIERA, 25, 37, 101, 135-138, 142-144, 146-149, 151, 155, 157-160, 164-170, 178.
Galande (Rue), 114.
Galilée (Rue), 137.
GALIMAFRÉ, 106.
GALLÉ, 80, 143, 164-166, 168.
GALLERAY, 153.
GAMBETTA, 60, 120.
GAMERAY, 106.
GARCIN, 148.
GARDANNE (G^l), 110.
GARDET, 148.
GATEAUX, 80.
GATTEAUX, 12.
GAUDIN, 167.
GAUTHEREIN, 36.
GAUTHIER (Théophile), 43.
GAUTIER, 155.
GAUTIER (Mme Marie), 156.
GAVARNI, 76.
GAY, 75.
GÈNES, 137, 138.
GENSONNÉ, 112.
GEOFFRIN (Mme), 104.
GEORGES (Mlle), 106.

GÉRARD (Baron), 12, 122.
GÉRARD (E.), 158.
GERVAIS (Saint), 142.
GÉRICAULT, 44.
GÉROME, 18, 29.
GERVEX, 70, 77, 78.
GHOST (G^l), 112.
GIBOIN, 165.
GIGOUX, 76.
GILLET, 156.
GILLET (Dr H.), 121, 122.
GILLIES (De), 91.
GINAIN, 135, 139.
GIRALDON, 156.
GIRAULT, 21, 22, 27, 36, 69, 81.
GOBELINS (Les), 122, 141.
GODDE, 12.
GODILLOT, 163.
GOETHE, 125.
GOLTZIUS, 51.
GONZALÈS, 55.
GOUJON (Jean), 90, 100.
GOYA, 50.
GRAILLON, 148.
GRANTIL, 162.
GRASSET, 59, 70.
GRAVELOT, 48.
GRÉAN, 54.
GRÉBAUVAL, 21.
GRÉGOIRE, 8, 11.
GREUX, 77.
GREUZE, 44, 53.
Grève (Place de), 115, 116.
GRIGNAN (Mme de), 103.
GRIMOU, 106.
GROLIER, 45, 47.
GROUKOUSKI, 70.
GROS, 109.
GROULT (Mme), 121.
GRÜBER, 166.
GRUEL, 146.
GRÜN, 50.
GRÜNEWALD, 121, 122.
GUÉMÉNÉE, 126, 127, 128.
GUÉRARD, 75, 80.
GUÉRIN (Baron), 12.
Guernesey, 128, 131.
GUIGNARD, 70.
GUILBERT, 142.
GUILLAUME (Eugène), 71.

INDEX DES NOMS CITÉS

Guillaumet, 119.
Guillemet, 41, 70, 79.
Guillemin, 167.
Guillotin, 112.
Guys (Constantin), 67.

H

Hachette, 163.
Hals (Franz), 60.
Hamm, 161.
Hambourg, 169.
Hamot, 155.
Han (Dynastie des), 176.
Harpignies, 67, 73, 77, 78.
Hattat, 59, 95.
Haussmann, 13.
Haute-Loire, 149.
Haviland, 158.
Hébert, 18, 69, 71.
Hébrard, 72, 153.
Hédouin, 76.
Hellé, 163.
Hénard, 70.
Henner, 40, 66, 67, 71, 74.
Henner (Jules), 66, 67.
Henri II, 47, 48, 90, 102.
Henri III, 47, 48, 90, 124.
Henri IV, 47, 48, 56, 113.
Henri VI d'Angleterre, 56.
Henriot, 112.
Henriquel-Dupont, 76.
Henrivaux, 166.
Henry, 155.
Hercule, 23.
Hermant, 163.
Hérold, 19, 95.
Herpin, 55.
Hersaint, 163.
His de la Salle, 54, 55.
Hittorff, 19.
Hobbéma, 43.
Hochard, 70.
Hœntschel, 57-59, 61, 62.
Hoffbauer, 70.
Hollande, 64.
Honfleur, 34.
Hoste (L'), 126.
Hôtel-Dieu, 102.

Houdon, 106.
Houghe (P. de), 43.
Hourticq, 16.
Hoym (Comte d'), 47, 48.
Hubert-Robert, 38, 44, 108, 111, 115.
Huet, 14.
Huet (R.-P.), 76.
Hugo (Adèle), 133.
Hugo (Charles), 133.
Hugo (François), 133.
Hugo (Georges), 128.
Hugo (Jeanne), 128.
Hugo (Léopoldine), 133.
Hugo (Victor), 37, 89, 120, 125, 127-133, 166.
Hugo (Mme Victor), 133.
Hugues, 22, 23, 82.
Humbert, 41, 70, 79, 84.
Husson, 152.

I

Iéna, 137.
Indo-Chine, 148.
Ingres, 12, 71, 76, 77.
Injalbert, 22, 23, 67, 80, 82.
Isabey, 122.
Italie, 49, 56, 64, 137.
Iwill, 41, 71.

J

Jacque (Charles), 76.
Jacquemart, 176.
Jacquet, 68, 77.
Jacquet de Tigery (Françoise), 126.
Jacquet de Tigery (Pierre), 126.
Jacquette, 72.
Japon, 83, 152, 172, 173, 177.
Jarry, 47.
Jarry, 55.
Jauffey, 127.
Jean VII (Paléologue), 56.
Jeannin (Pierre), 56.
Jeanniot, 41, 70.
Jeaurat, 105, 107.

Jeu de Paume (Salle du), 115.
Jobbé-Duval, 19, 95, 136.
Jongkind, 72.
Jorel, 161.
Joséphine (Avenue), 137.
Joyant, 76.

K

Kann, 153.
Karth, 161.
Keller-Dorian, 163.
Kensington, 167, 169, 170.
Kernevenoy, 90, 104.
Kersaint, 46.
Kieffer, 146.
Kien-Long, 177.
Koan-Ti, 177, 178.
Koch, 163.
Kock, 131.

L

Labbé (Loyse), 60.
Laborde, 48.
Laborde (De), 7.
Labusquière, 125.
Lachenal, 157.
Lacombe (Paul), 97.
Lacroix du Maine, 48.
Lafayette, 112, 127.
La Fontaine, 48.
Lagneau, 113.
Laguillermie, 77.
Lainé, 9.
Lakanal, 103.
Lalanne, 119.
Lalique, 161, 163, 165, 166.
Lallemand, 113.
Lalou (M.), 70.
Lamartine, 118, 166.
Lamballe (Princesse de), 110.
Lambeau, 125.
La Mecque, 63.
Lamoignon de Malesherbes, 10.
Lamy, 19, 155.
Lancret, 44.

INDEX DES NOMS CITÉS

LANDOLFO-CARCANO (Marquise de), 67, 71, 72, 76.
LANETTI, 51.
LAPAUZE, 37, 38, 63, 64, 70, 74, 79, 82.
LARCHE, 154.
LARGILLIÈRE, 103.
LARIBOISIÈRE, 104,
LA ROCHEFOUCAULD, 4, 103.
La Rochelle, 53.
LARREY (Baron de), 108.
LARRIVE, 10, 11.
LARROUX, 154.
LASSEUX DE CHAROBONE, 121.
LASSOUCHE, 120.
LA TOUR D'AUVERGNE, 110.
LATUDE, 110.
LAUGIER, 163.
LAUMONNERIE, 167.
LAURANA, 56.
LAURAND, 13.
LAURENS, 16, 129.
LAURENS (Albert), 70.
LAURENS (Jean-Paul), 27, 29, 37, 39, 69, 77, 78, 132.
LAURENS (Pierre), 70.
LAURENT (J.), 140.
LAURENT LE MAGNIFIQUE, 56.
LAUZUN, 89, 101.
LAVALLIÈRE (Mlle de), 48.
LAVARDUN, 126.
LA TOUCHE, 72.
LÉANDRE, 70.
LE BAS (Hipp.), 10.
LEBAS, 12.
LE BLOND, 53.
LEBLOND, 163.
LEBRUN, 12, 113.
LECLERC-RICHOMME, 12.
LE COUTEUX, 77, 161.
LECREUX (Mme G.), 156, 161.
LEDRU, 154.
LEDRU-ROLLIN, 105, 118.
LE DUCQ, 52.
LEE, 55.
LEFÉBURE, 13, 150, 161.
LEFEBVRE, 154.
LEFEBVRE (Ch.), 161.
LEFEBVRE (Jules), 69, 79.

LEFERME (Mme) 121.
LEFEUVRE, 22, 23.
LEFÈVRE, 83.
LEFORT, 77.
LEFUEL (Mme), 70.
LE GASCON, 47.
LEGUAY, 112.
LE GUAY, 122.
LELIÈVRE, 153, 161.
LEMAIRE (H.), 23, 83.
LEMAITRE DE SACY, 122.
LEMALE, 146.
LENGAUER, 156.
LENOIR, 105.
LENÔTRE (G.), 112.
LÉON XIII, 150.
LÉONARD, 148.
LEONE LEONI, 56.
LEPAUTRE, 46.
LEPELLETIER DE SAINT-FARGEAU, 89, 98, 99.
LEPÈRE, 120, 146,
L'ÉPICIÉ, 53.
LÉPINE, 72.
LEROLLE, 79.
LESCOT (Pierre), 90.
LESDIGUIÈRES (Duchesse de), 48.
LE SIDANER, 68.
LESPINASSE (De), 115.
LESUEUR, 18, 140, 142.
LE VAYER, 98, 99.
LÉVEILLÉ-ROUSSEAU, 164.
LEVILLAIN, 80.
LEVRAUD, 171.
LEVY-DHURMER, 69.
LEWIS-BROWN, 78.
L'HERMITTE, 41, 70, 77.
L'HOMME, 162.
LIÉNARD, 161.
LIESVILLE (De), 97, 103, 113.
LIGNERIS (J. de), 90.
Limoges, 158.
LIVIE, 55.
LOCKROY (E.), 129.
LOIR (Luigi), 41, 69.
Lombardie, 172.
Londres, 167.
LONGCHAMP, 78.
LONGEPIERRE, 47, 48.
LOOMER, 51.

LORRAIN (Claude), 44, 45, 52.
LORTIC, 146, 147.
LOUBET, 34, 64.
LOUIS (Saint), 55.
LOUIS XII, 47, 55, 56.
LOUIS XIII, 48, 140.
LOUIS XIV, 48, 100, 102, 104, 107.
LOUIS XV, 53, 104, 107, 112, 154.
LOUIS XVI, 7, 10, 53, 104, 105, 109, 111, 116, 154.
LOUIS-PHILIPPE, 18, 117, 124, 127.
Louvre, 5, 7, 8, 44, 108, 110, 116, 122, 140, 142, 156, 174.
LUBIN, 163.
LUCAS (Désiré), 41.
LUCAS DE LEYDE, 50.
Luxembourg (Musée du), 29, 66, 78, 81.
Luynes (Hôtel de), 33, 101, 123.
Lyon. 61, 155, 157.

M

MACIET, 71, 107, 113, 120.
Madeleine (La), 5.
MADELINE, 41.
MADRASSI, 148.
MAES, 44.
MAGNARD (Francis), 71.
MAGNARD (Mme F.), 71.
MAGNE (Lucien), 152, 156.
MAGNIER, 163.
MAIGNAN (Alb.), 70, 132.
MAILLARD (Mlle), 106.
MAILLARD, 122.
MAINTENON (Mme de), 48, 140.
MAIOLI, 45, 47.
MAITREYA, 177.
MALATESTA, 56.
MALLET, 108.
Manche (La), 150.
MANET, 72.
MANSART, 91, 101, 102.
MANTEGNA, 45, 49.

MANUEL, 112.
MARAT, 110, 111.
MARCEAU, 110, 111, 137.
MARCEL (Étienne), 77.
MARENDE, 56.
MARESCOT, 150.
MARGUERITE DE VALOIS, 48.
MARIANI, 121.
MARIE (Pierre), 121.
MARIE-AMÉLIE, 37.
MARIE-ANTOINETTE, 48, 105, 107, 112, 122.
MARIE DE MÉDICIS, 48, 56, 91, 140.
MARIE LECZINSKA, 48.
MARIE-LOUISE, 150.
MARIE-THÉRÈSE, 48.
MARIE TUDOR, 127.
MARIGNY (M¹ˢ de), 8.
MARGUET DE VASSELOT, 36.
MARRAST (Armand), 12.
MARROU, 151.
MARTIGUES, 63, 64.
MARTIN, 46.
MARTIN, (Georges), 150, 161.
MARTIN (Henri), 70, 79.
MARTIN (René), 167.
MARTIN SAINT-LÉON, 11.
MASSÉNA, 110.
MASSON, 163.
MATTEO DE PASTI, 56.
MATZA, 121.
Maubert (Place), 114.
MAXIMILIEN, 50, 139.
MAZE, 114.
MÉCHELN (de), 50.
MÉGOURO, 177.
Mehun-sur-Yèvre, 158.
MEILLERAIE (Duc de la), 127.
MEISSONNIER, 120.
MÉNARD (René), 69.
MENDÈS (Catulle), 129.
MÉRAT (A.), 121.
MERCIÉ, 29, 70.
MERCIER, 146.
MERCIER (Le sergent), 118.
MÉRIMÉE, 18, 122.
MERRUAU, 19.
MERSON (Luc-Olivier), 69.

MESNARD (Baron de), 121.
Mesnival, 40.
METSU, 44.
Metz, 102.
MEURICE (Paul), 89, 125, 126, 128-130, 132, 133.
MICHAUX, 13, 14.
MICHEL, 152, 165.
MICHEL (Georges), 123.
MICHEL (Marius), 146, 147.
MICHEL DE CASTELNAU, 127.
MIEL, 12.
MIÉRIS, 44.
MIGNARD, 103, 104, 142.
Milan, 142, 171.
MILÈS (Roger), 154, 155.
MING (Dynastie des), 170.
MIRABEAU, 112.
MOLINIER, 35.
Monceau (Parc), 171, 179.
MONCEL, 22, 23, 36, 82.
MONET, 68.
MONGEZ (Mᵐᵉ), 118.
MONTAIGLON, 90.
MONTESPAN (Mᵐᵉ de), 48.
MONTIVEAU, 58.
MONTMORENCY (Duc de), 68.
MONTREVEL (Comtesse de), 90.
MORDANT, 77.
MOREAU (Fr.), 164.
MOREAU LE JEUNE, 53.
MOREAU-VAUTHIER, 148.
Moret, 123.
MORIN, 53.
MORLOT, 152, 153.
MORNY, 43, 136.
MOROT (A.), 70, 78.
MOSNIER, 122.
MOTELET, 163.
MOTTEZ, 69.
MOTTEZ (Henri), 69.
MOUCHY (Duchesse de), 150.
Moulineaux (Les), 33, 34.
MOURATA KOUNIHISSA, 178.
MOUSSET, 70.
MOUSTIERS (M¹ˢ de), 55.
MOYAUX, 69.
MOZIN, 114.

MÜLLER, 50, 165.
Munich, 50, 169.
MUSSET, 118.

N

NADAR, 116, 119.
Nancy, 164, 168.
NANTEUIL, 45, 53.
NAPOLÉON Iᵉʳ, 55, 77, 107-109, 121.
NAPOLÉON III, 55.
NAVARRE, 100, 171, 172.
Nazareth, 102.
NERON, 55.
Neuilly, 115.
NEUVILLE (A. de), 39.
NICOLAS DE FLORENCE, 56.
NICOLETTO DE MODÈNE, 49.
NICS, 161.
NIEUWERKERKE, 18.
NINI, 80.
NITTIS (De), 71.
NORBLIN DE LA GOURDAINE, 115.
NORMAND, 69.
Notre-Dame de Paris, 115.
Nuremberg, 50, 169.

O

OCTAVE, 55.
Oiron, 42.
OLLIVIER, 172.
ORLÉANS (Duc d'), 124.
OSTADE, 44, 52.
OUDINÉ, 80.
OUDRY, 48.

P

PACHE, 112.
Pacifique (Océan), 172.
PADELOUP, 32, 48, 146.
PAGÈS (Laurent), 150.
PAJOU, 105.
Palais de Justice, 117.
Palais-Royal, 115, 116.
PALÉOLOGUE, 176.
PALISSY (Bernard), 168.

INDEX DES NOMS CITÉS

Pallez, 129, 130.
Palmer, 51.
Pannelier, 125.
Panier, 164.
Panoramas (Passage des), 106,
Panthéon (Le), 108.
Pantin, 165.
Paquin (Mme), 90.
Parent (Ulysse), 94, 97.
Paris (Armand), 167.
Passy (Paul), 127.
Patrocle, 108.
Paule, 156.
Péan de Saint-Gilles, 127.
Pékin, 173.
Pencz, 50.
Perissin, 52.
Perrier (Fr.), 113.
Perrin (Émile), 19, 91.
Perse, 155.
Petit (Georges), 76.
Petitjean (J.), 162.
Petits-Augustins (Les), 6.
Peynot, 22, 23, 82, 83.
Phidias, 55.
Philippe-le-Bel, 55.
Philippe-le-Hardi, 55.
Picard (Alfred), 22.
Picard (Georges), 77, 84.
Picard (Louis), 70.
Picot, 12.
Pierre-Charron (rue), 136, 138.
Pigeat, 152.
Pille (H.), 119, 132.
Pillet-Vugt, 158,
Pilon (Germain), 168.
Pils, 119.
Pisano, 55.
Piver, 163.
Poe (Edgar), 60.
Poete (Marcel), 90.
Point (Armand), 143, 148, 158.
Pointelein, 41.
Poissonnière (Boulevard), 114.
Polignac, 118.
Pollajuolo, 49.
Pompée, 55.

Pomponne (Arnauld de), 103.
Pomponne de Bellièvre, 126.
Pont-au-Change, 115.
Pont-Marie, 114.
Pont-Neuf, 53, 104, 105, 108, 115, 116.
Porcabeuf, 76.
Portugal, 150.
Poupel, 97.
Prérot-Valeri, 41.
Price, 51.
Prieur, 122.
Prince impérial, 37, 123.
Prinet, 70.
Protais (Saint), 142.
Proud'hon, 38, 73.
Prudhon, 44, 122.
Purgold, 146.
Putois, 163.
Puvis de Chavannes, 37, 79.

Q

Quatre-Septembre (Rue du), 102.
Quentin-Bauchart (Ernest), 46.
Quentin-Bauchart (Maurice), 129.
Quesnay, 108.

R

Rachel, 106.
Raffaelli, 40, 70, 72, 79.
Raffet, 132.
Raguenet, 115.
Rahir, 46.
Raimondi, 49.
Rambault, 153.
Rambosson (I.), 70.
Raphael, 137.
Rault, 153.
Ravaisson-Mollien, 71.
Récamier (Mme), 77.
Récappé, 141.
Redon, 163.
Regius, 152.

Regnard, 117.
Regnault (Henri), 68, 120.
Reichstadt (Duc de), 109.
Rembrandt, 43, 44, 51, 52.
Renard (Émile), 71.
Renaud (Armand), 14, 87.
Renaud, 105.
Renoux, 123.
Restout, 38.
Retz, 103.
Réveillère-Lepeaux (La), 122.
Reggeal, 95.
Rhodes, 42.
Ribera, 50.
Ricard, 68, 71.
Richelieu, 56, 106.
Riesner, 73, 122.
Rimini (Isotta de), 56.
Ringel d'Illzach, 165, 167.
Rivaud, 161.
Rivet (Gustave), 129.
Rivère (Théodore), 148.
Rivoire, 121.
Rixens, 40, 77, 79.
Robert (Émile), 151.
Robert-Fleury (Tony), 70.
Robespierre, 111, 112, 113, 123.
Robetta, 49.
Robida, 163.
Robinet, 121.
Rochard (Mme), 122.
Roche (Pierre), 146, 152, 153.
Rochegrosse, 70, 132.
Rodin, 37, 67, 132, 157.
Rodman-Vanamaker, 121.
Roguet (Félix), 101, 102.
Rohan (Louis de), 126.
Roi de Rome (Le), 107, 137, 150.
Roland (Mme), 113.
Roll, 40, 69, 84, 132.
Rollin, 106.
Rome, 30, 52, 55, 172.
Roos, 50.
Rosa (Carl), 41.
Rosenberg (E. de), 109.
Rosny (Mis de), 126.
Rothschild (Legs), 104.

ROTHSCHILD (Baron Edmond de), 52, 120, 124.
ROTHSCHILD (Baron Henri de), 68.
ROTHSCHILD (Baron James de), 70.
ROTY, 80.
ROUAULT, 70.
ROUBILLE, 163.
Rouen, 31, 33, 42, 103.
ROUSSEAU, 165.
ROUSSEAU (J.-J.), 103, 105, 113.
Royale (Place), 113.
ROYBET, 70.
RUBAN, 146.
RUBENS, 51.
RUDE, 80.
RUPERT (Prince), 54.
RUY-BLAS, 127.
RUYSDAEL, 43, 52.

S

SADE (Mis de), 110.
SAÏN (Paul), 41.
Saint-Amand, 38.
Saint-Ange (Château), 172.
SAINT-AUBIN (Augustin de), 53, 115.
SAINT-AUBIN (Gabriel de), 105, 108, 115.
Saint-Cloud, 123.
Saint-Cucufa, 41.
Saint-Denis, 164.
SAINT-ESPRIT (Ordre du), 124.
Saint-Étienne, 156.
Saint-Germain, 115.
Saint-Gervais, 140.
Saint-Jean-de-Montmartre, 153.
SAINT-JUST, 37, 110.
Saint-Laurent, 106.
Saint-Louis (E. U.), 62, 159.
SAINT-MARCEAUX, 22, 25, 82.
Saint-Merry, 117.
SAINT-MICHEL (Ordre de), 124.

Saint-Sulpice, 117.
SAINTE-BEUVE, 117.
Sainte-Hélène, 109.
Sainte-Marie (rue), 137.
Sainte-Pélagie, 111.
Salm (Hôtel de), 115.
SALMON, 77.
SALOMÉ, 68.
Samaritaine (La), 104.
SAND (George), 118.
SANDIER (Alexandre), 156.
San-Francisco, 172.
SARGENT (John), 70.
SASKIA, 44.
SAULCY (de), 19.
Saxe, 42.
SAY (Léon), 92.
SAY-MONTBÉLIARD (Princesse de), 58, 61.
SCAILLIET, 148.
SCHEFFER (Ary), 118.
SCHEFFER (Henry), 118.
SCHEIDECKER, 161.
SCHONGAUER, 50.
SEDELMEYER, 115.
SEDILLE, 121.
SEGOFFIN, 71.
SEGUIER, 48, 103.
SELLIER (Ch.), 90.
SELVES (De), 64, 65, 100, 128, 129.
SERGENT, 41, 110, 111.
SERVANDONI, 117.
SEVESTRE, 120.
SÉVIGNÉ (Mme de), 91, 100, 103, 104, 116.
Sévigné (rue de), 99, 100.
Sèvres, 42, 46, 62, 77, 113, 142, 157, 158, 168.
SFORZA, 56.
SHAKESPEARE, 125.
SIGNOL, 56.
SILLERY (Marquis de), 126.
SILVESTRE, 45.
SILVIN, 163.
SIMIER, 146.
SIMON (Mme Charles), 120.
SIMON (Gustave), 129, 130, 131.
SIMON (Lucien), 41, 69.
SIOT-DECAUVILLE, 153.

SIRAN DE LA CROIX, 161.
SIROVY, 76.
SISLEY, 41, 72.
SMITH, 51.
SOLDANO BENZI, 56.
SOLTIKOFF, 56.
SOMMERARD (Du), 94.
SOUILLARD, 148.
Sourdière (Rue de la), 172.
SOYER (Mme), 72.
SPERANDIO, 56.
STIEGLER, 159.
Strafford-sur-Avon, 125.
STRAUGE, 54.
Strasbourg, 120.
SUBLEYRAS, 122.
SUSSE, 148, 153.
SYLVESTRE (Salle), 97.

T

TAÏ KOUN (Le), 177.
TALLIEN, 80.
TALMA, 106.
TANZI, 41.
TASSINARI, 155.
TATTEGRAIN, 40, 79.
TCHEOU (Dynastie des), 175.
Temple (Boulevard du), 106.
TEN-CATE, 70.
TENIERS, 43, 51.
TERBURG, 44.
THÉNARD (Mlle), 106.
THÉROIGNE DE MÉRICOURT, 104, 111, 112.
THESMAR, 157.
THOMAS (Paul), 70.
THOME, 157.
THOREL (Mme), 127.
THOU (De), 47.
THOUVENIN, 146.
THURNER, 68.
TIBÈRE, 55.
TIFFANY, 143.
TINTHOUIN (Mme), 107.
TIOLIER, 80.
TISSOT, 72.
TOCQUÉ, 122.
TOIS, 153.
Tokio, 175.
TOKOUGAWA, 177.

INDEX DES NOMS CITÉS

TOLLING, 52.
TONY-JOHANNOT, 76.
TORNABUONI (Giovanna Albizzi), 56.
TORTOREL, 52.
TOUDOUZE, 70.
TOULOUSE-LAUTREC (Mme de), 76.
TOURNEL (Ch.), 167.
TOURNEL (Em.), 167.
Tournelles (rue des), 127.
TOUSSAINT, 77.
TOY, 164.
TRAUTZ-BAUZONNET, 146.
Trente, 90.
Trianon, 122.
TREZZO, 56.
Trocadéro, 135-138.
TRONCHET, 70.
TROYON, 123.
Tuileries (Les), 53, 115, 120.
TURENNE, 105.
TUROT, 64.

U

UHRICH (Général), 120.

V

VACQUERIE, 60, 133.
VALENÇAY (Duchesse de), 68.
VALLÈS, 120.
VAN DER NEER, 44.
VAN DE VELDE, 44.
VENDREMER, 69.
VAN DYCK, 44, 51.
VAN GOYEN, 44.
VAN VLIET, 52.
VARCOLLIER, 11, 12.
Vatican (Le), 150.
VAUTHIER, 19.
VAUTHIER-GALLE, 80.
VEBER (Jean), 41, 70.
VELASQUEZ, 60, 171.
Vendôme (Café), 115.
Venise, 42, 49, 52, 64, 65, 68.
VENUS, 149.
VERBOOM, 52.
VERMOREL, 163.
VERNIER, 161.
VERNON, 80.
VERRUE (Comtesse de), 48.
Versailles, 48, 53, 172.
VESTIER, 104, 110, 122.
VEVER, 148, 161.
VEYRAT, 16, 34, 129.
VEZ (De), 165.
VIBERT, 153.
VICTORIA (Reine), 117.
VIDOCQ, 118.
Vienne, 52, 169.
VIERGE, 67, 79, 132.
VIGNY (A. de), 118.
VIGOUROUX, 149.
Villeneuve-l'Etang, 10.
Vincennes, 114.
VIOLLET-LE-DUC, 19.
VIRGILE, 48.
VISCONTI, 12.

VISSCHER, 52.
VITAL-DUBRAY, 36.
VITTA (Baron), 151.
VOLLON, 40, 67.
VOLTAIRE, 103, 107, 112.
Vosges (les), 150.
Vosges (Place des), 113, 125, 126, 128.

W

WARIN, 56, 79.
Waterloo, 52.
WATTEAU, 44, 53, 108.
WERSTOLK, 51.
WIGAN, 54, 55.
WILLE, 53, 112.
WILLETTE, 70, 132, 163.
WILSON, 51.
WOODBURN, 51.
WOOLLETT, 54.
WOUWERMANS, 44.

Y

YANG-TU, 173.
YEDDO, 177.

Z

ZAMOR, 105.
ZIEM, 62-66, 71, 74.
ZIEM (Mme), 63.
ZINGORO, 178.
ZO, 70.
ZULOAGA, 70.

TABLE DES PLANCHES

PALAIS DES BEAUX-ARTS

1. — Vue extérieure	23
2. — Le jardin et la colonnade	23
3. — E. Frémiet Saint Georges. — Rotonde d'honneur et galerie de Sculpture	29
4. — Galerie de Sculpture	29
5. — L.-E. Barrias. Les premières funérailles. — Rodin. Victor Hugo . . .	33
6. — L. Boilly. Distribution de vin et de comestibles aux Champs-Elysées en 1822.	33
7. — Honoré Daumier. Le joueur d'orgue. — Gustave Courbet. Proud'hon et ses enfants.	39
8. — Alphonse de Neuville. Le four à chaux (fragment du panorama de la bataille de Champigny)	39
9. — A. Roll. Le 14 juillet	45
10. — Jean-Paul Laurens. Saint Bruno refusant les présents du comte Roger. — L. Bonnat. Saint-Vincent de Paul rachetant les galériens.	45
11. — Léon Lhermitte. Les Halles.	49
12. — Harpignies. Le ruisseau. — J.-B. Guillemet. La Seine à Conflans Charenton	49
13. — Statuettes de Tanagra. — Bronze antique (*bonus eventus*)	55
14. — Daphnis et Chloé (reliure en mosaïque attribuée à A. Padeloup) (xviii° siècle). — Spaccio de la bestia triomphante (reliure en mosaïque de J.-E. Derôme (xviii° siècle). — Antonii Mizaldi Phœnomena (reliure aux armes de François 1er, xvi° siècle).	55
15. — J.-P. Laurens. Le Pape et le Christ (eau-forte). — Histoire du Grand Alexandre (Présentation du livre : Manuscrit du xv° siècle) . . .	61
16. — Médaille : Droit, Louis XII ; Revers, Anne de Bretagne. — Biberon. Faïence d'Oiron ou de Saint-Porchaire. — Grand reliquaire (Cuivre doré, repoussé, émaillé et champlevé)	61
17. — Jean Steen. Le petit idiot quêteur (Ecole hollandaise)	66
18. — Rembrandt. Portrait de l'artiste en costume oriental (Ecole hollandaise)	66
19. — François Boucher. L'heureuse mère (Ecole française). — Clodion (Claude Michel, dit). Bas-relief en terre cuite (Ecole française). . .	71
20. — Fragonard. L'allée ombreuse, dessin à la sepia (Ecole française). — Hubert-Robert, temple antique (Ecole française)	71
21. — La salle Carriès.	77

TABLE DES PLANCHES

22. — Félix Ziem. Caravane en route vers le Caire (Aquarelle). — Dalou. Fontaine pour le fleuriste de la ville (plâtre original). — Dalou. Vase de Sèvres (Grès céramé) 77
23. — La salle des estampes modernes. 81
24. — La galerie des médailles 81
25. — Daniel Dupuis (Plaquette en bronze). — F. Levillain. Idylle antique (médaillon en bronze). — Clodion (Michel, dit). Médaillon en cire . . 85

DÉPOT D'AUTEUIL

26. — Cour d'entrée. — Vue intérieure du hall 85

MUSÉE CARNAVALET

27. — Façade sur la rue de Sévigné. — Le jardin avec la maison des drapiers. 91
28. — Cour d'honneur 91
29. — Salon Sévigné 95
30. — Portrait de Mme de Sévigné (D'après le tableau de Pierre Mignard appartenant à M. le comte de Luçay). — N. de Larguillière. Portrait de Voltaire à vingt-quatre ans. 95
31. — Salle de Boilly 99
32. — Michel Bourdin. Henri IV (Effigie en cuivre). — Salle des boiseries « Rococo ». 99
33. — Portrait présumé de Mme Chardin (Ecole du XVIIIe siècle). — E. Jeaurat. La dispute à la fontaine 103
34. — F. Boucher. Etude. — G. de Saint-Aubin. Pose de la première pierre de l'école de chirurgie, 1774 103
35. — V. G. Nicolle. Vue du Pont-Neuf prise du Louvre vers 1810 107
36. — Theroigne de Méricourt. — J. Boilly. Le porte-drapeau à la fête civique de la liberté de la Savoie 1792 (Portrait de l'acteur Chenard) 107
37. — J. Boilly. Départ des conscrits en 1807 111
38. — Vestier. Portrait de Latude. — Salle de la Bastille 111
39. — Voltaire dans son cabinet de travail (Maquette en pâte colorée 1778). Tasse et assiette à la guillotine 115
40. — Le jardin du Palais-Royal en 1791 (Aquarelle par le chevalier de Lespinasse). 115
41. — Les Tuileries vers 1808 (Dessin à la plume et au lavis par J.-P. Norblin). 119
42. — Expérience aérostatique aux Tuileries en 1783 (Dessin au lavis par le chevalier de Lorimier). — A. de Machy. Le Pont-Neuf et le Louvre (perspective composite) 119
43. — Detaille. Vue de la porte Maillot pendant l'hiver 1870-71. — Ch.-H. Pille. La queue à la cantine municipale pendant le siège de Paris . 123
44. — « Portrait de la veuve Capet ». — Meubles ayant servi à la famille royale pendant sa détention au temple 123
45. — Peinture murale du XVIIIe siècle, par les frères Brunetti (Escalier d'honneur des bâtiments neufs) 125
46. — Berceau offert par la ville de Paris en 1856 à l'occasion de la naissance du prince impérial. 125

TABLE DES PLANCHES 195

MAISON VICTOR HUGO

47. — Façade, place des Vosges. — Chambre mortuaire de Victor Hugo (reconstituée telle qu'elle était avenue d'Eylau) 129
48. — Salle des peintures 1er étage. — Salle des panneaux sculptés et peints par Victor Hugo (décoration de la salle à manger de Guernesey). . 129
49. — Château (le soir). — Le phare Eddystone (phare du xviie siècle). Dessins originaux de Victor Hugo. 135

MUSÉE GALLIERA

50. — Façade, du Musée sur le square 135
51. — Cour intérieure et entrée du Musée. 139
52. — Vestibule de l'entrée 139
53. — Tapisserie tissée dans les ateliers du faubourg Saint-Marcel vers 1600. 147
54. — « La pastorale ». Tapisserie des Gobelins exécutée vers 1860 (d'après Boucher) 147
55. — Le livre des métiers (reliure d'art par Marius Michel). — La Bastille (reliure d'art par Victor Prouvé). 155
56. — Devant de feu en fer forgé et verre gaufré par Szabo. — Lampadaire; fer forgé par Marrou. — Plat, terre vernissée par Methey 155
57. — Grande soupière étain et cuivre par Jean Baffier. — « Les sept péchés capitaux » (Coffret fer damasquiné or et argent par Gauvin). . . . 163
58. — Verrerie de Daum. — Verrerie de Tiffany. — Cuivre de Bonvallet. — Verrerie d'Emile Gallé 163
59. — Grande salle du fond, cheminée terre cuite et faïence par Paul Sedille. Allard, sculpteur ; Lœbnitz, faïencier 171

MUSÉE CERNUSCHI

60. — Façade du Musée. — Salle religieuse 171
61. — Salle du grand Bouddha. 175
62. — Brûle-parfums japonais (animaux xvie et xviie siècles). — Bouddha pénitent, Chine xve siècle (bronze doré et laqué). — Koel-Zsing, dieu de la littérature (Chine, xvie siècle, bronze). — Bouddha pénitent (Chine, xvie siècle, bronze) 175
63. — Koan-Ti, dieu de la guerre (Bois, Chine xvie siècle). — Bouddha (bronze en partie doré, xve ou xvie siècle). — Bankouroubé, bienfaiteur du peuple (Par Mourata Kounihissa 1783. Bronze japonais) . . 179
64. — Vase Mei-yen-you. Vase rituel pour l'offrande du vin (Bronze frotté d'or, Chine, xve siècle). — Vase (Ts'ouen pour l'offrande du vin (Bronze incrusté d'or et d'argent. Chine, dynastie Tcheou). — Biche. (Bronze japonais, xvie siècle) 179

TABLE DES MATIÈRES

LES BEAUX-ARTS DE LA VILLE DE PARIS

I.	— Le service des Beaux-Arts	3
II.	— Historique du service des Beaux-Arts.	4
III.	— Budget et fonctionnement du service des Beaux-Arts	17
IV.	— Commission administrative des Beaux-Arts.	18

LES MUSÉES

Chapitre I. — LE PALAIS DES BEAUX-ARTS   21

I.	— Historique	21
II.	— Les collections municipales du Palais des Beaux-Arts	35
III.	— La collection Dutuit	41
IV.	— La salle Carriès	57
V.	— Le don de la Manufacture de Sèvres. — La salle Ziem. — La salle Dalou.	62
VI.	— La salle Henner. — La salle des Portraits de femmes. — La salle Courbet. — Dons et achats divers.	66
VII.	— Le Musée de l'Estampe moderne. — Les Esquisses. — Le Musée de la Médaille	74
VIII.	— La décoration du Petit Palais.	82

Chapitre II. — LE DÉPOT D'AUTEUIL   85

TABLE DES MATIÈRES

Chapitre III. — **LES COLLECTIONS HISTORIQUES**   89

I. — Le Musée Carnavalet   90
II. — La maison Victor Hugo 125

Chapitre IV. — **L'ART INDUSTRIEL : LE MUSÉE GALLIERA** 135

Chapitre V. — **LE MUSÉE CERNUSCHI** 171

Index des noms cités 181
Table des planches 193

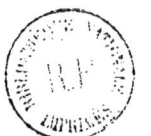

ÉVREUX, IMPRIMERIE CH. HÉRISSEY, PAUL HÉRISSEY, SUCCʳ

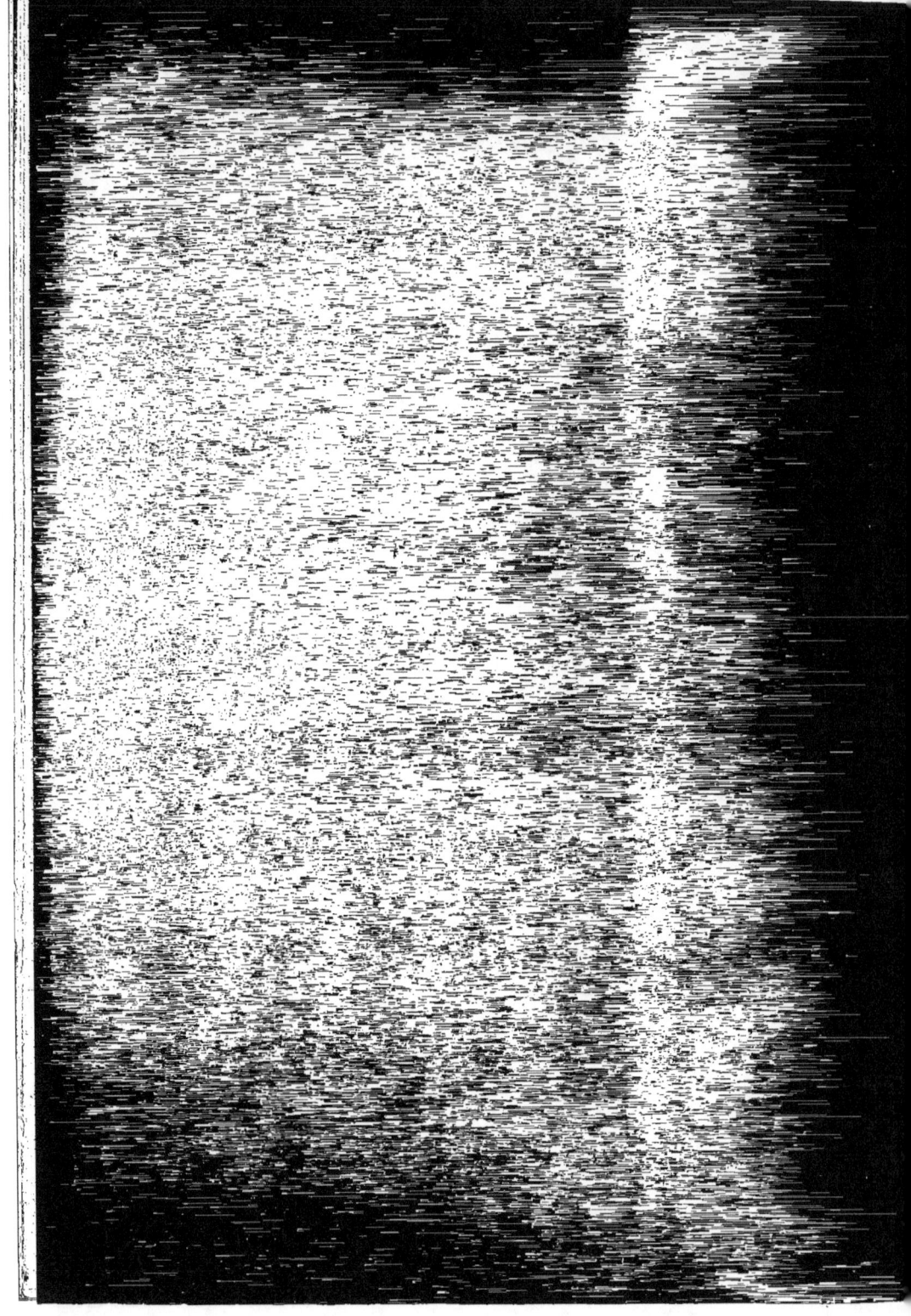

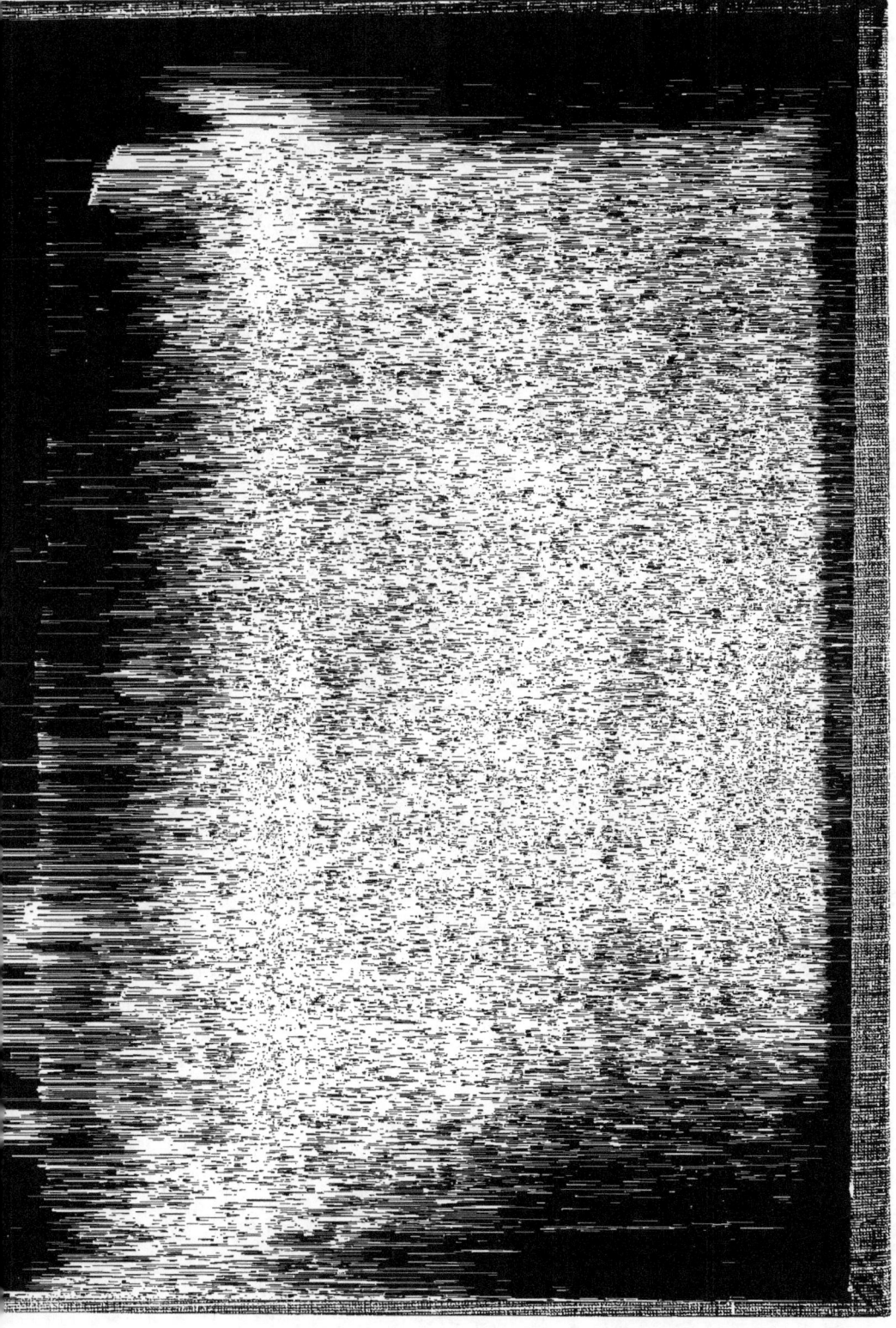

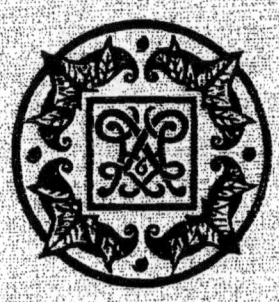

www.ingramcontent.com/pod-product-compliance
Lightning Source LLC
Chambersburg PA
CBHW050200230526
45470CB00001B/173